团体社会工作

胡　云　主编

国家开放大学出版社・北京

图书在版编目（CIP）数据

团体社会工作/胡云主编．—北京：中央广播电视大学出版社，2009.6（2024.5 重印）
中央广播电视大学教材
ISBN 978-7-304-04610-1

Ⅰ．团…　Ⅱ．胡…　Ⅲ．社会团体—社会工作—电视大学—教材　Ⅳ．C916

中国版本图书馆 CIP 数据核字（2009）第 104162 号

团体社会工作
胡云　主编

出版·发行： 国家开放大学出版社（原中央广播电视大学出版社）
电话： 营销中心 010-68180820
总 编 室 010-68182524
网址： http://www.crtvup.com.cn
地址： 北京市海淀区西四环中路 45 号　**邮编：** 100039
经销： 新华书店北京发行所

策划编辑： 李　朔　**版式设计：** 袁　鹏
责任编辑： 胡玉喆　**责任校对：** 王　亚
责任印制： 武　鹏　马　严

印刷： 北京云浩印刷有限责任公司　**印数：** 26001～28000
版本： 2009 年 6 月第 1 版　2024 年 5 月第 7 次印刷
开本： 787×1092　1/16　**印张：** 14.25　**字数：** 316 千字

书号： ISBN 978-7-304-04610-1
定价： 20.00 元

意见及建议：OUCP_KFJY@ouchn.edu.cn

前　言

社会工作作为一门专业助人和应用性的社会科学学科，其存在和发展的基本条件有二：一是市场经济一定程度的发展，既产生出多样化的福利服务的需求，又为专业的福利服务提供雄厚的物质基础；二是对人的价值的普遍尊重，承认每一个人都有从社会得到专业服务的权利。在计划经济年代里，我国的生产力水平较低，人们的社会需求停留在满足温饱的较低层次上，加之政府包揽了几乎所有的社会福利服务的具体事务，所以专业化的社会工作没有存在和发展的空间，社会工作专业教育也停办近30年之久。20世纪70年代末的改革开放，使我国逐渐走上了市场经济的道路。持久的、高速的经济发展，使得国力逐渐增强，人民生活逐渐得以改善。人们在基本解决温饱问题后，产生出许多更高层次的社会福利服务的需求，而经济的发展也为这些需求的满足创造了条件；社会的急剧变革，使得社会问题以前所未有的速度在发展。这样，社会工作作为一门专业和一种手段在我国产生和发展成为必然。

本书是中央广播电视大学“教育部人才培养模式改革和开放教育试点”项目中社会工作专业（专科）使用的教材。作为一门专业课，本课程旨在使学员掌握团体工作的基本理论、基础知识和基本方法，树立团体工作的价值观，从而为学习社会工作领域的其他专业课程和在工作岗位上的实际运用打下良好的基础。

团体社会工作作为社会工作方法之一，主要由社会工作者通过有目的的团体活动和团体成员间的互动，处理个人、人与人之间、人与环境之间的问题，开发个人潜力，学习解决问题的方法，从而获得个人成长。团体社会工作在国内外的社会工作实务中和社会工作专业教育中具有重要的地位。为了适应社会工作专业蓬勃发展的需要，培养团体社会工作管理的应用型人才，全面提高社会工作管理人才的专业素质，我们集体编写了《团体社会工作》这本教材。我们在编写《团体社会工作》时，充分考虑了中国社会工作发展的实际以及高职院校社会工作专业教学的特点，突出方法和技巧。在教材体系上，注意理论性、知识性与团体社会工作教育的针对性来安排教材内容。具体特点：第一，基础理论适度，应用性和针对性强。以提高学生团体社会工作应用能力为主线，按照实际、实用、实践的原则，设计学生的知识、能力和素质结构，整体体现了远程教学模式的基本特征。第二，注重理论与实际的结合，强调团体社会工作的科学性、有效性和实用性，形象地向读者展现了团体社会工作者的工作技巧。

本书是集体劳动的成果，由胡云教授任主编。其他参编人员有：李晓琴、彭前生、曾敏、曾丽萍。各章初稿完成后，由胡云、李晓琴、彭前生分工进行了审阅、修改，最后由胡云教授统改定稿。

本书在编写过程中，参考了国内同行的相关著作和科研成果，中央广播电视大学出版社编辑对本书的出版做了大量的工作，在此一并致谢。

由于编者水平有限，本书肯定会有许多不尽人意之处，恳请读者予以批评、指正，以期本书能得到进一步的修订与完善。

胡　云

2009年4月25日

目　　录

第一章

团体社会工作概述

要点提示

团体社会工作的定义；团体社会工作的目标；团体社会工作的原则；团体社会工作的价值和文化基础以及团体社会工作的历史发展。

物以类聚，人以群分。中华民族五千年文明来自于当人群聚合在一起时人与人之间的互动产生的巨大力量。人类长期的生存经验和众多学科的实验研究结果展示给我们这样一条毋庸置疑的真谛，这就是，人类的文明、进步和发展，都是人与人之间互相团结、合作的结果。当人们认识到参与团体运作才是个人价值实现的一条最佳途径的时候，人们转而倾心于团体，渴望自己能够在团体活动的过程中学习他人之长，并同时贡献于团体。团体社会工作作为社会工作的三大方法之一，遵循这样一条主线，即通过团体活动的实施，支持、服务、辅助、协调团体中的每一个成员，使成员在团体活动过程中获得正向的经验和良好的行为，并协助成员增强诸多社会生活功能，从而整体推进个人、团体、社会的进步和发展。

第一节　团体社会工作的定义

确定团体社会工作的定义，是一件既困难又简单的事情。之所以困难，是因为社会工作者对团体社会工作进行的百余年的实践和研究过程中，因其理论的起点不同、实践的侧重点不一，所作出的定义也不相一致，以至于我们难以从诸多相近的定义中选择出一种最为确切的定义。之所以简单，是因为诸多社会工作者在对团体社会工作进行定义时，都能够以团体实践结果为依据，并能够自圆其说，我们只要认真进行筛选，便能够从中找到我们认为相对更加确切的定义。但是，对我们而言，只有将多位专家观点全景般地展示给读者，才能使大家从整体上对团体社会工作的定义有一个全面的了解和认识。

一、团体社会工作是一种团体活动或经验

团体社会工作起源于各种性质的社会服务活动，最早的团体社会工作始于欧美教会活动。例如，基督教青年会（YMCA）、唐恩比馆（Toynbee Hall）、邻舍委员会（Neighbourhood Guild）、童军组织（The Boy or Girl Scouts）等。当时，许多机构的组织者普遍认为，具有团体活动的性质，能够透过活动向团体成员提供团体经验，满足个人以及社会需要的活动便是团体社会工作。为此，格雷斯·科伊尔（Grace Coyle，1935）将团体社会工作定义为，团体社会工作的主要目的是以经验为媒介，去满足个人的兴趣和需要；这种团体经验具有个人自我发展与社会价值的双重目的。纽斯泰特（W. I. Newstteter，1935）也认为，团体社会工作是运用个人志愿结合成团体的方法，以促进个人发展、个人与社会关系的调适以及其他有益于社会的目标的实现。美国团体社会工作者研究协会（1949）认为，团体社会工作就是由团体社会工作者指导各种团体从事各种团体活动，使这些活动有助于挖掘其个人潜能，提高个人的能力，改善人际关系，增强社会功能，实施社会行为等。

二、团体社会工作是一种过程或方法

科伊尔（1937）提出，团体社会工作是一种教育过程，通常由各种志愿结合的团体，在团体社会工作者的协助下在闲暇时间内实行。其目的是要在团体中通过个人人格的交互影响，促进个人的发展，达到共同目的，从而促进团体成员之间具有交互作用的集体行动，以创造团体的情境。此后，科伊尔（1939）又将团体社会工作的定义修订为，团体社会工作是一种教育过程，在休闲时间，在工作者协助下，实施于志愿团体；其目的在于使个人利用团体经验得以发展与成长，并使其为了本身所需求的社会目的而利用团体。此外，美国社会学者沙利文（D. F. Sullivan，1945）认为，团体社会工作是一种帮助个人人格发展的方法，在这种目的之下，团体本身被当成一种主要的工具。威尔逊与赖兰（G. Wilson and Ryland，1949）认为，团体社会工作是一种过程和方法，工作者通过团体的影响，有计划地领导团体中的互动过程，以达成民主社会的理想目标。

三、团体社会工作是一种社会工作的方法

1962 年 10 月，美国社会工作教育委员会（The Council on Social Work Education）将团体社会工作确认为社会工作的三大方法之一，并将其列为社会工作的必修课程之一。但在较早以前，社会学者已将团体社会工作认定为社会工作的三大方法之一。科伊尔（1954）曾提出，团体社会工作和个案社会工作、社区工作、社会工作行政、社会工作研究一样，是基本的社会工作方法。团体社会工作运用团体工作经验，促进个人成长和发展，培养具有社会意识的公民，以实现民主社会的理想。柯那普卡（G. Konopka，1972）认为，团体社会工作是一种社会工作方法，其通过有目的的团体经验，协助个人增强其社会功能，以及更有效地解决个人、团体或社区的问题；团体社会工作是在成员的相互作用中获得团体经验，从而促进个人、团体与社

区的发展；在团体社会工作中，工作者协助个人以团体作为人格成长、变迁和发展的手段，在整个团体和社区中，工作者领导团体交互活动以协助个人成长和社会发展。

综上所述，我们可以将团体社会工作定义为，团体社会工作是社会工作的方法之一，经由团体社会工作者的协助及团体动力过程，使参与团体的个人获得行为的改变、社会功能的恢复与发展，并达成团体目标及社区发展，进而促进社会进步和繁荣。

第二节　团体社会工作的目标

一般来说，团体社会工作者将实现个人社会生活功能和发掘个人潜能作为团体活动的主要目标。团体社会工作者均具有相信个人成功的理念，他们认为，每个人都有发展的潜在可能性和自我发展的能动性，只要拥有良好的环境、拥有丰富的经验、采用合理的方法、进行良好的人际沟通，便能够使个人得到健康的发展。

有些学者认为，团体社会工作的贡献在于解决问题、预防犯罪。团体社会工作确实包括针对社会适应不良的人群提供治疗的工作，而且，团体工作中所有积极的、正向的活动，都对预防犯罪具有一定的作用。但是，在社会中发生较为严重的冲突或在人群中发生较为严重的病态时，团体工作机构并不是唯一为人们提供治疗的机构。所以，社会工作者通常更多地强调团体工作在社区服务中能够发挥的普遍的和一般的作用。

在百余年的团体社会工作的研究和实践中，特别是经过对现代团体社会工作的不断研究、探索和整合，社会工作者逐渐将团体社会工作的目标确定下来，主要包括以下四个方面。

一、提升团体成员的能力

协助团体成员达成诸多方面能力的提升，使他们能够将自己在团体内获得的知识和经验用于团体以外的生活，达成自我实现的理想。当婴儿呱呱啼哭着来到这个大千世界的时候，他们还不具有人类应有的意识。在以后不断的生长和发展的过程中，他们开始慢慢形成了自己的世界观、人生观和价值观，当然，他们的理想也相伴而生。在以后的学习生活和工作实践中，实现自己的理想，便成为他们一生不断为之奋斗的事情。团体社会工作作为一种社会工作方法，将发展个人的能力视为自己的最终目标。团体社会工作通过团体活动程序，协助团体成员在团体内不断获得新的知识和能力，并支持团体成员将他们在团体中学到的东西用于其工作和生活，帮助成员构建自己的理想大厦。

二、激发团体成员的潜能

协助团体成员学习参与团体活动的方式、方法，激发他们发展的潜能，并通过群体经验和人际关系互动，丰富其社会生活内容。丰富多彩的社会生活内容，能够增强人们对生活、学习和工作的热爱和追求。团体成员通过能够反映丰富的社会生活内容的团体活动，在学习如何参与团体活动的同时，能够使自己的潜在能力得到不同程度的挖掘和发挥，从而能够使自己更加深刻地体验到团体活动。

三、建立团体成员的社会归属感

协助团体成员建立对社会及周边人群的认识，形成他们的自我认识和对社会的归属感，并培养他们适应新的情景和环境的能力。一个人只有全面地认识社会，全面地认识他人，才能够全面地认识自己。人们对社会和社会人群认识得越深刻、越彻底，才越能够提升自己的社会生活适应能力。团体社会工作将这一点视为自己的工作目标，旨在使个人倾向于社会和社会人群，协助团体成员保持良好的社会功能，并对其社会功能进行强化，增强他们的社会责任感。具有社会责任感的公民，才能被称为真正的公民，这种人不但从社会中索取，同时，他们还会贡献于社会。绝大多数人都有一定的社会功能，而通过团体活动，人们的这种社会功能不但可以得到良好的保持，还能够得到不断的强化，他们能够在实现其社会功能的同时提升自己的公民责任感。

四、培养团体成员的良好行为

协助团体成员修正自身的不良行为，通过新行为取代旧行为的过程，使他们获得社会人群的认同。有些人在日常生活、学习或工作中会形成一些不良的行为和习惯以及一些不正确、与社会正向的思想和观念不一致的思想和观念。针对这一实际状况，团体社会工作者能够为团体成员设计具有针对性和实效性的活动，帮助他们在这些活动中建立正向的、积极的观念，并以新的、良好的行为和习惯取代其旧的不良行为和习惯。当成员以良好的观念、行为、习惯在社会生活中待人、处事的时候，他们这些行为、习惯能够与社会评价体系中的一般社会评价标准相符合，自然，他们的行为便会得到社会人群的认同。

第三节　团体社会工作的原则

在团体社会工作中，不论团体社会工作者采用什么样的团体工作模式，无论他们运用何种团体工作技巧，如果想要顺利地达成团体工作目标，发挥团体工作应有的作用和功能，圆满地完成团体工作任务，团体社会工作者都必须全面了解和认识社会工作的基本原则，并按照这些基本原则实施团体社会工作。

一、实现社会工作价值的原则

团体社会工作基于社会工作的专业价值，即发展及协助个人去满足他们的个人需要和社会需要，其中心信念是人类的尊严与价值。团体社会工作相信人们有权利参与与自身相关事物的选择和决策，所以，团体社会工作者应该尊重团体成员自由表达的权利。同时，社会工作相信个人的人格可以在环境的积极作用下获得健康的发展和正向的改变，因此，团体社会工作者的工作重点在于满足个人及其需要，通过团体社会工作的实施，协助个人发展他们的潜能，进而实现自我价值。

二、满足人类需要的原则

团体社会工作提供的服务与方案旨在满足个人的需要。人类的需要总是受制于人们自身所不能适应的不良环境。团体社会工作者应该能够发现社区中存在的诸多问题，并且尽可能储备最丰富的资源，以满足团体成员所需。团体社会工作者应该逐步推动团体朝着丰富社区精神生活、物质生活以及增强社区服务的信度和效度的方向发展。

三、了解社区文化背景的原则

由于社区的文化背景会影响人们表达需求的方式，所以，团体社会工作者要不断地了解有关社区文化背景方面的信息。每一个社区都可能有其独特的文化背景，如宗教、观点、价值、偏见和经验等，社区的人们在社区文化的熏陶下有相对稳定的文化模式，所以，团体社会工作者应该准确地了解每个社区在文化基础方面存在的差异，并且通过团体方案设计与团体活动程序的开展，积极地促进社区文化的发展。

四、设计团体组成的原则

团体是对个体提供服务的基本单位，团体社会工作者有组成团体的责任，也有接受机构委托带领已经组成的团体的义务。对团体和团体成员个性、特点的了解，将有助于服务于成员并满足他们的需要。团体在社会工作过程中，不断地发展和变迁，而且高度地影响着个人的行为，所以，团体社会工作者应该有目的地设计团体的组成，使团体具有成长和发展的潜在动力。如果团体已经事先由工作机构组建，则团体社会工作者在接到带领团体的任务之后，应该极力地协助团体成员与机构之间建立联系，使两者的需要都获得满足。

五、明确团体目标的原则

在团体社会工作中，团体社会工作者应该在考察团体的能力并兼顾机构功能的前提条件下，促进个人目标与团体目标的明确化。团体中的个人都有其个别的目标，但个别目标并不一定就是团体的目标，团体的目标也并不是个别目标的总和。所以，团体社会工作者应该采用民主的方式来激发成员发展团体的共同目标。明确的团体目标不但能够为全体成员所接受，而且也不违背机构对团体目标的要求，如此，才能使团体有效地达成其最终目标。

六、建立专业关系的原则

团体社会工作者与团体专业关系的建立有益于团体功能在团体中的实现。团体专业关系的品质与强度，关系到团体潜能完全实现的程度及水平，工作者如果接受了团体，他便应该尽力地去了解团体组成的始末。

七、运用团体个别化的原则

团体与个人都在运用不同的方式以满足个别的需要。每个团体都有不同的目标、组成因素与环境安排；每个团体也有不同的发展速度与互动的内涵。所以，团体社会工作者应该随时了解团体处在哪个发展阶段，才能适应各种不同团体的差异。每个团体内的成员也有不同的特性与需求，工作者应该了解各成员的能力、需求、潜能与限度，使每一位成员都能够充分发挥他们的潜能，并满足他们不同的需要。团体社会工作者应该期待甚至看到团体成员不同的行为反应，应该透过个别化的原则，协助团体与成员满足其特殊的需要。

八、引导团体互动的原则

在团体中，团体成员改变的动力来自于他们的互动，而团体社会工作者参与团体的模式会影响团体互动的质量。工作者参与团体过程的基本态度可以促进或有效地加强团体的互动，但他的角色不是决定团体的行动方向，而是协助团体成员肯定他们参与团体活动的角色，积极地参与团体的活动过程。团体社会工作者在团体活动中可以运用催化、刺激、示范、提供资讯、反应、质疑与开放讨论等方法和技巧，以促进团体互动频率的提高和团体互动质量的提升。

九、发展团体民主自决原则

在团体社会工作中，团体有最大的权利来决定团体要开展什么样的活动。团体民主自决的原则是基于唯有赋予个人与团体行为责任，才能发展社会责任的价值取向而提出的。团体决策的因素往往来自于三个方面：一是机构的政策；二是工作者的干预；三是团体本身。然而，团体有最大的自由接受或拒绝机构的服务，团体社会工作者应该适时解释机构的功能并澄清工作者的角色。团体自决的原则必须建立在团体的能量与团体潜力的基础之上，团体社会工作者必须协助团体作出最好和最有效的决策。所以，工作者应该事先协助团体形成和发展一种自决的责任意识，透过团体责任意识的产生和形成，团体才能够逐渐地实施其有效的行动。

十、功能组织的弹性原则

在团体社会工作中，团体社会工作者要引导团体成立正式的组织，这个正式组织应该能够满足成员的需要；能够被成员了解并接受；能够产生一定的功能；并且具有相对的弹性。也就是说，这个正式组织能够适用而且能够随着团体的改变而适时进行调整。每一个团体都产生正式与非正式的组织以维系团体的生存与发展，以及实现其功能。团体中的成员能够在这一组织中扮演适当的角色。通常团体正式组织的严密程度与团体的目标有关，任何团体都会或多或少地有正式的组织。团体社会工作者的工作重点在于要协助团体组织，而不是组织团体。工作者的责任是协助团体中正式组织的形式以及领导体系的建立，并安排成员在团体中扮演适当的角色，协助大家完成团体赋予每一位成员的工作。

十一、实现团体活动经验成长的原则

团体活动的安排应依循团体成员的兴趣、需求、经验、能力，以及团体的成长而逐渐增加。团体社会工作者要协助团体推行团体活动，团体提供给成员的活动应该从简单易行的开始。团体活动首先应该以激发成员的兴趣，使他们产生对团体的信赖以及易于达成团体目标为主，而后逐渐进入对复杂、较深度问题与广泛的经验探讨的过程。团体社会工作者要不断对团体活动进行评估，以评定活动的成效与贡献。团体活动的成败会受到活动安排得当与否的影响，也会受到团体成员接受工作者协助意愿强弱的影响。

十二、运用社会资源的原则

在团体社会工作过程中，工作者应善于运用机构与社区所拥有的各种资源，来丰富个人以及团体的经验。我们可以这样假定：团体是环境的一部分，而环境又是由机构与社区所组成的，那么，团体便会与环境不断地交互刺激与影响。工作者应该承担起协调团体与机构和社区之间关系的角色；工作者要利用自己对机构的认识和了解，以及他对社区资源方面的丰富知识，透过各种技巧的实施，协助团体运用尽可能多的社区资源以不断充实团体的经验。

十三、分享团体评价过程的原则

在团体社会工作中，工作者对团体过程、方案与活动结果进行持续地评价是非常重要的，工作者、团体与机构三方面都要尽力来分享团体评价的过程。团体评价在团体工作中不只是可能的和可及的，而且是必要的和必需的。对团体的评价本身应该是客观的和中立的，评价的依据主要是来自于工作者或成员对团体工作过程的记录，记录是所有团体活动的资料积累，它能够作为判断团体目标是否达成的依据。所以，对团体活动过程的记录务必具体、详尽和真实。工作者与成员对团体工作的评价，对开展团体工作具有积极和良好的作用，它可以增加团体经验的深度；可以适时地修正团体工作目标；可以确立团体发展的阶段；可以让工作者和成员看到团体活动的成效；可以增进工作者对自己和团体的认识和了解；可以改正工作者和团体存在的缺点和错误；可以构建团体发展的一般模式；可以验证团体工作原则以及方法的可行性；还可以作为机构开展团体工作的参考。

在团体社会工作中，如果工作者想要全面推进团体工作，实施团体活动，必须要以团体工作的原则作为指导。工作者应该在团体工作的实践中不断地认识和体验这些工作原则，体验得越深刻，运用得就越熟练，团体工作的信度和效度就会提高，团体目标的实现自然会水到渠成。

第四节　团体社会工作的价值和文化基础

一、团体社会工作的价值基础

团体社会工作是以群体生活的事实真相形成其价值基础的，工作者应该对团体工作的价值基础有所认识，并明了其意义所在，才能有效地推进团体工作。从幼儿时期开始，每一个人便成为群体的一分子，在群体中生活和学习。随着年龄的增长和交往范围的扩大，群体的范围和关系成员的数量也会随之不断地扩展和增加，群体的组合以及群体内的人际关系也会变得愈加复杂。人的一生不断追求幸福和完美，人们在共同追求幸福和完美的过程中会发现，一个人良好生活环境的获得大都与此人在群体中生活、工作、学习等方面对人、对事的应变能力呈正相关关系。这种个人在家庭与家庭之外群体中人际关系满足感的建立，需要人们在其整个生命历程中不断地努力追求方能最终实现。由此可见，人们对群体经验的需求和获得是他们普遍的和一般的欲望。

（一）各种需要的满足

所有的人都需要不同的群体经验以增强自己与他人相互交往的能力，这一点已经为工作者所完全认同。工作者为了使人们能够获得不同的群体经验，满足人们的不同需要，为不同的人群设计了各种不同性质的团体，如小型的、亲密的成长团体和交往团体，这些团体能够提供个人所需要的有关成长、交往和发展等方面的经验；又如较大的工作团体，这种团体能够提供给个人获得完成工作任务的诸多条件的支持以及不同角色扮演，从而满足他们提高自己工作能力和自我实现的需要。

（二）健康人格的获得

团体社会工作者始终认为，个人在团体活动过程中能够通过与其他人共同分享团体生活经验，不断完善人格和改进态度。因为，工作者在团体活动过程中，能够通过团体工作伦理的和具体的价值观以及理念去影响和服务于团体成员，并通过有效地运用团体工作的方法和技巧给成员以鼓励和支持，从而使成员个人的人格得到健康发展。

（三）得到相互接纳

工作者在团体工作中都能够体会到，团体社会工作的动力来自于团体中成员之间的相互关系。在团体中，成员的个人动力会因团体结构的不同而不同，而其中，成员获得情感需求以及将健康的情感回馈于团体都是很有意义的。团体中也会经常出现拒绝或被拒绝的现象，这些现象可能出现在个人与个人之间，也可能出现在个人与团体之间。显然，拒绝与接纳相比较，前者对团体具有副作用，它会影响团体成员正常的团体生活。所以，工作者在团体活动中，总是会通过各种有效方法和技巧鼓励并实现成员与成员之间以及成员与团体之间的相互接纳，并使这种接纳在团体活动过程中通过成员彼此间的相互交流以及情感、态度、需要、价值观的表达而形成。

（四）民主行为和合作习惯的获得

团体成员在其融入社会的过程中，会发现民主价值观和民主行为对他们来说是十分有效的。所以，他们会在参与团体活动的过程中注重这一需要的满足。工作者认同这样一观点，即团体成员的民主行为是通过工作者对其进行支持、服务、辅助和协调，使其在团体活动中通过行为学习而获得的，而成员也唯有如此，才能发展他们与人合作的良好习惯。在促使个人成长和发展的过程中，工作者要摒弃自己对团体或团体成员的强权以及工作方面的教条，不能使成员依附于团体活动，而要使他们在团体活动中充分发挥其主观能动性，成为团体活动真正的主人。所以，在团体工作中，工作者应该形成对以往决策和行为进行重新审视的良好工作习惯，建立再认识和可改变的理念，采取“弹性决策”的工作方式，摒弃主观臆断和浅薄的自尊。只有这样，工作者才能够完成满足成员获得各种需要的任务，实现团体社会工作的目标。

二、团体社会工作的文化基础

团体社会工作起源于西方，其价值理念和逻辑主线来自于西方基督教的思想及民主文化。一百多年来，在团体工作逐渐从西方传播到世界各地并在今天被中国人所接受的过程中，我们通过比较能够发现，中国以人与社会互重为中心的传统文化，对团体工作的理念同样具有巨大的支持作用。我们可以从以下几个方面来验证这一判断。

（一）来自于中国传统社会福利思想的支持

(1) 春秋战国时期《礼运》中所提出的“天下为公”（“男有分，女有归”；“人不独亲其亲，不独子其子”；“使老有所终，壮有所用，幼有所长，鳏寡孤独者、废疾者皆有所养”）的大同社会思想。

(2) 孟子“重民”（“民为贵，社稷次之，君为轻”）和“保民”（“制民之产”）的思想。

(3) 墨子“康乐社会”（“饥者得食，寒者得衣，劳者得息”）的思想。

(4) 《大学》中“亲民”（“生财有大道，生之者众，食之者寡，为之者疾，用之者舒，则财恒足矣”）的思想。

(5)《周礼》中所提出的“保息”六政的思想。

(6) 管子“九惠之教”的思想。

(7) 佛教中慈悲为怀、普济众生的思想。

(8) 官方建立仓储制的思想以及在民间广泛流行的参与会馆、同乡会的思想等。

（二）来自于中国传统社会对人和人群认识的支持

在宗族本位的生活传统和宗法集体主义的影响下，中国传统社会趋向于将人置于社会群体中来思考，而不像西方社会将个人独立出来。对中国人来说，个人是家庭中的一分子，是存在于家庭之中的，他的血缘、地域、阶层特征显示着其身份、地位和行为特征。儒家学说根据社会分工不同，将人划分为士、农、工、商；根据社会身份不同将人划分为大人、小人、国人、野人；按社会教养程度不同将人划分为君子、小人、贤者、愚者。不同的人都有其所属的不同群体，群体内部成员与成员之间存在互动关系，如《春秋左传·襄公十四年》中说："是故天子有公，诸侯有卿，卿置侧室，大夫有贰宗，士有朋友，庶人、工、商、皂、隶、牧、圉皆有亲昵，以相辅佐也。"中国传统社会对人的社会地位及归属的看法和认识，已经成为现代社会中国人社会心理的一部分，广泛地渗透在中国人的文化生活和个人的意识之中。在社会工作不断为中国人所认识和接纳的今天，团体工作自然能够从中国传统社会以及传统文化对人和人群的认识中找到自身发展所需要的文化要素。

（三）来自于中国传统社会人际关系思想的支持

对人和社会的关注使得中国传统社会伦理学说十分丰富。墨子提倡"兼相爱，交互利"，他认为人和人的关系应该是平等相爱的，不分等级、亲疏、贫富和贵贱。孔子认为，在人我交往之中，人与社会群体遵循的准则应该符合忠恕之道，他提出"己欲立而立人，己欲达而达人"，"己所不欲，勿施于人"，"所求乎子，以事父……所求乎臣以事君……所求乎弟以事兄……所求乎朋友先施之"。为此，他给自己所言之道确定了三条标准：仁爱、理解、互利。儒家作为中国社会传统思想的代表，几千年来一直深深地影响着中国人心理结构的形成以及他们的行为方式、思想方式和价值观。我们知道，团体工作的主要目标就是协调成员人际之间的互动交往关系和培养成员待人、做事的方式、方法，而中国社会传统文化中蕴涵的有关人的行为的原则以及行为规范的思想，恰恰能够起到丰富团体社会工作内涵的作用。

第五节　团体社会工作的发展历史

团体社会工作起源于欧洲，而后传到美国，以后便在世界各地逐渐传播开来。在这一节里，我们将就团体社会工作在欧美的产生和发展以及我国团体社会工作的状况进行综合介绍。

一、团体社会工作在欧美的产生和发展

团体社会工作的研究者通常将团体社会工作的发展历史划分为以下四个阶段：

第一阶段——19 世纪末至 20 世纪初。

最早的团体工作服务是在 19 世纪欧洲的教会活动中开始的。1844 年 6 月 6 日，乔治·威廉爵士在英国伦敦建立了世界上第一个基督教青年会。因此，我们可以将威廉称为团体工作的鼻祖。威廉本是一名布店学徒，在工作和生活中他发现，许多与他一样的学徒和店员工作之余无所事事，一些人逐渐染上都市的恶习，为此，他组织了青年会，吸收工友参加，定期举行集会，从事各种宗教和社会活动，开展有益会员身心健康发展的活动。此后，美国的基督教男青年会于 1851 年在波士顿成立。

1854 年，美国基督教青年会全国协会成立，这一组织极力为会员提供团体方案、团体活

动以及团体经验，以促进青少年身心健康发展。1860 年，美国第一个男童俱乐部（Boys Club）成立，它是一个提供男童休闲娱乐活动的组织。女童俱乐部（Grils Club）则推后到 20 世纪初才逐渐发展起来。1868 年，波士顿第一教会利用公立学校的校园成立了第一个儿童假期乐团。1876 年，芝加哥市首先利用公园开展各种有组织的游戏和体育活动。最初这些团体活动都仅在假期开展，以后逐渐发展为常年的有计划的活动和设施。与此同时，社会团体工作的服务方式也成为美国各地社会中心所普遍推行的一项工作。唐恩比馆于 1884 年在英国伦敦东区的怀特教区建立，它是世界上第一个号召知识青年自愿为地方进行服务的机构。

1886 年，美国人斯塔逊·科因特与其友人查尔斯·B. 斯托弗在纽约效仿唐恩比馆建立了邻舍委员会。1889 年，简·亚当斯在参观了唐恩比馆之后受到启发，与埃伦·G. 斯塔尔联合创建了赫尔馆（Hull House）。在上述社区邻里运动中，组织者发现许多社区居民均极为贫困，并缺乏正常的娱乐，为满足他们娱乐需求和向他们提供所需的公民教育，机构的组织者非常重视向社区居民提供康乐服务和开展团体活动。

以上社区邻里运动的主要作用在于，人们可以通过参与社区生活来改善社区中存在的特殊问题。由于人们关心社区中的卫生、环境、犯罪等问题，于是可以通过居民的相互认识及共同讨论这些问题，促使彼此之间相互合作，并同心协力去解决这些问题。社区邻里运动在帮助新移民尽快适应社区生活方面也具有积极的作用。邻里运动将居民视为有价值的人，通过工作者的协助和服务，让他们能够分享和了解彼此的看法，获得相互的支持，使他们对自己所关心的事物采取行动，从而满足大多数人的需求和促成社会的变迁。这些社会工作以及工作理念对后来团体工作的发展和传播产生了积极和深远的影响。

团体社会工作的发展晚于个案工作，但在 1900 年，美国社会工作学院已经开始讲授团体课程。20 世纪初，团体工作和个案工作一样，均被社会工作者用来对人们实施帮助和服务。1923 年，团体社会工作开始成为社会工作课程之一，美国西方储备大学（Western Reserve University）把团体工作纳入社会工作课程之中。此课由科伊尔开设，她将团体社会工作作为一种方法讲授。工作者在工作实践中发现，团体社会工作对人具有积极的作用和影响，不仅可以帮助人们解决生活上所遇到的问题，丰富人们的生活内涵，还可以帮助人们展开人际交往和满足人际关系方面的需求；能够协助人们学习社会生活的技能和掌握解决问题的技巧；能够用来预防犯罪以及对社会适应失调的人进行康复工作。

因此，越来越多的社会工作者开始探索社会团体工作协助个人以及改善社会环境的重要功能。由于一些团体社会工作者在工作实践中获得了大量的第一手资料，所以，在此期间，针对团体工作的研究著作开始相继问世，如西普林（Siporin，1923）撰写的《探查》（*Inquiry*）和艾利尔特（Eelliott，1928）撰写的《团体共同思考的做法》（*Practice of Group Thinking*），这些著作为读者描述了成人教育的情境，探究小型问题的解决，讨论团体中的人际沟通与互动等。

第二阶段——1930 年到 1940 年末。

1930 年，科伊尔出版了第一本团体社会工作的教科书《在有组织团体中的社会过程》

(*Social Process in Organized Groups*)，此时，科伊尔与凯泽、威尔逊和纽斯威特等人开始组织社会工作专业团体。1933 年，杜威的教育理念影响了团体社会工作者，这时，团体工作已经不在只是进行休闲娱乐活动与社会运动，而是开始更加重视满足个人发展的需要。1933 年，《美国社会工作年鉴》(*Social Work Year Book*) 开始将"团体工作"一词列入其中。同年，美国全国社会工作协会 (NCSW) 开始发表团体工作论文。1936 年，美国团体工作研究协会 (American Association for the Study of Group Work，AAGW) 成立。1946 年，在纽约州水牛城举行的全美社会工作会议上，科伊尔发表了《迈向专业化》(*oN Becoming Professional*) 的讲演，强调团体工作是一种社会工作方法，她的意见为与会者所接受，团体工作开始正式成为社会工作方法之一。

第三阶段——1950 年到 1960 年末。

在此阶段，社会工作的发展已经出现多元化发展的趋势，其目的除了继续向人们提供娱乐活动和教育外，还注重为社区的发展和社区行动提供服务。在国际背景方面，由于处于冷战时期，社会行动受到限制。因此，工作者均努力澄清和扩展社会工作的实务理论，连接社会工作与社会行动，使工作者不受压制。在此期间，先后有两篇讨论社会行动的文献发表：一篇是科伊尔 (1948) 撰写的关于一群年轻人计划对公平就业立法的游说计划；另一篇是阿伦·F. 克莱因 (Alan F. Klein，1953) 对一群被警察驱逐出公园的人的行动的讨论，团体帮助人们去拜会警察局，并与警察建立较好的关系。在这一阶段，团体社会工作的发展还包括将其方法应用到心理卫生机构、医疗机构、矫治机构、家庭和学校之中。这些性质的机构运用团体方法提供治疗，以协助因第二次世界大战而产生心理问题的退伍军人或有适应问题的家庭解决困扰。由于受弗洛伊德心理分析和自我心理学的影响，许多人将团体工作视为达成个人治疗目的的一种手段，并大量引用心理分析模式向人们提供服务，如雷德 (Red，1942) 针对儿童心理困扰采用团体社会工作方法进行协助等。至此，团体工作变得愈加重视对个人的诊断和治疗，团体工作已转变为改进成员的各种功能。

在此期间，团体社会工作开始受到许多学者理论的影响。如利文 (Lewin，1951) 的场理论；鲍尔斯 (Bales，1950)、霍曼斯 (Homans，1950) 及怀特 (Whyte，1951) 的互动理论；纽科姆 (NewComb，1950)、米勒 (Miller，1955) 及斯道尔 (Stogdill，1959) 的系统理论；林塞及保加达 (Lindsey & Bor-gatta，1954) 的组员互动理论；斯切林格 (Scheidlinger，1952) 及斯特克和塞林 (Stack & Thelen，1958) 的行为分析理论；卡特赖特和赞德 (Cartwright & Zander，1953) 的团体动力理论等。这些理论丰富了团体工作的内容，使团体工作将工作方向转向治疗，同时也发展了团体工作的理论和技巧。

与此同时，团体社会工作也推广至外展工作方面，工作者试图服务一些倾向越轨而难于接触的青年。

一些理论家，如弗伦奇 (French，1956)、海斯和布什等注重对发展团体模式的研究，并促成了帕贝尔及罗斯曼于 1966 年发表关于社会团体工作的三大模式的论文，为推动团体工作实务作出了巨大贡献。1967 年，罗伯特·文特尔等人在密西根大学建立了团体治疗模式，提倡运用团体工作来改善个人的行为偏差及恢复个人丧失的功能。同期另一种具有影响力的团体工作方法是施沃茨（Schwartz，1961）所创的协调模式，他利用开放体系、人本心理学和存在心理学理论，模拟人与团体的关系，通过成员之间的接触以及工作者的专业技巧和知识，使团体内产生互动体系，从而使个人在团体中获得需要的满足。此外，伯恩斯坦（Bernstein，1965）在波士顿大学对发展模式进行了研究。特罗普（E. Tropp，1968）则将发展模式推向整合。

第四阶段——1970 年到现在。

在此阶段中，由于社会科学的不断丰富和发展，许多社会工作者认为在充分肯定团体工作在直接服务中的重要性的同时，有必要持续发展团体工作理论。

1978 年，帕贝尔、贝伦斯和罗斯曼在 Adelphi 大学创办《团体社会工作》（*Social Work with Group*）期刊，内容不仅包括直接服务方面，也涵盖机构与社区的问题。在同年举行的社会工作教育年会（Annual Program Meeting of Council on Social Work with Group）上，成立了社会工作团体教育委员会（Advancement of Social Work with Group）。该委员会赞助了 1979 年 10 月在美国俄亥俄州举行的首届团体社会工作年度研讨会议。此后，该研讨会每年举行一次，并促使许多论文和研究报告出版。

在该阶段，许多团体工作的理论家，如霍兹恩、格拉斯和加文、亨利·苏、巴格帕和瓦雪尔，以及欧洲的肯·希普、汤·道格拉斯都努力发展细致有效的团体社会工作。在社会工作方面，更加致力于个案工作、团体工作和社区工作的整合。

二、我国团体社会工作的发展

（一）内地团体社会工作的发展

团体社会工作的发展在我国也是有历史渊源的。虽然我国在封建时期就有一些救济性、互助性的团体，但它们都不具有团体社会工作的专业性质。1885 年我国创建了中华青年会。中华青年会以“服务社会，造福人群”为宗旨，创办了许多富有中国特色的社会服务项目，如各种休闲娱乐活动、平民教育活动、公民教育活动。20 世纪三四十年代，由于战争的时代背景，我国创办了抗日救亡群众歌咏活动、战地服务团、学生救济和职业培训等具有团体社会工作性质的社会服务项目。20 世纪 30 年代，我国的社会工作教育开始展开，燕京大学 1930 年设置了“社会行政组”，开设了个案工作、精神健康社会工作、团体工作、社会行政等 14 门课程。后来沪江大学、齐鲁大学、复旦大学等一些大学都开设过社会工作专业，但大多是在社会学系内分设社会工作组或增设社会工作课程。1931 年，金陵女子大学设立社会学系，它是中国较早设置社会学系，成立社会工作专业及开设社会工作课程的高校。后来金陵大学设立了社会福利行政系，招收社会工作本科生，成为当时中国唯一独立的社会工作系。该系除教授专业课程外，还指导学生作个别社会福利事业的实习研究，如集体培育工作、儿童福利事业工作和医药社会个案工作等；研究专题有“中国医药社会工作研究”、“儿童留养机关之研究”以及“聋哑儿童之职业教育”等；同时，还编译了一部分儿童福利事业教材，积极协助各机关团体开展社会福利服务，为社会培养、输送社会工作专业人才，为中国社会工作的发展作出了贡献。

1931年，当时的国家社会部成立后，对于社会工作人员的培训很重视，曾经专门拨付经费扶助中山大学、复旦大学、燕京大学和金陵大学等大学社会教育学院有关社会学与社会福利的系科，还曾经设立过全国性的社会工作人员训练班。由于近代中国饱受着内忧外患，团体社会工作一直没有良好的发展契机。1952年，我国因进行学科院系调整，社会工作专业与社会学一起被撤消了。虽然中华全国总工会、中国共产主义青年团、中华全国妇女联合会承担了一部分社会工作的任务，也开展了一些团体工作，但专业的社会工作一直没有得到发展。直到1986年，国家教委决定在北京大学等学校设立社会工作与管理专业。随着社会工作专业的恢复设立，团体社会工作的恢复和发展才重新被提上议程。

团体社会工作随着社会工作的发展而发展起来。各大学相继开设了团体社会工作的课程，并将其列为专业基础课。一些学者也对团体社会工作的理论与方法展开了研究，团体社会工作的方法也在实践中不断地得到运用，如中华女子学院社会工作系组织了单亲家庭支持团体、家庭暴力受害者治疗团体，各高校组织了大学生成长团体等。各高校利用自己的专业优势开展了越来越多的团体社会工作的尝试，这些团体社会工作的理论与实践活动是团体社会工作在中国的初步尝试。有理由相信，在不断的努力中，中国的团体社会工作一定能拓展它的发展空间，真正脚踏实地地发展起来。

（二）香港、台湾地区的团体社会工作

香港的团体社会工作起源于基督教男女青年会。1920年前后，香港一些中上阶层热心公益事业的人士，为帮助一些青年劳工补习文化知识，并为向背井离乡的青年提供一些廉价的住所而建立了男女青年会。在初期，男女青年会除了举办一些帮助中下阶层人群的活动外，还推广团体活动及参与社会运动，争取合理的劳工制度。由于要发展团体，故在各阶层中成立了小型团体组织。尤其是在抗日战争期间提供战时服务，使不同社会背景的人有机会共同参与各种团体的服务活动。第二次世界大战结束后，男女青年会开始关注青少年工作，他们除了开办劳工夜校、识字班外，还在中小学设立华光团组织，开展团体生活及照顾学生的课外活动。虽然当时活动的带领者没有接受过正规的社会工作训练，但他们所开展的团体活动的目的和内容与现在的友谊团体差别不大。1948年，解放战争接近尾声，大量难民进入香港，他们中间有许多人身无住所，衣食无着，他们需要各种帮助。为此，香港成立了许多志愿福利机构，帮助这些有困难的人。

1950年，香港社会福利联合会成立，下设三个团体，即物质救济团体、保护妇孺团体、感化团体。因为当时的重点工作是物质救济，所以人们对社会工作方法并不重视。但是，由于外国在香港设立了许多救济机构，这些机构深受本国社会工作观念的影响，并且有部分工作人员曾经接受过专业的社会工作训练，对社会工作方法较为重视。此时，香港社会福利署正面临人口突然增加而带来的各种社会问题，并发现社会工作方法对解决这些问题具有积极的作用，故而要求香港大学于1950年增加训练社会工作者的内容。当时由于团体工作不是解决人们衣食所需，所以社会工作训练课程并不是主要课程。1949—1950 年，香港社会团体工作部分沿用男女青年会的模式。随着到港的难民不断增多，新到港的难民子女没有受教育的机会。他们的父母外出谋生，儿童除做童工或家务外便没有其他的活动。这时，有些教会及志愿团体，如“小童群益会”便开始设立儿童识字班，组织儿童开展识字和游戏活动。随着各种活动的不断开展，团体社会工作逐渐被社会认为是协助青少年身心健康成长的方法。为满足社会各机构对小组工作员的需求，1954 年社会福利署与葛亮洪师范学院合作设立了团体领袖训练课程。1960 年以后，香港大学和中文大学开始设立正式的团体社会工作课程。当时，香港还没有正式的团体工作，香港的大部分工作者还没有受过社会工作的专业训练。

20 世纪 60 年代后期，随着香港经济的逐渐好转，一些社会问题随之出现。由于社会工作能够帮助解决一些问题，故逐渐受到重视。1967 年，香港大学把原附属于医学院的社会工作训练学部转为正式的社会工作系，中文大学也于同期将社会学及社会工作学部分为两个独立的学系。从这时开始，团体工作便成为社会工作主要的课程之一。学生可根据自己的兴趣选择个案工作或团体工作就读。1967 年，香港发生动乱，部分原因在于青少年没有参与社会活动的机会，借社会事件而宣泄他们的不满情绪。在帮助青少年的过程中，团体工作被认为是一种可以疏导人们不满情绪的方法，进而更加受到重视。当时的团体工作大都以提供娱乐服务以及兴趣团体和友谊团体为主，青年茶座和营舍活动是当时较为流行的活动形式。这种活动形式的存在，一方面是为了满足青少年的需要，另一方面是受团体工作早期目标及理论的影响。这时，许多美国团体工作专家，如科伊尔等的论著被用来作为社会工作训练学系的教科书。当时美国学者提出团体工作的三大模式并倡导治疗模式。一些在美国、加拿大学习社会工作的留学生在回到香港后，便大力以其所学理论去推动香港的团体工作。苏珊·A. 迪奇治率先将治疗模式引入团体工作。1967 年，迪奇治在基督教家庭服务处工作，最初为老年人进行团体服务，其后便利用团体工作为母亲和儿童解决问题。由于在当时这种方法是新的尝试，自然会引起许多社会服务机构的注意，社会福利署的训练组为其举办了研讨会。会后不久，国际培幼会总干事弗兰克·瑞恩决定大力推广团体工作服务，并聘请工作者开展各种类型的团体活动。同期，社会福利署家庭服务部也试验为弱智儿童的母亲提供团体工作服务。香港家庭福利会也与 1971 年利用团体工作辅助家庭辅导工作。其后，儿童院及感化院也利用团体工作方法作为院舍服务方法。戒毒会也以团体辅导作为主要的工作方法。在这一时期，香港团体工作的主要特征是为心理及人际关系不协调的人士提供治疗。

20 世纪 70 年代中期，香港青少年犯罪问题为社会所关注。为防止青少年犯罪，香港政府的有关机构提供了各种方式的服务，其中包括以团体形式提供业余及课余活动或义工组织活动。社会福利署为青少年制订了个人辅导计划，于 1979 年正式推行家庭生活教育、学校社会工作以及外展社会工作，同时也重视加强青年中心的服务。在同一时期，港英政府开始重视民众参与社会事务的决策，成立了区议会。在政府和志愿机构的推动下，各种针对青少年服务的模式广泛地展开，在社会不断发展中，团体工作也不断创新。团体活动因各类人士的需求而扩展到教育性和辅导性方面。团体社会工作也成为学校中辅导学生行为及情绪的方法之一。外展工作更以团体的形式作为服务的主要方式。在社区中，社会工作机构也利用团体活动引导居民关心社区事务。在此期间，香港社会服务机构的团体活动方式主要为成长团体、教育团体及辅导团体。

20 世纪 80 年代到现在，社会变化巨大。首先香港步入老龄化社会，随着老年人的增多，社会除继续关注青少年问题之外，老年人问题开始受到重视。由于家庭结构的变化，核心家庭的兴起，很多老年人要入住老人宿舍和养老院，老人退休后的生活也需要照顾。随着都市的发展，社会关系日益复杂，人际关系问题越来越多，离婚、虐儿、虐妻等成为社会问题。在政治上，1997 年中国对香港恢复行使主权，一国两制，港人治港也成为香港人面临的新问题。为此，香港的社会服务机构开始打破传统，以个案工作为主的机构和以团体工作为主的机构开始相互渗入对方的服务领域，如团体工作机构设立问题少女热线，外展工作开展个人辅导，等等。

20 世纪 80 年代团体工作的功能趋向整合性、治疗性、发展性，服务内容趋向多样化。功能主要为：促进个人成长；培养公民意识、民族情感以及参与社会；提高个人适应社会环境及解决问题的能力；改善人际关系以满足个人的社交需要等。服务对象由老年人到少年儿童。服务内容多样化，主要包括成长团体、支持和辅导团体等。成长团体着重个人身心发展，如老年人的友谊团体、义工团体、手工艺与兴趣团体等。这些团体使退休后的老年人有所寄托并继续追求美满的生活。支持和辅导团体是为有特殊需要的人而设立的，如对单亲家庭的父母以及他们的子女进行技术或心理上的辅导；对伤残人、等待入住老人中心的老年人、有行为问题的儿童及他们的家人进行改善行为的辅导；对需要感化和康复的人进行治疗。这些团体服务有些是由主办机构直接完成的，也有些是转介给其他机构完成的。

自 1984 年中英就中国 1997 年对香港恢复行使主权的协议达成后，许多青少年中心都开始在团体工作中组织关心社会的团体活动，培养青少年对社会事件的关注，讨论解决方法并参与行动。在此期间，香港几所大学和许多社会服务机构不断与外界联系和交流，它们安排专业社会工作者出访西方发达国家，吸收最新的团体工作成果。另外，香港的一些大学还与内地的大学或机构互派学者进行交流，并为内地培养小组工作方面的教学人员以及支持内地开展团体工作有关项目的实践和研究。香港团体社会工作从男女青年会的非专业性活动到现在被社会公认为社会工作的主要方法之一，其之所以在社会发展的各个阶段被广为应用，与社会发展各个阶段的变迁和需求相关。在香港团体工作产生和发展的几十年中，政府服务机构和民间服务机构均吸收和采纳了多种团体工作理论，它们各施其法，各尽其责，对香港社会工作整体的发展作出了巨大贡献，获得香港各界的好评。

目前，香港社会工作者正在为形成一套源于香港文化背景的团体工作理论而不断努力和创新。

台湾的早期团体社会工作主要是各种宗教机构所提供的慈善性的社会服务。1961 年，台湾东海大学开始讲授团体社会工作课程。1974 年，团体工作课程被列为必修课。1970 年，台湾成立研究中心，开始有计划地培养和训练社区团体领导人才，这是台湾团体工作专业化的开始。同时，许多青年会也相继成立，向青年提供各种有益身心健康发展的活动，并逐渐注重人才的培养，以使青少年经由团体活动获得经验进而成熟、成长。20 世纪 80 年代以来，团体社会工作在实务机构中的运用愈加普遍，在医院、福利机构、基层社会工作中，团体工作方法被广泛应用，更有许多个人开办独立的个人工作室，运用团体工作方法提供多种服务。作为被台湾民众广泛认同的专业社会工作方法之一的团体社会工作，在台湾主要应用于医疗卫生、学校教育、司法、工业、一般社会福利等机构之中。

本章小结

团体社会工作是社会工作的方法之一，经由团体社会工作者的协助及团体动力过程，使参与团体的个人获得行为的改变、社会功能的恢复与发展，并达成团体目标及社区发展，进而促进社会进步和繁荣。

团体社会工作将实现个人社会生活功能和发展个人潜能作为团体活动的主要目标。团体社会工作的具体目标主要包括：提升团体成员的能力；激发团体成员的潜能；建立团体成员的社会归属感；培养团体成员的良好行为。

团体社会工作的基本原则有：实现社会工作价值的原则；满足人类需要的原则；了解社区文化背景的原则；设计团体组成的原则；明确团体目标的原则；建立专业关系的原则；运用团体个别化的原则；引导团体互动的原则；发展团体民主自决的原则；功能组织的弹性原则；实现团体活动经验成长的原则；运用社会资源的原则；分享团体评价过程的原则。

团体社会工作是以群体生活的事实真相形成其价值基础的。人们对群体经验的需求和获得是他们普遍的和一般的欲望。这些需求和获得构成团体社会工作的价值基础。

团体社会工作的价值理念和逻辑主线来自于西方基督教的思想及民主文化。中国以人与社会互重为中心的传统文化，对团体工作的理念同样具有巨大的支持作用。

团体社会工作起源于欧洲，最早的团体工作服务是在 19 世纪欧洲的教会活动中开始的，而后传播到美国，以后便在世界各地逐渐传播开来。

思考题

1. 团体社会工作的定义是什么？
2. 团体社会工作的目标是什么？
3. 团体社会工作的原则是什么？
4. 认识和了解团体社会工作的价值和文化基础。
5. 简述欧美团体社会工作的发展。

推荐阅读书目

[1] 黄惠惠．团体辅导工作概论．四川：四川大学出版社，2006．

[2] 林孟平．小组辅导与心理治疗．上海：上海教育出版社，2005．

[3] 刘梦．小组工作．北京：高等教育出版社，2003．

[4] 范克新，肖萍．社会团体工作．北京：社会科学文献出版社，2001．

第二章

团体社会工作的价值观和职业伦理

要点提示

团体社会工作的价值观；团体社会工作的伦理守则。

团体社会工作的价值观和职业伦理作为团体社会工作的灵魂，体现了团体社会工作本身的目标和意义所在，同时也界定了团体社会工作的事务原则和工作者的素质要求。

第一节　团体社会工作的价值观

一、社会工作的基本价值观

团体工作的价值观是在社会工作基本价值观的基础上形成的，是社会工作基本价值观在团体工作中的具体贯彻和体现，因此在了解团体工作的价值观的具体内容之前，有必要先了解社会工作基本价值观。

（一）价值观与社会工作价值观

价值既是一个经济学范畴的概念，也是一个哲学范畴的概念。在社会工作中，价值概念隶属于后者。价值观是人们判断事物是非、善恶、美丑的标准。社会工作价值观是社会工作者通过理论学习、专业实践等社会化途径被社会工作者认同、接受并在社会工作的具体实践中运用的。它是社会工作者行为的依据，并指导着社会工作者如何进行社会工作这一伟大而崇高的助人事业。

（二）西方社会工作基本价值观的基础

西方社会传统中有倡导和信仰科学、民主、自由、平等、博爱等价值观念。西方社会工作基本价值观酝酿于这些传统的西方文化之中，并形成于新教改革运动、文艺复兴运动和社会改革运动。因此，新教伦理、人道主义和社会福利思想成为西方社会工作基本价值观的基础。

1. 新教伦理

从西方社会的发展史来看，在由封建社会向资本主义社会转型的历史过程中，16 世纪兴起的新教改革运动所倡导的先进文化，不仅敲响了基督教神学统治的丧钟，而且为资本主义社会的诞生奠定了思想基础。其后，西方资本主义社会的一系列政治法律制度和道德规范的建立，都可以从新教改革运动所倡导的文化中找到其最初的价值观根源。韦伯在《新教伦理与资本主义精神》一书中详细阐述了新教伦理与资本主义精神之间的相通性及联系。新教改革运动反对教会自封为上帝与人之间的中介，认为《圣经》中神的启示才是唯一最高权威。新教改革了基督教会及教义的诸多传统做法，宣称上帝面前人人平等；认为女性在家庭、工作中是与男性平等的，提高了女性的地位；对于节俭、勤劳乃至做生意、营利等商业行为予以赞同和肯定。新教改革运动去除了许多传统基督教教义中愚昧落后、等级主义、形式主义的思想，为自由、民主、平等、自立思想的产生奠定了基础。

新教伦理中的理论假设有：人要为自己的成功或失败负责；人性基本上是罪恶的，但是它可以通过一种意志来克服；人的主要目的是通过艰苦工作实现物质繁荣；不应为不成功或越轨的人提供帮助，虽然应该做出有限度的努力，以便激发这些失意者要更加努力工作；对人们的主要激励是在经济或物质方面给予奖赏和惩罚。新教伦理中所倡导的意志行动、辛勤劳动、社会秩序、助人自助及奖罚有别等价值观念成为后来制定社会政策的思想来源，也成为社会工作基本价值的基础。

2. 人道主义

人道主义的发源地是 14～16 世纪文艺复兴时期的欧洲，它是最初资产阶级的意识形态，即民主主义的理论基础。启蒙运动的思想家们用人道主义来反对封建统治和论证民主主义，它起初以“人本主义”为发端，以复兴古希腊和古罗马文化为运动目标，后来发展为一种人道主义或人本主义运动。这场运动及它倡导的思想动摇了中世纪的封建统治的基础，为资本主义的发展奠定了思想基础，弘扬了科学和理性的光辉，促进了科学及社会的进步。更重要的是，它不仅是反封建的锐利武器，而且也是人类优秀文化的重要组成部分，为人类进一步推动文化发展和社会思想的进步作出了不可磨灭的贡献。

人道主义由哲学上的人本主义、经济上的自由主义、政治上的民主主义组成。它是一种世界观和历史观、一种伦理原则和道德规范。作为伦理原则和道德规范的人道主义属于人类文明中共同的精神财富。人道主义从文艺复兴开始，作为源远流长的社会思潮，在西方已存在了几百年，在这漫长的历史过程中，其表现形式多种多样，但概括起来，人道主义不外乎是这样一些内容：宣传“以人为中心”而不是“以神为中心”，强调以人为本，彻底地解放人性，把人的尊严和价值置于重要位置，以“人的本性”为真、善、美的尺度，并以此来观察、衡量人类社会和其他事物。其理想目标是人人平等。

马克思充分肯定了人道主义在反封建专制中所起的历史进步作用。人道主义使人从宗教神学的压迫下解放出来，有力地促进了自然科学、人文科学以及哲学的形成和发展。马克思在批判人道主义关于人和人性问题的一般的抽象议论的同时，站在无产阶级和劳动人民的立场上吸取了其中的人道原则。马克思还正面表示了对人道原则的赞赏。马克思的人的理论认为，人道原则是人类社会遵守的一种基本原则。人道主义和我国古代宗教思想及儒家所提出的“仁爱”、“兼爱”、“慈悲”、“博爱”等思想有相近之处。

社会工作以帮助人，为社会上的那些遇到困难的人给予人道的帮助，以保证这些人享有人的尊严为福祉。这与人道主义思想中高度尊重社会成员的人格，尊重被救助者的生命和价值，尊重人的基本权利的思想是一脉相承和共通的。因此人道主义成为社会工作伦理上的指导思想和出发点。

3. 社会福利思想

社会福利思想产生于宗教、社会改革运动和社会福利运动。它反映的是人与人之间的关系、社会和人之间的关系，体现的是对人的关怀。这可以从社会福利的定义和其特征看出来。社会福利作为一种制度，是人类进入工业化社会后产生和发展起来的。在此之前，福利只是作为一种“善”与“恶”的社会道德规范与个人责任，在局部范围内和个别场合发挥作用。古时的社会福利是受当时的道德说教和人们敬神畏神情绪的影响而产生的个别慈善行为。

随着工业社会的形成和发展，旧的慈善事业和其他保障措施已无力解决商品经济条件下必然出现的孤、老、寡、病、残、贫困等社会现象。于是，真正的社会保险应运而生，并通过社会实践在一定程度上消除了政府利用其他手段不能避免的社会震荡，确保商品经济稳定的发展。与此同时，社会福利事业也获得了发展。福利不再是支离破碎的、缺乏社会吸引力的局部慈善行为，而是通过政府立法并组织实施的现代社会福利制度；福利不单是满足物质生活方面的需要，还包括精神生活和个人全面发展方面的需要。

社会工作的发展和社会福利思想及制度的成长密不可分。日益增长的社会福利项目的实施需要人来代理，社会工作专业就从这一事实需要中发展起来。今天社会工作专业角色比那时更加丰富，它不仅负责对个人、家庭、社会提供服务，还担当着创造、维持和改善的制度环境的任务。因此，产生于社会福利制度和思想的社会工作的价值观念要更加丰富。

（三）社会工作价值观

1. 西方社会工作的价值观

在西方社会工作价值观的研究中，比较有影响的观点是由比斯台克和泰彻提出的。

比斯台克在其《个案社会工作》一书中，概括了社会工作的价值体系，认为其包括以下方面：

（1）人的潜能：人的潜能是不同的。社会工作者不仅应尊重每个人的尊严和价值，也应注意充分注重和发挥个人的潜能。

（2）人的责任：人有与生俱来的内在动力和责任以发挥其潜能，实现社会功能，以完成其自我实现。

（3）人的权利：人有选择的权利以完成其自我实现。

（4）人的需要：所有的人都有其基本的人性需要。个人的和谐成长和基本需要的满足，依赖社会提供的机会和保护。

(5) 人的社会功能：人的社会功能对于个人的自我实现非常重要。社会工作者应促进每个人社会功能的发挥。

(6) 社会的责任：社会有责任建立和维持公正、和平和秩序，并且创造与自我实现有关的条件和资源，以帮助个人自我实现。

(7) 社会的权利：社会的发展与繁荣是个人参与的结果。社会有权利要求每个人尽其所能，社会工作将起到实际的促进作用。

(8) 个人对社会的职责：每一个社会成员在致力于自我实现的过程中都有义务对社会公益有所贡献。社会工作的任务在于促进案主的身心健康，以便其对社会有所贡献。

(9) 人的自我抉择权：人有自我抉择的权利，这是培养责任、促进成长和实现自我的必要途径。

泰彻所提出的社会工作的价值体系包括以下内容：

(1) 每个人都拥有作为个人的尊严和价值。

(2) 每个人都应该受到尊敬和获得公正的对待。

(3) 每个人都应该参与影响他人的决策。

(4) 每个人都应该公平地分享对物品和服务的使用。

(5) 每个人都应该拥有自由获得为了理智行为所必需的信息的权利。

在西方社会工作的价值体系中，强调人的尊严、需要、权利、义务、社会的职责等，反映了西方社会工作对个人、社会及其相互关系的基本态度。西方社会工作价值体系对社会工作的发展影响巨大，不断促进着社会工作技巧和方法的提升。

2. 中国社会工作的价值观

中国社会工作由于社会制度、基本国情等与西方国家迥异，其价值体系不可能完全套用和照搬西方国家的社会工作价值观，而应在吸收、借鉴其优秀成果的同时，批判地继承中国古代社会工作实践价值理念，全面发展当代中国主流价值观念，形成具有中国特色，符合我国基本国情的社会工作价值观。我们认为中国社会工作价值观应该包括以下内容：

(1) 社会工作者尊重人的尊严和价值。社会工作者应该尊重每一个人的独特价值观和尊严，不能因任何人的种族、国籍、性别、家庭背景、年龄、信仰、社会及经济地位、智能、体能、性取向等的不同而对其区别对待。

(2) 社会工作者要帮助服务对象满足基本的、合理的需求，并相信每一个人都有发展的潜能，因而有责任鼓励及协助服务对象在顾及他人权益的情况下发挥潜能，自我实现。每个社会成员都有自己的特殊需要及天赋，享有满足个体合理需要的权利，享有利用社会资源实现合理需要的生存权及劳动权，当其中某些个体因不可抗因素而导致需要的满足受阻时，社会工作者有责任指导、协助他们解决这些困难。另外，每个个体都有发挥自己的潜能、实现自我的需要、选择满足自我需要的恰当方式的权利，社会工作者有责任运用本身的专业知识和技能去推动个人和社会的进步，务求每一个人都尽量发挥自己的所能。

(3) 社会工作者认同人际关系的重要性，尽力加强人际关系，积极动员和鼓励群众支持和参与各项社会事业的发展和社会工作的开展，增加个人、家庭、社团、机构、社群的福祉，帮助社会大众在人与人之间平等互助的关系下实现“我为人人，人人为我”，预防及减少困苦。

(4) 社会工作是国家履行职责、义务的手段。社会主义国家有责任保障公民基本的生存权和发展权，维护社会公平与秩序，通过提供各种社会资源和条件为其谋取最大的福祉。

二、团体社会工作的价值观

社会工作价值观如何在团体社会工作中体现，当团体社会工作者进行团体工作时，应遵循哪些价值理念？西方学者柯那普卡、特斯兰德和利瓦斯提出了不同的观点。

柯那普卡提出，团体工作的价值观应包括：团体中的成员来自不同种族、不同国家、不同社会阶层，是不同年纪、不同性别的人，成员应该积极参与团体活动，建立一种积极、平等的关系；在团体工作中，始终强调合作和互惠性的决策过程，充分体现民主参与的原则；强调个人在团体中的创造性和主动性，尊重成员参与团体的自由、参与团体决策过程的自由，尊重成员在团体中发表看法的自由等；强调团体中高度个别化原则，关注团体中每个成员的特殊需要。

特斯兰德和利瓦斯则认为，团体工作的价值观最重要的是以下三点：

(1) 重视成员的相互帮助能力。在团体中建立的关系，能够帮助成员成长，建立归属感，满足其基本需要。因此，在团体工作中，要特别强调成员之间的互助关系，弱化社会工作人员作为团体主持人的领导作用。

(2) 重视团体提升成员能力的作用。团体可以帮助他们提高自信心，使其意识到自己有能力改变自己的生活和整个社区的状况。

(3) 重视团体促进来自不同背景的成员之间的理解和融合的能力。随着团体的不断发展，成员之间的尊重和欣赏也会不断增强，因此，团体能够帮助弥补现代社会中不同社会地位人群之间的差距，促进社会整合。

结合以上学者的观点，我们认为团体社会工作的价值观应包括以下几个方面。

(一) 互助互惠的原则

团体社会工作作为社会工作的一种基本工作方法，是由工作者协助组成团体的社会成员在团体中与其他社会成员和谐互动，发挥个人潜能，以达到发展和改变的目的。因此，和谐的人际关系的原则包括两方面内容。一方面是工作者与团体中的每一位成员之间人际关系的和谐。只有如此，工作者才能有效指导和协助每一位团体成员实现社会整合，加强自我认知和社会归属感，支持个人应付紧张状态，帮助其适应社会环境，发挥其潜能。另一方面是指团体中各社会成员之间人际关系的和谐。对整个团体而言，和谐的人际关系有助于建立合作的团队，团队成员在健康、和谐的氛围中获得美好的情感体验，并通过团体的凝聚力发展社会责任感，增强社会的和谐、团结与稳定。

（二）加强个人进取心的原则

团体工作的功能之一是团体成员能力的建立，即指团体工作通过教育和技能培训，使团体成员在团体活动中获得意识的提升和自信心的建立，而不仅仅是解决其在情绪、行为、态度、价值观等方面存在的问题。团体社会工作的意旨是借助团体工作的互动环境和互动过程，使团体成员的人格不断成长和提高。

（三）自由参与的原则

每个团体成员都有自己独特的需要、情绪、能力等，团体社会工作者必须认可并接受每个成员的差异，鼓励、帮助每位成员根据自身的独特性去参与团体活动。同时，在团体工作过程中，团体成员具有参与决策的自由，工作者不应强迫或代替团体成员做决策。因此，从这种意义上说，自由参与的原则体现了工作者尊重团体成员自我选择和自我决定的权利。

（四）高度的个别化的原则

高度的个别化包括团体内的个别化和团体外的个别化，就是对待团体内的各个成员和各个不同的团体要具体情况具体分析。任何事物的矛盾都有其特殊性，团体中每位成员也都具有差异性。因此，工作者在组织进行团体工作的过程中，不可照搬一种工作模式或简单依据已有的工作经验，而应以各成员的具体状况为依据，有的放矢地设计干预方案，制定工作目标。另外，各个团体本身由于成员组成、团体目标和利益、团体的发展阶段、团体的文化或氛围等各不相同，工作者要针对各团体在不同方面的差异，采用不同的团体工作模式对症下药，开展好团体的工作。

第二节　团体社会工作的伦理守则

团体社会工作伦理守则是团体社会工作者依据其哲学信念和价值取向发展而成的一套伦理实施原则，是团体社会工作者用来表明专业特征并指导其行为的道德标准。团体社会工作者依据其来引导和规范助人活动。团体社会工作伦理守则是相关权威机构制定的一套指导专业人员从事专业活动的道德指引，也可称行规。专业伦理守则将专业价值观念和职业信念条理化，以规范文件的方式来指引专业人员的行为。

一、社会工作的伦理守则

团体社会工作伦理守则是在社会工作一般伦理守则的基础上产生的。因此，有必要先来了解一下社会工作伦理守则的内容。

（一）美国全国社会工作协会的社会工作伦理守则

美国全国社会工作协会（National Association of Social Worker，NASW）规定的社会工作伦理守则主要包括以下内容。

1. 社会工作者对服务对象的伦理责任

(1) 对案主的承诺。社会工作者的首要责任是促进服务对象的福祉；服务对象的利益是最优先的。

(2) 自决。社会工作者要尊重且促进服务对象的自决权，并协助服务对象尽力确认和澄清他们的目标。

(3) 告知后同意。社会工作者只应在服务对象获得适当而有效的告知后同意的专业关系范围内来提供服务；必须以清楚和易懂的语言告知服务目标、服务中的有关风险等；社会工作者应在录音、录像或允许第三者旁观之前，得到服务对象的告知后同意。

(4) 能力。社会工作者应仅在自己所受的教育、训练，所拥有的咨询或督导的经验，及相关专业经验的范围内提供服务和展现自己等。

(5) 文化能力及社会多元。社会工作者必须了解文化及其对人类行为和社会的作用，并认识到存在于所有文化中的力量；社会工作者应努力了解社会多元文化的本质，以及关于民族、种族、国籍、肤色、性别、性取向、年龄、政治信仰、宗教或身心障碍等的问题。

(6) 利益冲突。社会工作者不应从任何专业关系中获取不当利益，或是剥削其他人个人的、宗教的、政治的或是商业的利益；社会工作者不应与现有或先前的服务对象产生双重或多重的关系，以避免剥削或可能伤害服务对象的风险等。

(7) 隐私与保密。社会工作者应尊重服务对象的隐私权；社会工作者要公开这些保密的信息，必须要经过服务对象确切的同意，或是经过合法授权的服务对象代理人同意等。

(8) 记录的接触。社会工作者应使服务对象合理地接触与其自身有关的记录；当服务对象接触其记录时，社会工作者必须采取行动保护记录中被提及或被讨论到的其他人的隐私。

(9) 性关系。社会工作者无论在任何情况下都不可以和当前的服务对象发生自愿同意的或是强迫性的性行为或性接触等。

(10) 服务的付费。对于服务费用的决定，社会工作者在应确保收费的价格是公平的、合理的同时，考虑服务对象的承受能力等。

2. 社会工作者对同事的伦理责任

(1) 尊重。社会工作者应尊重同事，并且正确公正地陈述同事的资格、观点和职责；社会工作者应与其他社会工作者或其他专业同事合作，以增进服务对象的福祉。

(2) 保密。社会工作者对于在专业关系和转介流程中所了解到的服务对象资料，应予以保密；社会工作者一方面应协助其他同事了解服务对象，另一方面要对与服务对象的隐私有关的资料保密。

(3) 学科间的合作。社会工作者担任跨学科团队的领导者时，应基于社会工作专业的观点、价值与经验，参与影响成员福祉的决策，应建立跨学科团队作为一个整体的专业及伦理的职责等。

(4) 同事涉入争议。社会工作者不应利用同事与服务对象之间的争议，以谋取职位或其他个人利益；社会工作者与同事发生争执时，不应使服务对象受到不利影响，也不应不恰当地与服务对象讨论社会工作者与同事之间的冲突。

(5) 咨询。社会工作者为服务对象的最佳利益着想，应寻求同事的建议。

(6) 转介服务。当其他专业人员的特殊知识成为专长，对提供给服务对象完整的服务是必要的，或是当社会工作者认为自己的服务没有效果，或无法与服务对象有合理的进展但服务对象需要更进一步的服务时，社会工作者应将服务对象推荐给新的服务提供者。

3. 社会工作者在实务机构中的伦理责任

(1) 督导与咨询。社会工作者必须具备适当的知识和技能以提供督导或咨询，但应仅限于在自己知识与能力范围内提供督导与咨询等。

(2) 教育和训练。社会工作者在担任教育者、实习督导或训练员时，应仅限于在自己的知识与能力范围内提供指导，且提供的是专业中有益的咨询和知识。

(3) 绩效评估。社会工作者应以公正而周全的态度对其他人的表现加以评估，并依据清楚且明示的评估标准而为之。

(4) 服务对象记录。社会工作者有责任确保记录的正确性并且能反映出所提供的服务。

(5) 对服务对象的承诺。社会工作者一般应坚持对雇主和受雇组织的承诺。社会工作者应致力于改进受雇机构的政策、程序及服务的效率与效果。

4. 社会工作者作为专业人员的伦理责任

(1) 能力。社会工作者在接受任务或受雇时，应立足于现有的能力，或具有取得必备能力的意愿；社会工作者应根据已有的知识来提供服务；社会工作者应致力于达成与维持熟练的专业实务和专业功能的发挥。

(2) 歧视。社会工作者不应从事、包容、推动或配合各种形式的歧视，包括针对种族、民族、国籍、肤色、性别、性取向、社会或经济状况、政治信仰、宗教或身心障碍等的歧视。

(3) 个人行为。社会工作者不应允许其个人的行为干扰到自己执行专业职责的能力，社会工作者不应参与、宽容或涉及有关不诚实、欺诈或诱骗等的行为。

(4) 个人问题。社会工作者不应该让自身的个人问题、心理或社会压力、法律问题、物质滥用或心理健康问题影响他们的专业判断或伤害社会工作者对其负有专业职责的人之最佳利益。

5. 社会工作者对社会工作专业的伦理责任

(1) 职业道德。社会工作者应尊重专业价值和专业能力，在工作中不断投入时间和精力以提升实务能力。

(2) 评估与研究。社会工作者应监督和评估政策、方案的执行和实务工作的介入；社会工作者在从事评估或研究时，应确保从参与者身上所获得的资料的匿名性及保密性。

6. 社会工作者对社会的伦理责任

(1) 社会福利。社会工作者应促进社会及全世界人民的整体福祉，并增进人们及其社区与环境的发展。

(2) 公共参与。在社会政策与制度的发展过程中，社会工作者应促进社会大众了解如何参与公共事务。

(3) 公共紧急事件。社会工作者应尽最大可能为公共紧急事件提供适当的专业服务。

(4) 社会和政治行动。社会工作者参与社会和政治行动，确保所有人都能公平地得到所需要的资源、就业机会、服务机会，以使个人基本需求得到充分的满足和发展，社会工作者应采取行动以扩大所有人群的选择和机会，并对于弱势人群、处于劣势者、受压迫者、受剥削的个人和团体给予特别的关注。

(二) 香港地区社会工作者伦理守则

香港地区社会工作的工作伦理守则主要包括下面的内容：

(1) 有关服务对象。工作者（即社会工作者，以下同）首要的责任是对服务对象负责；工作者有责任让服务对象知道本身的权利及协助他们获得适当的服务，且应尽量使服务对象明白接受服务可能产生的后果；工作者不可滥用与服务对象的关系，借以谋取私人的利益。

(2) 有关同工。工作者应尊重其他工作者、专业人士及义务工作者不同的意见和工作方法。任何建议、批评及冲突都应以负责的态度表达和解决；应尽量与其他工作者合作，提高服务的成效；工作者尊重服务对象的选择权，并不应在不尊重其他机构和同工的情况下夺取其他工作者之服务对象，工作者与共事同工合作之间所做的保密沟通，在未获得资料来源者明确同意时，不可向服务对象透露有关其个人资料以外的沟通内容。

(3) 有关机构。工作者应向雇用机构负责，提供具有效率及效能的专业服务，工作者应采取建设性及负责任的行动，以影响并改善启用机构的政策、程序及工作方式，务求使机构之服务水准不断提升；工作者在发表任何公开言论或进行公开活动时，应表明自己是以个人身份或是代表团体或机构名义行事，工作者不应在未经服务机构同意时，利用机构与外界的联系，为个人招揽服务对象。

(4) 有关专业。工作者从事其专业工作时，应持诚实、诚恳及负责的态度；应持守专业价值观，并提升专业的知识；工作者对专业提出评论时，应持着负责任和有建设性的态度；工作者不可就其专业资格、服务性质、服务方法及统计成效提供有误导性及不真实的资料，工作者有责任不断增强本身的专业知识和技能。

(5) 有关社会。当政府、社团或机构的政策、程序或活动导致或构成任何人士陷入困境及痛苦，或是妨碍困境及痛苦之解除时，工作者有必要唤起社会对这些情况的关注；工作者有必要倡导修订政策及法律，以改善有关社会情况，促进社会之公义及福祉；工作者有必要致力于推动社会福利政策的实施；工作者不可运用个人的知识、技能或经验助长不公平的政策的执行或不人道的活动，工作者有必要致力于防止及消除歧视；工作者有必要推动大众尊重社会的不同文化；工作者有必要鼓励社会大众在知情的情况下参与制定和改善社会政策和制度。

二、团体社会工作伦理守则

（一）美国团体社会工作协会的专业守则

（1）团体成员拥有明确的知情权。在团体工作开始阶段，工作者有责任告诉每个团体成员团体的目的和目标是什么，参与团体可能的风险是什么，整个团体的活动安排、活动时间安排、活动每阶段的长度等。

（2）明确保密的原则和措施。

（3）团体社会工作者必须具备一定的经验才可以带领一个团体。

（4）在特定的情况下，团体社会工作者在带领团体工作过程中，遇到问题时可接受督导和进行咨询。

（5）经过筛选决定团体成员，形成团体后，要确保团体成员的需求能够在团体中得到满足。

（6）团体社会工作者有责任协助团体成员达到治疗目标。

（7）团体成员在团体中必须得到保护，不受到身体伤害、威胁，不被迫接受别人的价值观，不受来自团体成员的压力和其他形式的压力。

（8）工作者应平等、公正地对待每个团体成员。

（9）工作者不能利用团体成员来达到个人目的。

（10）工作者有资格在团体活动过程中，对团体成员及时进行评估和改进，以保证他们的需要得到满足。

（二）中国团体社会工作伦理守则

中国团体社会工作伦理守则是同社会工作行业的专业化程度联系在一起的。目前我国社会工作起步不久，还处于尝试和探索阶段。发达地区如上海等地已开始实行社会工作者的培训、发证制度。

在拟定团体社会工作伦理守则或职业道德的具体条款时，依据我国社会主义制度的要求和社会工作事业发展的需要，逐条讨论，集思广益，使之既规范又具体，既简洁又实用。以下是我国团体社会工作伦理守则的基本条款，供参考使用：

（1）工作者要全心全意、满腔热忱为工作对象服务；

（2）工作者要尊重服务对象的意愿，保守服务对象的隐私；

（3）工作者要严格遵守收费制度，做到公平、满意服务；

（4）工作者要严格遵守自己的职责范围，不提供违法违纪的服务；

（5）工作者要不断学习总结工作经验，努力提高服务技能和服务水平；

（6）工作者之间要注意协调配合，互解互谅，共同树立“助人为乐”的行业形象；

（7）工作者要遵守与任职和聘用机构之间签订的协议。杜绝有损机构声誉和利益的行为。

本章小结

团体社会工作的价值观是在社会工作基本价值观的基础上形成的，是社会工作基本价值观在团体工作中的具体贯彻和体现。西方社会工作基本价值观基础包括：新教伦理、人道主义、社会福利思想。在西方社会工作的价值体系中，强调人的尊严、需要、权利、义务、社会的职责等，反映了西方社会工作对个人、社会及其相互关系的基本态度。中国社会工作由于社会制度、基本国情等与西方国家迥异，其价值体系不可能完全套用和照搬西方国家的社会工作价值观。中国社会工作价值观的内容包括：社会工作者尊重人的尊严和价值；社会工作者要帮助服务对象满足基本的、合理的需求，并相信每一个人都有发展的潜能，因而有责任鼓励及协助服务对象在顾及他人权益的情况下发挥潜能，自我实现；社会工作者认同人际关系的重要性，尽力加强人际关系，积极动员和鼓励群众支持和参与各项社会事业的发展和社会工作的开展，增加个人、家庭、社团、机构、社群的福祉，帮助社会大众在人与人之间平等互助的关系下实现“我为人人，人人为我”，预防及减少困苦；社会工作是国家履行职责、义务的手段。

团体社会工作伦理守则是团体社会工作者依据其哲学信念和价值取向发展而成的一套伦理实施原则，是团体社会工作者用来表明专业特征并指导其行为的道德标准。团体社会工作伦理守则是相关权威机构制定的一套指导专业人员从事专业活动的道德指引，也可称行规。专业伦理守则将专业价值观念和职业信念条理化，以规范文件的方式来指引专业人员的行为。

思考题

1. 简述社会工作的基本价值观。
2. 中国社会工作价值观特点有哪些？
3. 工作者的个人品格要求有哪些？
4. 中国团体社会工作伦理守则有哪些？

推荐阅读书目

[1] 花菊香．社会政策与法规．北京：社会科学文献出版社，2002.
[2] 王思斌．社会工作概论．北京：高等教育出版社，1999.
[3] 风笑天．社会学研究方法．北京：中国人民大学出版社，2001.
[4] 范克新，肖萍．社会团体工作．北京：社会科学文献出版社，2001.

第三章

团体社会工作的理论基础

要点提示

人类行为发展理论；人类价值观理论；团体过程理论对团体工作的支持。

团体社会工作是一种社会工作方法，是社会工作者经过百余年的艰苦努力创造和发展的。这一成果不是凭空而来的，而是建立在坚实的理论基础之上的。团体社会工作是现代社会学、人类学、心理学、教育学，以及伦理学等各种社会科学学科共同支持而形成的产物。这些学科构成了团体工作的哲学基础和科学理论基础。

第一节　人类行为发展理论

人类的行为具有相同之处，也有不同之点，将人与人的行为进行相互比较后，我们会发现，他们既存在共性又存在个性。美国哈佛大学人类学家克莱德·克拉克洪和心理学家亨利·默里于1949年共同出版了一本名为《自然社会与文化的人格》（*Personality in Nature, Society and Culture*）的著作，他们在著作的导言中这样写道："每一个人（的性格）都有若干方面像所有的人，若干方面像一部分人，若干方面则什么人都不像。"我们可以对这句名言进行引申理解，这里所说的像所有的人，就是人的基本人性，人皆有之；像一部分人，就是人在同一文化环境和同一教育环境中所形成的人格；不像任何人，就是个人不同于他人的独特的个性。对人类行为探知具有重大的意义和趣味性，正因为如此，使许多研究者倾心于此方面，也使许多研究成果见诸于世。

目前，人类学家将人类行为发展理论划分为两大类：一类是个人行为发展理论，这一理论主要是从心理学的观点出发，研究人类行为发展的阶段、特征与相关性。另一类是团体生活发展理论，该理论主要从社会学的观点出发，研究和探讨在人类发展的过程中，人与人之间相互作用的状况。有鉴于此，我们将分别对个人行为发展理论和团体生活发展理论进行讨论。

一、个人行为发展理论

在心理学的理论中，有关人类行为发展的研究结果，与团体工作密切相关，主要包括以下几方面：

(1) 人类早期的生活经验对他们以后的人格特征和人格发展具有重大的影响作用。弗洛伊德的精神分析学派是这一学说的倡导者，他们认为，人的“出世”本身就是一种与环境之间的斗争，以后儿童开始逐渐适应周边环境，在不断适应环境的过程中，儿童积累了一定的社会经验，这些积累下来的经验成为他们以后行为的基础。弗洛伊德甚至重视5岁以前儿童的生活经验，认为这种经验也具有重要的作用。从这一理论观点出发，我们可以明确地得出这样的判断，即在团体工作中，团体社会工作者应该重视成员的早期生活经验，即他们的生活背景，以便了解团体成员现在所存在的问题的成因。

(2) 人类的一生是不断生长和改变的过程，而不是弗洛伊德所说的遵循“命定论”。持有这一观点的学者认为，人类具有潜在的能力，这种潜能能够随着他们对社会的适应和工作、学习的不断深入，被逐渐挖掘出来并无限地增长。此理论的支持者确认，学习和发展能够使团体社会工作者建立人类发展的价值观，使他们可以在团体工作中通过团体经验，促进团体成员潜能的挖掘和身心的发展。

(3) 人类的行为除了意识状态以外，有时还存在“前意识”(preconscious)、“潜意识”(unconscious)。弗洛伊德认为，个人的人格和行为结构就像一座冰山一样。他们合理的行为是可以见得到的部分，而大部分的行为是不可见的、无意识的，这种潜意识的动机有力地影响着人类的行为。根据这一观点，团体社会工作者在实施团体工作时，特别是在开展治疗性团体的时候，必须注意成员不易被觉察的行为动机，重视他们早期生活中形成的潜意识经验。

(4) 人类有潜意识的动机，同时也有自我合理发展的能力。这种被称为“自我的功能”的能力，在行为过程中有时很强，有时很弱，会出现失调或不适应。弗洛伊德认为，人类人格和行为的发展，分为本我(id)、自我(ego)与超我(superego)三部分。本我代表个人本能的需要和欲望，是人性的非社会层面。超我是个人的道德良心，代表个人已经内在化了的社会观念。而自我的功能，则是协调本我与超我之间的矛盾冲突，使个人的行为产生合理的适应。团体社会工作者承认人类有合理发展自我的能力，认为当人类自我功能转弱或消失时，通过团体活动能够适时地协助他们恢复这种自我的功能。

(5) 人类可以同时处在两种相对的境况中。人在同时可以对同一个人或同一情况具有两种相对的情绪或反应。心理学家认为，人类在有目的的活动中，常会因为同时具有一个或数个目标而产生两个或两个以上的动机。如果这些同时存在的动机不能同时获得满足，而且在性质上又呈互斥的状态，人类就会产生动机冲突或心理冲突。这种冲突的形式可分为两类：

一是双趋冲突，如两种威胁，左右为难；二是趋避冲突，进退两难，犹豫不决。在团体社会工作过程中，团体社会工作者要认识和了解成员及事实，在化解成员冲突时要考虑利弊得失，帮助成员解决他们存在的问题。

（6）人类在解决内在动机、需求、欲望、驱力和解除外在关系的困惑时，常会使用防御机构、投射作用和升华作用等方法。心理学家认为，个体在日常生活中，通过学习和经验，能够学会适应或应付挫折的方式、方法。由于这些适应的方式、方法在性质上是防卫性的，如自我防卫，使自己不受焦虑的侵害等，所以，心理学将其称之为防御机构。人类的主要防御机构有：合理化作用，如酸葡萄、甜柠檬等；认同作用，如崇拜偶像、幻想英雄等；代替作用，可分为升华作用与补偿作用，前者如学习的升华，后者如望子成龙等；投射作用，将厌恶的特质施与他人。防御机构是人类适应内在和外在关系的方式、方法，它既有积极的作用，又有消极的作用。就积极方面而言，它能够保持和提高人们的自尊，就消极方面来说，它会使人躲避和退缩。在团体工作中，团体社会工作者要承认这种心理适应的方式、方法，并且较好地利用这种防御方法去解决成员的问题，提高成员的社会适应能力。

二、团体生活发展理论

人类的需要是一个整体，如生理需要、心理需要均系于一身。两大需要之间相互联系，不能分离。个人是以一个完人而非分离体与他人发生交往关系的。这一观点使工作者认同这样的假设，即人类各种需要彼此相关，无法分离，并且这些需要都能够在人与人之间的关系中体现出来。由此，团体工作假定人类不仅有“被爱”的需要，而且有“爱他”的能力，对此，个人均会努力克服各种困难去实现“被爱”和“爱他”。团体社会工作者还认同另一种假设，即人类在其行为发展的过程中，一定要有健全和适当的团体生活，并且这种团体生活应伴随其一生。所以，健全的团体生活对个人的健康成长具有非常积极的作用。健全的团体生活必须具备以下条件：

（1）在团体生活中，能够有机会使团体成员之间产生相互认同。在团体生活中，应有机会使成员接受其他成员的思想、价值观，并且能够使他们交流感情、交换意见，同时学习他人的正向行为。

（2）在团体生活中，能够有机会使团体成员产生温暖的感觉。在团体生活中，应有机会使成员与他人建立良好的关系，从而避免恐惧、焦虑并获得安全感。如果在社会生活中，个人没有和他人建立广泛的人际关系，则会存在失去自己所爱的人的威胁和恐惧或产生夸大这种感觉的体验。

（3）在团体生活中，能够有机会使成员获得选择自己喜欢的朋友的自由。在团体生活中，团体向团体成员提供各种活动的机会，使他们能够在活动中相识、相知、相交，从而建立良好的人际关系。但是，在当某些成员不能和他人建立亲密的关系，而自己又必须要接纳对方的时候，应该能够负起使自己接纳对方的责任。

（4）在团体生活中，能够有机会使成员自由地表现自我，展示自己与他人的不同。在团体生活中，团体中成员个别化的存在是必然的，每位成员与他人的不同也必然会在团体活动中展现出来。团体社会工作者要向成员提供具有针对性的活动，使他们能够在活动中充分地展示自己。

（5）在团体生活中，能够有机会使成员表现其独特的个性和分享他人的独特性。在团体生活中，团体成员所表现出的独特个性是其个人的风格，而只有使自己的个性与他人的个性融合，才能体现出团体的风格。所以，团体社会工作者要提供有效的团体活动，使成员在展现其个性的同时分享他人的独特性。

（6）在团体生活中，能够有机会使团体成员表现其自身的独立性。在团体生活中，需要团体成员对团体有一定的遵从，但是，这并不意味着要求成员将自己的独立性掩盖起来或放弃自己的独立性。相反，团体社会工作者应该认同他们独立性的存在，并通过团体活动向他们提供支持。对处在童年期的儿童和处在不良适应期的成人，也应承认或允许他们存在依赖性。团体成员在团体活动中，均可能在以上六方面获得机会，而唯有健全的团体，才能够使其真正成为现实。所以，团体社会工作者要尽力完成好创建健全团体的工作，使成员能够在团体活动中获得积极的经验并健康成长。

第二节 人类价值观理论

任何一种专业服务性职业，不论其服务的对象是什么人，都必须视其目标而介入。特别是在处理人际关系和决定目标时，必须要考虑伦理上的价值。团体社会工作最关心的是人与人之间良好人际关系的建立，所以它的主要价值观是“正义”、“责任”、“心理健康”。

一、人类的伦理价值观

正义。所谓正义，是不考虑个人的任何属性，如种族、性别、社会地位、经济地位、天赋、智力、体力、特殊能力等，而完全接纳每一个人，这并不是认为所有的人都一样或运用同一种方法去帮助不同的人，而是指对所有的人抱有同等的关怀、爱心，并向他们提供同等的机会。

责任。团体社会工作者认为人们是相互依赖的，他们应该在承认自己所应有的权利的同时，也承认他人的权利。他们应该对所有的人都持有同胞爱的概念，即“四海之内皆兄弟”。

心理健康。心理健康是指人类意识到自己内在的满足和内在的力量，从而产生向其他人“给予”的能力。

二、社会工作者应具备的价值观

不论社会工作者运用什么方法向有需要者提供服务，他们均应接纳以下价值观。

1．“个人尊严”的价值观

所有社会工作者都承认不同种族、信念、国家、阶级之间人们积极的人际关系，他们必须协助团体成员尊重其他成员和其他团体，并学习与他们共同生活。通过由衷地接纳不同背景的人去改变种族及人群间的歧视。

2．“合作”的价值观

在激烈竞争的社会里，团体工作应通过有效的方法，有意识地让人们学习相互合作的正向经验和方法。

3．“个人进取心”的价值观

在团体社会工作中，团体活动必须在创造性的、合作的架构下进行，以增强团体成员的进取心。

4．“参与自由”的价值观

个人的尊严应是自由表达自己的意见、观点和思想，并有自由参与与自己、社区有关的活动的权利。机构和团体社会工作者允许人们依照自我的意愿决定是否参与团体。

5．“高度个别化”价值观

虽然团体内的活动可以在无个别化的情况下实施，但个体的差异使成员自身的判断具有高度个别化的特征。所以，在团体活动中，工作者认同成员“高度个别化”的存在。

第三节　团体过程理论

在团体活动中，团体成员之间的相互作用以及团体的发展、变化的总和被称为团体过程。在团体活动中，团体成员之间的相互关系对团体和团体成员都具有重大的意义。因为，这一人际关系在任何时候都是动态的和变化的，即使工作者不在，成员间的相互作用也会随着时间的推移和他们所面对的不同状况而产生变化。在这一节里，我们将主要探讨团体过程的动力、团体的特质，并对团体过程进行分析。

一、团体过程的动力

团体过程的动力一般表现在以下三个方面。

1．团体能够使成员之间产生认同感，从而解决他们存在的问题

在现实服务过程中，接受服务的对象不仅仅是一个人，而是一群人。在团体中，每一个人都是团体中的一个成员，而团体就是团体成员的集合体。团体工作中的这种人群特征，为团体成员提供了与个案工作中一对一特征截然不同的心理环境。所以，原来在个案工作中因心理距离作用而不能解决案主问题的状况，在团体工作中会因群体的作用而改变。这是因为，个体在人群的环境中由于群体互动和群体意识的存在，使他们更加容易对他人产生认同感，而这种认同感恰恰能够帮助成员解决他们在个案工作中不能解决的问题。

2. 团体能够使团体成员的自我意识得到改变，从而解决他们存在的问题

团体工作过程是人际互动的过程，在这一过程中，由于团体提供了较多的参照物，形成了较为丰富的参照系统，使团体成员能够通过相互比较更加清楚地认识自己。群体对个人行为肯定评价的力度要远远大于个体对个人行为肯定评价的力度，在群体意识的作用下，群体对个人行为肯定评价又往往能够得到成员的遵从。所以，许多自我评价水平偏低的成员，能够在团体中透过其他成员的肯定评价提高其自我评价水平，重新获得自信。

3. 团体能够使成员获得自然的社会关系，从而解决他们存在的问题

在团体活动中，工作者能够为成员创造“同年龄者群体”的交往环境。这样，能够使一些在家庭或社区中因不能参与同年龄者活动的儿童获得自然社会关系的机会，从而使他们在与同年龄者交往的过程中释放压力，解决自身存在的问题。

二、团体的特质

团体一般具有以下特质：

（1）工作者所关心的团体是面对面的团体，这些团体人数较少。

（2）团队的大小不定。团体人数的多少取决于参与者的年龄、活动内容和目标等。

（3）团体与群体有所不同。在团体中，成员之间存在相互作用、共同情感和共同目标。而在群体中，成员虽然有相同行动，但不存在相互关系。

（4）团体依其构成因素可分为两种。自然团体，指团体成员自然的结合，如家庭、帮会、友谊团体、职业团体等。外力团体，指由团体以外的人员建立团体，如治疗团体、康复团体等。另外，还存在因某种事件所产生的共同压力或需要而形成的团体，比如共同乘机，遇机械故障，素不相识的人会同舟共济形成团体等。

三、团体过程分析

团体过程是一个较为复杂的过程，这是因为，团体过程是处在不断变化之中的。所以，工作者认识团体过程中存在的各种关系和因素，才能知其所以然，从而更加有力地把握它。

（一）次团体的存在

在团体形成以后，随着团体活动的不断深入，团体成员之间开始相互交往、产生互动。团体互动形成的系统与团体的大小对成员之间沟通及互动的水平存在一定的影响。如果团体成员在三人以上，则团体内便可能有次团体形成。一般来说，人总是倾向于寻找一些与他们有共同观点和相同兴趣的人交往，或者寻求可以相互取长补短的人来作朋友，以弥补自己的不足。通过团体活动及团体成员的相互认识和交往，团体便形成了一个或多个人际关系圈，这样，团体中的次团体便生成了。

一般来说，次团体的核心形式可分为二人组合、三人组合和四人组合。其互动形式为：

1. 二人组合次团体互动形式

（1）平等—互惠互动型。次团体中的两人能力旗鼓相当，他们可以给予对方同等的需要

或弥补对方存在的不足。

（2）追求—被追求互动。次团体中的两人一方是追求者，另一方是被追求者。他们的组合有各种各样的原因，但都互有需要。

（3）依赖—支配型。次团体中的两人一方依赖另一方，另一方则要支配或控制对方，从而各得其所形成一对。

（4）攻击—被攻击型。次团体中的两人一方攻击另一方，另一方则受对方攻击，攻击和受攻击者在攻击实施后均会感到轻松。这些攻击大都是用语言及感情的反应来表达的。不过这种关系属于一种很不正常的次团体人际关系。如果团体中存在这种次团体，工作者应当予以控制和处理。

2. 三人组合次团体互动形式

（1）平等—互惠互动。次团体中的三人能力和知识水平相当，他们相互帮助，取长补短，和谐相处。

（2）亲密—游离互动。次团体的三人中，有两人关系密切，另一人游离。

（3）分离—倾向互动。次团体的三人中，有两人分离，另一人对两人分别倾心，倾心者多为和事佬。

（4）矛盾—亲密互动。次团体的三人中，有两人因同一需要相互矛盾或争斗，而另一人则分别获得这两人的亲密投向。通常在两男一女或两女一男的三人组合次小组中，会出现这种互动形式。其中，产生矛盾的两人为同性，被称为“情敌”。

（5）联盟—排斥互动。这种活动有两种形式：一种是两人联盟，另一人被排斥。在这种互动形式中，被排斥者最终会离开此团体；另一种互动形式是一人对另外两个人分别排斥。

3. 四人组合次团体互动形式

（1）两对二人团体形式。这种互动虽然由团体成员来实现，但是这些团体成员不是以个人身份出现，而是以团体代表的身份出现。团体交往都是由被赋予权力的团体成员来完成的，团体代表之间的互动尽量削弱人际互动的色彩，而比较正式化。在互动之前，团体内部会对打算加入的互动进行设计，对行动的目的、方法有某种预先的设想和安排，在互动中也多采取较正式的方式，如使用正式宣称、书信、文件等形式，当然这又与团体的正式化程度及互动领域有关。在团体互动中，团体成员会直接、间接地加入到互动中来，并对这一互动产生各种影响。

（2）三人团体，一人游离形式。次团体的四人中，有三人关系密切，另一人游离。游离的人将会是一个孤独者，在性格、思想方面会变得孤僻。

（3）四人互惠形式。当个人与个人在一起的时候，会由于一些共同的爱好、目的，甚至一些想法而达成一种统一，这个时候就个人而言就处于非理性。也正是由于非理性的存在，才使个人与个人之间达成了某种统一。此时就可以称之为互惠团体。

次团体在团体中的存在是自然的事情，既然其存在于团体之中，当然会对团体的进程产生一定的影响和作用。通常，与团体目标相一致的次团体能够提高团体的整体性，加强团体的力量，促进团体的成长。但是，如果团体内的次团体与团体的发展方向相反，或次团体之间产生矛盾、纷争，便可能分化团体成员，造成团体成员之间互动或合作的困难。这些，都将会影响团体的进程，使团体无法实现其目标，甚至解体。所以，工作者要注意次团体的存在，并预防因次团体存在可能给团体带来的负面影响。

（二）孤独者的存在

人们通常将被团体忽视或拒绝的某个成员称为孤独者。团体中的孤独者一般有两种。

1. 被忽视的孤独者

这种孤独者存在于各种性质的团体之中。他们之所以孤独，是因为他们与团体中的其他成员之间没有交往。他们虽然被团体所接受，但将自己包围在“玻璃墙”之中。他们的自信程度很低，虽然内心渴望与其他成员交往，但又不能先向对方迈出一步。他们在团体中会感到寂寞、沮丧和失望。

2. 被拒绝的孤独者

在有些团体中，会有个别成员被团体所拒绝。他们被团体拒绝的原因主要有以下几点：

一是内在品质存在问题。如有些成员在团体活动中，经常侵犯其他团体成员，与别人打架等。

二是与团体所需要的气氛不一致。如浪漫型的人在团体活动中不能较好地把握自己的性格特点，从而不适宜参与气氛较严肃的团体，如学术团体等。

三是违反团体的规范。如不遵守团体成员共同制定的团体契约。

四是不能与团体的进程同步。如不能完成团体成员都能完成的工作任务，达不到团体对他提出的要求。

五是替罪羊。如被其他团体成员嫉恨并被攻击的成员。

（三）领导者的存在

所谓领导者，以往人们一般认为是指那些具有一定特质的人，这些人一旦具有这种品质，便可以领导团体，无往而不胜。现代领导理论认为，团体的领导者可以因团体目的与情况的不同而不同，一个团体的领导者也会因团体的发展而改变。在团体中，领导者通常来自于两个方面。

1. 由机构安排

机构根据自身的需要和实际情况，安排具有一定工作经验和能力的工作者直接充当团体的领导者，带领团体成员开展团体活动。

2. 从团体中产生

团体在运作一定时间以后，团体成员的能力和水平会在团体活动中逐渐显现出来，这时，工作者可以支持个别成员担任团体领导者，带领团体成员开展活动。在成员成为领导者以后，工作者便成为团体的“外来者”，去协助团体领导者和成员开展团体活动。

（四）角色观念

每个人在社会生活中都有自己的角色。在家庭中有为人父母或子女以及兄弟姐妹的角色；在学校中有教师、学生或同学的角色；在工作单位里有领导者、被领导者或同事的角色；等等。

一个人的角色从来都不是单一的，他们会集多种角色于一身，在不同的环境中以不同的行为方式将应有的角色特征体现出来。一个健康的人，其扮演的角色通常适当而无内在冲突，并且具有较好的社会适应能力。但是，也有一些人，由于他们不能正确地认识自己的角色，或不能较好地把握自己角色应该具有的行为方式，从而导致角色冲突。团体是社会中诸多的环境中的一种，在团体活动过程中，不同的成员同样具有不同的角色，如工作者有工作者的角色，团体成员有团体成员的角色等。所以，对推进团体活动实施的工作者来说，他们应该具有角色观念，并在团体进程中把握好自己和成员的角色以及行为方式，只有这样，才能顺利地实现团体目标。

（五）团体的归属感或团体的约束力

团体是由多人组合在一起而形成的小群体，这些人在刚刚进入团体的时候互不相识。工作者要想使这些人在团体中满足自己的需要，带领他们实现团体目标，就必须使团体具有一定的吸引力，使大家喜欢团体，热爱团体。这样，团体成员才会较好地投入到团体活动中去，为团体贡献自己的力量。所以，工作者要尽力使自己与成员以及成员与成员之间建立良好的人际关系，形成团体的聚合力，使成员产生对团体的归属感。

心理学研究证明，个人在群体中，会受到来自于群体的约束力，这种约束力对群体中的成员具有较大的作用。如果群体对个体的约束力过大，成员的主动性和能动性就会降低，从而影响成员参与群体活动的动力，甚至会使成员偏离群体。相反，如果群体对个体的约束力过小，也会使成员参与群体活动的紧张度降低，主动性和能动性趋弱。所以，工作者在推进团体进程的过程中，要合理控制团体，调动团体成员参与团体的积极性，极大地发挥团体成员的主动性和能动性，使他们在与工作者和其他成员的互动中，产生对团体的倾心。这样，成员对团体的归属感就能够形成了。

（六）团体的新成员

封闭型的团体一般在运行一定时间以后便不再允许新的成员加入，但开放型的团体允许新的成员加入，所以，开放型团体都会遇到入组新成员的问题。通常，新成员的加入，会改变原有团体的结构。因为，一个团体由于新成员的到来，会形成新的人际关系循环模式，形成新的人际关系系统。另外，在团体中，新老成员的需求和行为方式亦会有所不同。对新成员来说，初入团体时，会在对团体抱有希望的同时又存在焦虑，或者在情感上产生敌对，陌生的环境会给他们带来一些紧张和恐惧。他们力求在团体活动中表现自己，但又会因为挫折和困难而感到失望。所以，新成员一旦进入团体，特别需要工作者的协助和支持。

（七）团体的冲突

在团体中，成员通过团体活动推动团体向目标迈进。活动之中，成员始终会面对改变和被改变，矛盾和冲突也会由此而生。有人认为，团体中的矛盾和冲突会导致团体解体。其实，只有当团体成员之间的矛盾、冲突相当激烈，并且这些矛盾和冲突不能得到圆满的解决时，团体才有可能解体。一般来说，在一个健康的团体中，都会存在一定的矛盾和冲突。因为，成员为了团体的进步和发展，一定会各思其法、各施其计，而个人与个人的差异，团体中人际关系循环的阻断又会使成员之间的问题随之不断出现，矛盾和冲突便由此而生。团体中存在一些矛盾和冲突并不可怕，可怕的是矛盾和冲突不能得到解决和平息。所以，工作者协助成员解决团体中的矛盾、冲突是非常重要的。其运用的方法通常有以下几种：

（1）退却。指工作者使矛盾双方中的一方从矛盾圈中退出。

（2）压制。指团体领袖或次团体对有矛盾的成员施加压力，使有矛盾的成员保持沉默。

（3）多数原则。指多数成员压制少数成员使其服从。

（4）少数服从多数原则。指经过全体成员表决，以少数服从多数的方式解决矛盾。

（5）妥协。指在矛盾双方势均力敌时，协助成员以各自让步的方式解决矛盾。

（6）团体统合。指协助矛盾双方经过团体讨论，共同努力而最终形成统一。

本章小结

团体社会工作是现代社会学、人类学、心理学、教育学，以及伦理学等各种社会科学学科共同支持而形成的产物。这些学科构成了团体工作的哲学基础和科学理论基础。

人类行为发展理论认为，每一个人（的性格）都有若干方面像所有的人，若干方面像一部分人，若干方面则什么人都不像。像所有的人，就是人的基本人性，人皆有之；像一部分人，就是人在同一文化环境和同一教育环境中所形成的人格；不像任何人，就是个人不同于他人的独特的个性。人类学家将人类行为发展理论划分为两大类：一类是个人行为发展理论，这一理论主要是从心理学的观点出发，研究人类行为发展的阶段、特征与相关性。另一类是团体生活发展理论，该理论主要从社会学的观点出发，研究和探讨在人类发展的过程中，人与人之间相互作用的状况。

人类价值观理论认为，任何一种专业服务性职业，不论其服务的对象是什么人，都必须视其目标而介入。特别是在处理人际关系和决定目标时，必须要考虑伦理上的价值。团体社会工作最关心的是人与人之间良好人际关系的建立，所以它的主要价值观是“正义”、“责任”、“心理健康”。另外，社会工作者还广泛地接受团体工作的价值观，即“个人尊严”、“合作”、“个人进取心”、“参与自由”、“高度个别化”等。

团体过程理论认为，在团体活动中，团体成员之间的相互作用以及团体的发展、变化的总和被称为团体过程。在团体活动中，团体成员之间的相互关系对团体和团体成员都具有重大的意义。因为，这一人际关系在任何时候都是动态的和变化的，即使工作者不在，成员间的相互作用也会随着时间的推移和他们所面对的不同状况而产生变化。

思考题

1. 简述人类行为发展理论的内容。
2. 简述人类的伦理价值观的内容。
3. 怎样理解团体过程分析中对孤独者的分析?
4. 团体过程的动力一般表现在哪三个方面?

推荐阅读书目

[1] 林万亿．团体工作．台北：三民书局，1995.

[2] 何明良，高民政，等．走向社工——专业社会工作实录．上海：上海人民出版社，2004.

[3] 陈丽云，樊富珉，等．身心灵互动健康模式：小组辅导理论与应用．北京：民族出版社，2003.

[4] 王慧君，等编．团体领导者训练实务．修订本．台北：张老师文化事业股份有限公司，1997.

第四章

团体系统的要素

要点提示

团体成员的年龄、性别、人格特质、角色和地位；工作者的角色、地位；团体的规范、凝聚力、冲突；次团体；团体的物理环境、社会环境。

团体工作过程中的分析工具存在于团体本身，如何描述团体，直接涉及工作者工作时的方案设计和行为介入。以系统论为基础，分析团体时将团体看成一个有机整体，需要考虑以下几方面因素：第一，团体是由各部分组成的，那么组成团体的各部分是怎样的？第二，整体的各部分之间因相互作用而形成各种关系，那么团体中的各部分是如何相互作用的？第三，各部分相互作用后形成整体的新效应，新效应大于各部分效应简单累加之和，那么团体各部分相互作用后形成的新效应是什么？等等。

回答了这些问题，就找到了团体的独特属性及团体发展所遵循的独特的行为模式，为工作者和团体成员了解团体创造了条件。

根据这样的系统观点，首先需要弄清团体的组成要素。团体系统的组成要素包括团体成员、工作者、团体和团体环境。下面分别详细地加以介绍。

第一节　团体成员

个人只有进入团体，获得团体成员的身份，才能成为团体的构成要素。进入团体的成员，是一个生理、心理、社会和精神的实体，他（她）带进团体的包括他（她）的过去、现在和未来，内含着一组由生理特征、家庭历史、价值观、支持系统、防卫机制和应对环境压力的方法所产生的个体动力。在进入团体前，成员已有的并能影响团体进程的特质包括年龄因素、性别因素和人格特质，而这些又影响了成员进入团体后的行为、角色与地位。

一、年龄因素

发展心理学认为，每一个人的成长都大概依循一个近乎相等的阶段范围发展，无论在体能和心智上都很难超越这一范围，而每一个范围都有它的特点，所以每一个年龄阶段都有适合它的团体工作模式。

台湾中原大学潘正德教授曾指出，人与人之间的互动距离随着年龄的增长而加大；互动品质方面随着年龄增长，倾向于以某种固定形式去接触某一类人；而互动形式的复杂程度、彼此交往的数量和对团体的敏感度也会随着年龄增长而逐渐增加。所以，幼儿期的孩子专注于自我，环境的影响力较弱，注意力集中的时间较短，不太具备开展团体工作的条件；四五岁的儿童虽然仍有强烈的自我中心倾向，但已经有朋辈意识，也试图发展与他人的关系，可以参与低层次的团体游戏和其他社会活动；一个九岁或十岁的孩子，已有了对归属感的追求和与他人分享的能力，并且对获得与给予权力有了初步的了解，参与一些成长性、教育性的团体是可能的，但去参与一个治疗性团体，效果也许不会太好；青春期的青少年则开始脱离父母，走向独立，但又不能完全独立，因此有着相似的不安、困惑和怀疑，混乱的价值观和对未来角色的不确定感，使他们必须寻求些东西来支持自己，他们已经有了固定的团体经验，完全可以通过涉入更多的社会性团体来发展自己健全的人格，尝试各种各样的新行为；成年人对紧密性团体生活的需求达到顶点，他们需要在团体中找到自己的存在感和成就感，各种各样的团体经验的获得已经成为他们生活的一部分；老年人退出职场后，面对人生的暮年和社会角色的失落，有着独特的对人际的需求。所以，团体成立时，就需要考虑团体成员的这些年龄特征，根据他们的年龄特征组成适合他们需要的团体。

另外，人类的行为是人与环境互动的产物，不同年龄阶段的人，除了生理与心理的差别外，认知和经验也不同，他们有不同时代和文化的烙印，这在团体工作中也是要考虑的因素。由于现代社会变迁的速度非常快，不同年龄阶段的差异越来越明显，而且有明显差异的年龄跨度也越来越小。例如，一个离婚女性的支持性团体中，有的成员五十几岁，有的成员二十几岁，在团体中这样有着年龄差异的组合显然是不合适的。五十几岁的人有着“上山下乡”的经历，二十几岁的人是改革开放后成长起来的“新新人类”，她们的生活经历和人生体验差异太大，婚恋观也完全不一样，在一个团体中如果观念和行为的差异太大，会给团体内互动造成很多障碍。

二、性别因素

性别是一个复杂的概念，不仅仅包含着性器官、第二性征等生物性的特征，还包含着主观上的性别认同和角色期待，这是人与环境互动的结果，家庭和社会文化在其中起着重要的作用。如我国的文化中通常将男性视为坚强的、有能力的、理性的、控制性的，是家庭的主人；而女性则被视为软弱的、温柔的、细腻的、感性的、依赖的、被动的、需要被保护的。这样的角色期待也影响了团体成员在团体中的行为。一项有关团体凝聚力与人际关系学习对不同团体影响的实验研究结果证明，由女性组成的团体，有高度的凝聚力，拥有愉悦的团体气氛，成员的参与率高，且能体会到团体经验的价值，在所指定的人际关系学习方面，只花很少的时间便能完成；由男性组成的团体，完成任务很努力且对团体有相当持久的投入，但是团体工作气氛较为沉闷；男女混合组成的团体则具有高凝聚力、高参与感和高任务导向。所以，在组成团体时，团体成员的性别特征也是工作者需要考虑的因素。如果要将团体凝聚力和人际关系的学习提升到最高点，那么男女混合组成的团体对个人的成长和任务的完成而言，应是较为合适的模式；一些特殊年龄层次和特殊目标的团体，如家庭暴力受害者治疗团体、青少年身心发展团体、被强奸者创伤恢复团体、单亲母亲支持性团体等治疗性团体和支持性团体选择单一性别组合则较为适宜。

三、人格特质

成员特质中影响团体的关键因素是人格。人格是个体的内在需求与外在环境妥协后的结果，也是个人发展中生理、心理和社会影响力互动的结果，如成员早期的童年经验和对不同成长阶段的感受程度等都对其人格产生重要影响。

人格结构构成了一个人强大的自我。自我产生一种力量，能使个体对于环境的作用产生相应的情绪与行为反应。关于团体中的个人人格特质应考虑五个特性：(1) 人际取向；(2) 社会敏感度；(3) 优越感；(4) 可依赖性；(5) 情绪稳定程度。当个体带着这些特质进入团体时，因这些特质所表现出来的态度和行为，如他的自我价值观、处理人际关系的能力、防卫机制和应对环境压力的能力直接影响着他与团体中其他人的互动，会对团体的动力产生影响。工作者需要了解成员这些人格特质指标的强度，正视他们的缺点和优点，一方面强调他们现在的生活状态；另一方面也强调他们想要拥有的生活状态，并通过观察和分析这些人格特质对成员行为造成的影响，把他们拥有的这些特质转化为团体过程中可用的资源。

四、角色与地位

团体成员在团体中扮演着一定的角色。通过角色的扮演，清楚地界定出成员在团体中的身份、地位、权利和义务，使成员对自己的行为产生相应的预期。成员在团体中的基本角色如下：

(1) 受助者。团体成员是带着问题来到团体，有个体的目标，希望通过团体的运作达成个体的目标。从这个角度看，他是团体中的受助者，是案主，处于团体中被协助的位置。因这个角色而产生的最重要行为就是参与。团体成员越是投入、开放，团体的功效越好，成员从团体中获得的就越多。如果一个成员拒绝分享他的经验，拒绝探讨他个人的问题，他就不是一个真正意义上的团体成员。

(2) 协助者。这是与受助者角色相对应的角色。团体成长的真正资源来源于团体成员自身，成员通过倾听、分享、给予回馈和参与活动等，提供选择性的建议或可能的信息和资源，协助解决团体中他人和团体本身的问题。协助者角色的实施达到的是互惠和互助的目的，团体成员在协助他人的同时，也因自己对团体的贡献，而感受到自己的价值。

(3) 自决者。工作者相信每个人都有成长和改变的能力，团体过程依赖的是成员个人的决定和能力。团体提供了一个环境，协助个人的成长与改变，但事实上只有成员自己知道如何做才是最有建设性的，也就是最后的决定权在于成员自身。

第二节 工 作 者

不论是哪种类型的团体社会工作，都是由工作者协助进行或协助引导，所以工作者又称团体的领导者。工作者对团体的影响被认为是团体结构中最重要的一部分。

一、工作者的角色

工作者在团体中的行为不是一般的人类行为，而是一种专业行为，所以团体社会工作者一般应具有社会工作的专业背景，包括了解社会工作的专业价值体系、实施原则，经过团体社会工作的专业培训等。同时，为很好地履行工作者的专业行为，团体的工作者必须具备一些特质。一个具有人格魅力的工作者能给予团体一种积极的力量，这能提升成员的期望，也能提高工作者的权威性。

为完成领导团体的这些任务，工作者需要承担一定的角色。在团体中，工作者的角色是工作者人格和团体需要的结合物，以下介绍几种主要的工作者角色：

(1) 引导者。如果没有目标和方向，团体不可能达成任何成效。工作者引导团体的产生和团体的过程，并在动力形成后，引导团体朝向目标发展。作为引导者，工作者需要反复地明确团体目标，指明团体的方向。但是引导不是强制或过度的干预，那样，将会减少成员自决的机会和团体动力的形成。

(2) 催化者。团体的动力不会自发地产生，工作者需要对团体中发生的事件作出及时的反应，激发出团体中信任、温暖的气氛和成员间朝向团体目标的正向的互动行为。当然，需要注意的是，过度地依赖工作者的催化可能会使团体成员缺乏主动性，使团体失去活力。

(3) 调节者。团体中的成员拥有不同的背景，每个人都有自己的独特性，有自己在团体中的目标，因此在团体中难免出现矛盾与冲突，工作者需要适时地进行调解，促使团体过程顺利地发展。当然，如果团体的动力已经发展成熟，能够依靠自己的能力解决矛盾和冲突，工作者是不需要介入的。

(4) 代理人。代理人的角色在团体内外同时存在：在团体内，工作者作为机构的代理人提供团体成员需要的资源和信息；在团体外，作为团体成员的代理人与其他机构或团体磋商协调，争取成员所需的资源和信息。

(5) 评估者。不仅在团体结束时，在团体过程的任何一个阶段，工作者都是一个评估者，评估成员的需求、成员在团体中的成长与改变、团体进程的快慢，以及团体目标达成的程度等，根据评估，决定介入的方式或总结工作的得失。

二、工作者的地位

工作者的角色深深地影响着团体的过程。通常，角色决定地位。在团体中，工作者不是旁观者，而是一位参与者，并且是领导者，是对成员和团体性格具有影响力的人，是一位特权者。但有特权并不证明他是专家，在某种意义上，他只是一位通过专业判断提供服务的服务者。任何工作者的行为都属于专业行为，在任何情况下都不能因团体而获利。

工作者的地位会因团体发展阶段的不同而不同。在团体的初始期，团体刚刚形成，工作者需要澄清团体目标，协助成员订立团体契约，引导成员间的互动，营造团体气氛，此时的工作者处于团体的中心位置；进入团体的转换期，团体逐渐从一个虚体向实体过渡，团体的动力逐步形成，工作者开始逐步偏离中心位置，退让一部分角色，向边缘转移；到团体工作期，团体动力形成并且逐步成熟，成员间的相互作用顺畅，团体开始进入自我引导、自我发展的阶段，工作者此时只是资源的提供者，他的位置已经退到边缘；最后，进入结束期，团体的凝聚力下降，团体结构松散，工作者需要处理成员的分离情绪，评估团体的成效，进行转介等，重又回到了中心位置。

第三节　团　　体

团体是团体系统的组成要素。从系统论的观点来看，团体是一个系统，它由各要素组成，各要素相互作用会使整体产生新的效应，产生新效应的团体又会对以后的团体发展产生影响，从这个角度来看，团体成为团体系统中的一个要素。它是团体成员互动的结果，它的形成又进一步影响团体成员的互动，成员行为的改变必然导致团体的改变，团体的改变必然会影响成员个体行为的改变。

一、团体规范

任何团体，一旦成员互动后，很快就会建立起自己的协调和管理行为的准则，一旦这些准则获得团体成员的认可，就会成为团体的规范。团体的规范有三类：一是秩序性规范，界定成员间互动的准则，避免成员超出规定的行为模式；二是角色规范，界定成员因固定角色而产生的行为期待；三是文化规范，明确团体的限制和界限，表达团体的信念、态度和价值。团体的规范是一种有形的力量，它界定了团体行为表现的可容忍度，规范和稳定了成员的行为，增强了对行为的预知能力和安全感，对目标的达成和团体的运作非常重要。团体可以通过规范去淘汰那些不合要求的成员，并对不符合团体期待的行为产生压力，促使其改变。团体规范一般在成员违规时才会凸显出来。有效能的工作者一个很重要的职责就是建立和管理团体的规范。团体的规范不能太严，那样会给团体成员造成太大的压力，使团体僵化，影响成员主动性和积极性的发挥。当然，团体的规范也不能太松，太松的规范起不到约束作用，也就无法对团体形成促进作用。

二、凝聚力

凝聚力是成员之间或成员与团体之间的认同感与归属感，它源于成员就团体目标和行为达成的一致。对于个人，凝聚力像一张安全网，在充满凝聚力的团体中，成员感到温暖、安全，可以完全地释放自己、表达自己，全身心地投入到团体活动中，实现个体目标；对于团体来说，一个团体的凝聚力越强，成员对团体的归属感就越强，就越能意识到自己是团体的一部分，成员之间也越能产生信任和相互依赖，进而愿意为团体目标的实现做出自己的努力。

具有凝聚力的团体有以下特征：成员守纪律，准时参加活动；成员认同自己属于团体；成员对“我们”的情感表达有提高；成员关系为相互接纳、相互依赖的亲密关系；成员对团体经验的参与度高；成员用语言表达出自己对作为成员和对团体的满意度；团体氛围以自发性、非正式的自我暴露为特征；团体规范形成同心同德的压力；形成了一个仪式系统。

影响团体凝聚力的要素包括：团体成员对团体目标的认同和期待的程度；团体成员参加团体的意愿的强度；团体满足成员需要的程度；工作者个人的魅力；团体人际关系吸引力的程度。所以，团体成员加入团体的愿望越强烈，对团体目标的认同度和期待越高，工作者的个人魅力越大，团体人际关系对成员的吸引力越强，团体越能满足成员的需要，团体的凝聚力就越强。

工作者的职责之一就是促成团体凝聚力的产生。但凝聚力与规范一样，也要适度，如果团体的凝聚力过强，会导致成员依赖团体，失去个体的独立性，某些成员可能因为害怕被团体排斥、无法获得团体的认同而产生焦虑，最终屈从于团体的压力，无法表达自己的意见。在与团体外环境的互动上，过强的团体凝聚力导致的过度的团体内的认同，会拒绝、排斥来自团体外的有益的信息和资源，也会对团体的发展产生一些不利的影响。

三、团体冲突

冲突是成员间、成员与工作者间需要、目标或价值观不一致的产物，它是任何一个团体都无法避免的，是团体的普遍现象，冲突在团体中无时不在、无处不在。一般来说，冲突使成员和工作者关系紧张、团体分裂以及达到目标的效率低下，具有破坏性的一面。但其实，冲突也存在有价值的一面，因为没有冲突就没有发展，冲突在形成破坏作用的同时，也带来了发展的契机。一个团体是否成熟，不是看它是否有冲突，而是看它是否具备解决冲突的能力。冲突可分成秩序性的冲突、情感性的冲突和权力性的冲突。秩序性的冲突围绕团体目标的达成，表达上以理性为基础，如因团体方案的设计、规范的执行上的分歧而产生的冲突；情感性的冲突是因团体成员性格、行为和情绪不协调而产生的冲突，表达上以感性为基础，如成员甲不喜欢成员乙说话的方式，成员丁觉得成员丙着装太随便等；权力性的冲突是成员因争夺团体中的权力与地位而产生的冲突，是一种隐藏相对较深的冲突，如团体中争夺领导权的斗争，因地位不同而引发的争执等。冲突解决得好对团体的发展有着积极的影响，工作者的主要任务之一就是协助成员解决团体内的矛盾与冲突，促使它向建设性的方向发展。解决冲突必须考虑冲突的性质、成因和演变，并配合团体氛围制定适当的介入策略。

要弄明白，谁引发了冲突？冲突的起因是什么？冲突指向谁？怎样引起的冲突？冲突已发展到什么程度？

确定是否干预。工作者应相信解决冲突的最佳方法来自团体本身，对于那些偶发性的冲突或团体依据自己的能力就能解决的冲突，不必急着干预，对那些团体依靠自身的能力已无法解决或如不及时解决会对团体造成伤害的冲突要及时干预。

依据冲突的不同类型，制定不同的干预策略。如对秩序性的冲突，要防止此类冲突演变成情感性的冲突，并建立理性的解决问题渠道疏解冲突；对情感性的冲突则要尽量控制及减弱其扩散力，并通过激发成员间正面的情绪以对抗已有的冲突；对于权力性的冲突则需要工作者运用自身的权威平衡各方的权力需求，确保每个人都有同等机会参与分享团体的权力。

尤其需要注意的是，中国人的生命哲学是强调和谐的，因此在人际交往中特别强调中庸、节制以及“和为贵”，这种约束价值观的过分强化，则有可能导致僵硬的“面子”文化，过分地约束、不接受事实、为集体利益忽略个体的表达，也不允许冲突的存在，所以中国人的团体中冲突的隐蔽性通常较大，表现得也不直接，因此介入后的反思和跟进就显得非常重要，以便确定冲突发生的真正原因，评估已有介入方法的有效性。

四、次团体

次团体是团体内部因共同的需要和目标而形成的联盟，它是一种特殊的人际结构。在整个团体过程中，几乎每一个阶段都可能形成次团体。形成次团体的原因包括以下三方面：

(1) 成员的相似性。外貌、情绪、性格、价值观、受教育程度和背景上的相似性使成员很自然地联结起来而逐渐形成次团体。

(2) 团体规模的大小。团体规模太大，团体成员互动起来会有困难，便自然地与和自己接触多的成员结成次团体。

(3) “吸引追随”模式的产生。当团体中出现观点、情绪、利益和成长程度不一致时，为了寻求支持、脱离陌生感而形成次团体。

次团体的产生对工作者、团体成员和整个团体都有影响。显然，次团体的产生有负面的影响，次团体的成员可能对非本联盟的成员产生排斥性，尤其是当次团体的目标与团体的目标不一致的时候，成员因为忠诚于次团体的目标而背离团体的目标，导致团体凝聚力的降低。不过，次团体也有正面的作用，次团体可满足成员个别的、特定的需求，弥补因团体过大而产生的疏离。在团体初期，次团体的形成有利于成员解除焦虑，提供给他们一种安全感。在中期，因为分工而形成的次团体，如果目标不与团体的目标冲突，并不一定给团体带来负面的影响。另外，次团体的存在也给工作者敲响了一个警钟，它显示：

（1）团体太大而不能满足面对面的互动需求；
（2）团体不能对大多数人的利益有所反应；
（3）团体不能满足团体成员相互间物质、精神的需求；
（4）尚未形成以团体为中心的认同；
（5）团体的聚会太少。这些都是工作者应该警醒和着手改善的。

第四节 环　　境

以系统的观点看，团体作为一个系统是有界限的，界限将团体与外在的环境区别开，但作为一个系统，团体的界限是有弹性的、开放的，团体不停地从环境中输入物质和能量，并且用物质和能量适当调整持续进行的内部行为，再通过一定的回馈机制将系统的物质和能量输出。团体是一定环境中的团体。团体的环境包括机构、物理环境和社会环境。机构的团体社会工作是由社会工作者引导完成的，任何社会工作者背后都会有机构的背景，作为机构的成员，机构对整个团体社会工作的影响是不容忽视的。

从某种意义上来说，团体的结果是工作者与机构互动的结果。如机构决定提供一项团体服务以帮助有患病老人的家庭更好地完成照顾任务，或青少年活动中心准备成立一个青少年自我认知团体，这时是机构成立团体，分配工作者去带团体，团体由机构掌握。即使是由工作者运作团体，工作者制定的团体方案也必须被机构认同和接受后，才能获得机构的支持，从而获得团体所需要的资源、经费、场地、设施和同事的配合等。机构接受团体的前提是工作者提供的团体目标与机构的目标和宗旨一致，并且方案的实施具有可行性。如有必要，机构会针对自己的需要，对工作者的方案进行修正。所以，了解机构的宗旨、政策能够帮助工作者为可能的阻碍作好准备，并评估出机构内可供支持的资源。

机构提供的服务是自愿性的还是强迫性的对团体的影响很大，如果是强迫性的，如监狱、戒毒所、精神疾病治疗机构成立的强迫性团体，工作者就需要花很长的时间讨论成员的反应，决定能否发展出一起工作的基础，而成员在团体中的冷漠、抗拒和挫折都可能对团体的成效造成影响。

在团体工作的执行过程中，机构的支持是非常重要的资源。这种支持包括两方面：一方面是机构给予的行政支持和资源方面的支持，如与机构内同事的合作，碰到问题时的请教与咨询，碰到困难时的协助以及机构能提供的物理环境和活动设备等；另一方面是机构帮助团体获得的团体外物理环境及社会环境的支持，如以机构的名义或由机构出面与政府有关部门、其他机构或社区联络与接触，排除障碍，获得团体以外资源等。

机构影响团体服务的理念、方向和技术。大多数机构喜欢某些特定的理念、理论与技术，这些显示在服务理念、理论取向、服务的方式、工作者的使用、接案的假设，甚至记录格式的设计中。如所在的机构偏向治疗取向，治疗取向又偏向认知行为取向，那么工作者领导的团体更可能与这样的取向相吻合；如果机构以女性服务为主，那么成立团体更多的是关注女性群体的利益并经常以女性主义视角来看待问题；如果机构有宗教背景，那么这种宗教的取向也会对工作者的工作方式产生影响。此外，机构提供的培训影响工作者的技能。机构领导者的领导风格、机构内同事间人际关系的好坏、工作中的满足感、工作者的情绪，都或多或少会对团体产生影响。

一、物理环境

团体成员是在某个特定空间内聚焦于团体，这个空间所包含的一切硬件的物件和所有的物理属性的存在都属于团体的物理空间。它包括空间的大小、私密性、室内的整洁温馨程度、室温的高低、光线的强弱、声音传递的有效性，以及座位舒适程度等。有些人认为在中国的现有条件下，考虑这么多的环境因素，显得不现实，与其花那么多的精力、财力投资环境的建设，去考虑房间要不要装一台空调、贴一幅画，还不如将它们花在真正的团体建设上。在他们看来，团体最后的成效只与团体的过程有关，环境的作用不大。但是，这种观点是有失偏颇的。

环境是团体援助过程的一部分，提供的环境，表达了工作者看待团体成员的一种态度。是否尊重他们，是否重视他们，是否为他们着想，又是怀着一种什么样的心态来建设这个团体的，这些都能够通过团体的物理环境呈现出来，而成员很快就能从他们对环境的观察中体验到。

团体环境与团体成员行为之间是相关的。一个好的团体环境会使成员从中体会到尊重和关怀，会减低成员的焦虑感，会舒缓团体给成员造成的压力，增强成员加入团体的意愿，并让他们更放松，更愿意在团体中释放自己。

固定适合的团体环境，有助于团体成员形成区位的认同感，甚至可以发展出一种与空间相关的制度化的神圣情感。

“尊严”、“亲密感”和“个别化”是选择和创造团体环境的三大原则。物理环境因素会影响成员之间的互动，即隐秘、亲密、舒适、专注。具体来讲，房间大小要适中，太大显空旷，让人觉得疏离；太小让人没有心理空间，容易感觉压抑，团体中做个游戏和活动也施展不开。房间的温度要适中，空气要流通。一个团体活动的完成一般都要一个小时以上，太热太冷都不行，哈气、颤抖、跺脚、擦汗和扇风等行为容易使人将注意力集中在抗热、抗寒上，根本无法专注于团体活动。没有干扰和噪声是保持团体私密性的最简单要求：室外声音不能传到室内；不能总有人进进出出，门总响，或总有人向室内张望；更不能团体活动进行中，手机、电话频响。这样不但无私密性可言，团体活动也被这些干扰弄得支离破碎。

团体中的座位是有意图行为的结果。每个人都有座位偏好：领导者或爱出风头者，经常坐上座；有权力倾向、期待投入团体的人较可能出现在人多的一排；对团体有不满、投入意愿较小的成员多选择离开其他人，尤其是离工作者较远的座位。

座位表现互动特征和关系特征：面对面坐的人互动较多；常有对话的需求，并肩而坐的人经常是合作的对象；次团体成员通常比邻而坐；座位距离越远，友善程度越弱。

座位与团体当时的状态有关：成员较投入，有外来压力时，经常表现出较密集的安排；若团体互动不好，成员的归属感较差时，会坐得比较松散。工作者可以通过对团体座位的安排创造物理环境。

进行团体活动时，多选择独立、可移动、舒适感较强的椅子，如果条件允许也可席地而坐或坐在垫子上。椅子的舒适程度非常重要，长时间坐在上面，太硬、太软、太高、太低都可能让成员感觉不舒服，影响他们对团体活动的投入。座位的安排多以环形为主，最好不要形成视线的死角。座位的安排是工作者干预团体的一个有力的工具，工作者可以根据自己的观察和团体的目标，随时调整座位，拆散小团体，拉近成员与团体的距离，促成某些成员间的沟通与合作，突出某人的地位等。最后，需要指出，不论如何安排，工作者应选择所有成员都能看得到的位置，尤其是在初始期和结束期。

二、社会环境

人是情境中的人，团体也是一定社会环境中的团体。民族的信仰、家庭的联结、社区的支持网络，以及文化的资产等，都是影响团体工作的因素。工作者必须了解成员持有的信念、情感表达方式、界定问题的过程，以协助成员平衡外在客观环境的影响和个人内在的主观反应。

中国人传统性格比较内向、含蓄、持中、保守和克制。依据这些民族特性以及对所处的社会环境产生的感受和反应，一般来说，在团体过程中，成员间的互动有很多与文化相适应的独特性，如成员比较“慢热”，在投入前，会有相对较长的观望和等待时期；不习惯直接或在他人面前表达自己的感受，比较容易克制自己的情绪，表达起来较为隐晦和含蓄；不习惯他人过于直接的表达；比较注重“面子”，很在乎他人的看法；讲究以和为贵，一旦与他人发生冲突和不一致，很容易退而自我防御；信奉权威等。

除了传统民族性格，每个时代还有其时代性的特征，也会对该时代的人产生深刻的影响。中国正处于一个社会转型时期，人际疏离，社会心态普遍较为浮躁，功利主义盛行，有时人际间的诚信度也较差。同时，社会也越来越多元化，次文化现象比较普遍，不同阶层、年龄的人会有不同的次文化。这些都会对相应的人群产生影响，使他们产生相应的认知、情绪和行为。工作者必须了解自己的价值和设定，以及如何使自己适应一个多元文化的背景。

最后，需要再一次强调的是，团体中的成员是带着一系列自己生活中的经验进入团体的，在他们进入团体后，生活仍然在继续，所以与他们现实生活有关联的一切都会对团体工作产生影响，他们的家庭、学校、工作单位、友伴群体，以及生活的社区等都是团体外的环境，如有必要团体也会和它们发生互动，从它们那里寻求资源，寻找适当的介入途径。所以，一个优秀的社会工作者应对成员本身的环境背景有相当的敏感性。

本章小结

个人只有进入团体，获得团体成员的身份，才能成为团体的构成要素。进入团体的成员，是一个生理、心理、社会和精神的实体，他（她）带进团体的包括他（她）的过去、现在和未来，内含着一组由生理特征、家庭历史、价值观、支持系统、防卫机制和应对环境压力的方法所产生的个体动力。在进入团体前，成员已有的并能影响团体进程的特质包括年龄因素、性别因素和人格特质，而这些又影响了成员进入团体后的行为、角色与地位。

不论是哪种类型的团体社会工作，都是由工作者协助进行或协助引导，所以工作者又称团体的领导者。工作者对团体的影响被认为是团体结构中最重要的一部分。为完成领导团体的这些任务，工作者需要承担一定的角色。在团体中，工作者的角色是工作者人格和团体需要的结合物。在团体工作中工作者主要充当引导者、催化者、调解者、代理人、评估者。

工作者的角色深深地影响着团体的过程。通常，角色决定地位。在团体中，工作者不是旁观者，而是一位参与者，并且是领导者，是对成员和团体性格具有影响力的人，是一位特权者。但有特权并不证明他是专家，在某种意义上，他只是一位通过专业判断提供服务的服务者。任何工作者的行为都属于专业行为，在任何情况下都不能因团体而获利。

团体是团体系统的组成要素。它是团体成员互动的结果，它的形成又进一步影响团体成员的互动，成员行为的改变必然导致团体的改变，团体的改变必然会影响成员个体行为的改变。团体的环境包括机构、物理环境和社会环境。机构的团体社会工作是由社会工作者引导完成的，任何社会工作者背后都会有机构的背景，作为机构的成员，机构对整个团体社会工作的影响是不容忽视的。

思考题

1. 简述团体系统的组成要素。
2. 工作者对团体有什么影响？
3. 工作者的角色有哪些？
4. 简述团体的组成要素。
5. 如何理解团体的环境？

推荐阅读书目

[1] 翟进，张曙著．社会个案工作．北京：社会科学文献出版社，2001.
[2] 周沛著．社区社会工作．北京：社会科学文献出版社，2002.
[3] 何洁云，谢万恒．小组工作．香港：香港理工大学应用社会科学系，2002.
[4] 林梦平著．小组辅导与心理治疗．香港：商务印书馆，1993.

第五章

团体类型

要点提示

成长性团体的内容与特征及示例分析；治疗性团体的内容与特征及示例分析；支持性团体的内容与特征及示例分析；社会行动团体的内容与特征及示例分析；自助团体的内容与特征及示例分析。

团体社会工作中，团体的差别性取决于团体的目的和团体成员的特性。团体的类型不同，其理论模式和具体技巧的运用也不尽相同，研究团体类型对于团体社会工作理论研究和实务操作有着非常重要的意义。每个团体都有特定的目标，这是团体存在的意义和开展工作的前提所在，本章从团体目标角度将团体分为五大类型进行阐述：成长性团体、治疗性团体、支持性团体、社会行动团体和自助团体。

第一节　成长性团体和治疗性团体

一、成长性团体

20 世纪 70～90 年代是成长性团体在全世界范围内蓬勃发展的时期。这一时期，社会生产力已发展到一定程度，在满足了基本的生存需要以后，随着生活质量的提高和教育的发展，人们越来越关注自身的发展，如希望提高自己的人际交往技巧，发展与他人的和谐关系；提升自己的婚姻质量，更好地与子女沟通，促进家庭的幸福；更好地认识自己、接纳自己，以达到个人的自我实现等。于是数以百万计的人参加了各种各样旨在自我发展和完善的成长性团体。

（一）内容与特征

成长性团体以协助成员发展社会性为主要目的，工作者通过对团体的引导，协助成员学习群体文化，承担社会角色，发展成员的社会性。人的社会化的内容主要包括：传授生活技能；传递社会文化；完善自我观念；培养社会角色。根据社会化的内容，成长性团体可分为以下两种形式。

1. 自我认知的团体

工作者通过团体工作的方式，协助处在快速变迁、剧烈冲突甚至是充满虚无感的社会中的成员，确立自己的价值和需求，增进他们自我觉察的能力，促使他们能更好地认识自己、欣赏自己和接纳自己。在自我认知团体中，工作者需要持续评价成员的自我认同水平，尝试了解成员在定义个人价值和角色时遭遇的内在障碍和环境障碍有哪些，并在团体进行的过程中持续地关注。团体通过对成员在与环境互动时的负面感受的讨论、成员的需要与尚待解决的冲突的澄清，与成员一起决定所要达到的的目标。具体操作时，工作者一方面通过整理有关认知和改变认知的知识，来协助成员改变已有的认知；另一方面促使成员了解环境的本质，指出环境中个人无法获得满足的部分，澄清成员在达成目标时，环境所能提供的支持和团体成员所需要的改变。

2. 技能达成的团体

技能达成的团体将焦点集中于社会技能的学习和运用，有浓厚的教育意义。在技能达成团体中，工作者通过各种技能的传授，协助成员满足所希望或准备要扮演的角色需求。这些角色包括子女、学生、朋友、职员、同事、夫妻和父母等。一方面，协助那些准备扮演这些角色的人，如刚刚进入学校的学生、准备结婚的青年、想要生育孩子的夫妻、快要退休的老人等；另一方面，协助那些在扮演自己的角色中，由于个人的问题、环境的阻碍，或者由于个人与环境互动不当而遭遇角色扮演困难的人，如考上大学却无法适应大学生活的大学生、不知如何教养孩子的父母、离婚后不知如何面对离异生活的女性和无法发展适当人际关系的青少年等。一个人充分胜任自己的角色，需要具备三个条件：第一，必须知道自己想要的是什么，包括行为及价值观方面；第二，必须能够有扮演此角色的条件；第三，必须要有付诸行动的行为和追求适当结局的动机。技能达成团体的工作者可以从这三个基本条件出发，引导团体，并协助团体成员达成目标。

社会性是人的本质，人的社会性是个体通过与他人的互动实现的。团体社会工作是个体完成社会性的最好尝试。与其他团体社会工作类型相比较，成长性团体是一种预防取向的团体工作，它的功能是尽可能减少人们的失范行为，降低社会的失序现象。

一般来说，成长性团体的特征包括以下方面：

(1) 团体的焦点在于个人成长与改变，它强调个人取向。团体关注成员本身的成长，强调通过团体过程使成员增加敏感度，增强自我觉察的意识，发挥潜能和实现自我。

(2) 团体强调成员的自觉和自决。团体的理论假设是人们对自己负责，可以理性地处理含糊和不利的处境，增强相互作用，通过扩大个体的有效能力达到成长的目的。

(3) 团体强调成员的表达和互动。成长性团体成员的主要动力来自成员的互动和分享，没有特别的组织结构和特定的任务，使团体得以维持并不断发展的动力就是团体成员间的互动和自我学习能力的强化。

(4) 在团体中，工作者主要担当了组织者、催化者、示范者和协调者的角色。社会工作者要为团体成员提供信任和舒适的团体环境，引导成员进行有目的的讨论，开发资源以满足团体成员社会化的需求。

(二) 示例分析

示例1

一个由9名大一学生组成的自我认知的团体，包括4名女生、5名男生。团体的目标是协助成员自我认知、自我觉察，进而更好地自我接纳。团体成员从大学生中招募而来，在团体开始前已对他们进行了评估。以下是团体第四次会期的部分记录。

工作者：这是我们第四次团体活动了，今天我们用轮流的方式，每个成员用2分钟的时间说出自己的优点，再用大约5分钟的时间听别人说你的优点。说自己的优点时，不得使用“假如”或“但是”字眼；听别人说自己的优点时，只允许静听，不必表示感激，也不要反驳。

……

工作者：刚才每位成员都说了自己的长处，也听别人说了自己的长处，现在我们一起来分享一下每位成员现在的感受。

静英：一开始，我真的很茫然，我觉得2分钟太长了，我的优点不用1分钟就能说完。而且，我从来没有很认真地想过自己有些什么优点，常常想起的都是我的缺点。

小玉：不对呀，刚才大家说了你很多的优点啊。

静英：是的，我真的很感动。以前也有人说过我的优点，但是我一般都认为那是别人随便说的。从小爸爸、妈妈都拿我和伯父家的姐姐相比，她不但比我漂亮、会说话，而且一直都比我功课好。所以，每次比完了，爸爸都会情不自禁地摇摇头，妈妈都会深深地叹一口气。

工作者：你是说，你从小就很少从父母那儿得到鼓励，以至于你一直都怀疑自己，对自己没有什么信心?

静英：是的。我一直都不认为自己可以做好哪件事。刚才智建说我的嗓音很好，普通话也很标准，其实我也知道的，上学期的演讲比赛，我很想参加，稿子都写好了，但到最后关头，还是没勇气上去。

智建：你不是能力不行，而是没有信心去尝试。

立灵：是这样。以前我也这样，在没做事之前，总是怀疑自己，结果浪费了很多的好机会。

静英：我想你们说的是对的。其实我在学习上也不是一无是处，我的英文很好，尤其是口语，学校正在组织校园英语大赛，我想我该试试。

工作者：静英，我们很高兴听到你这么说。

示例 2

一个父母技巧训练团体由 5 对父母组成，他们都有 14～18 岁的处于青春期的孩子。团体目标是协助父母有效地扮演好父母的角色，了解孩子成长过程中身心发展的特点以及发展中的阶段性任务与危机，强化父母与子女沟通的技巧，改善父母对子女的管教态度和方式。以下是团体第五次会期的部分内容。

工作者：刚才张爸爸和李爸爸进行了一次角色扮演，向我们呈现了一对父子是如何沟通的。你们看了以后有什么感想，我们大家一起来分享一下。谁愿意说说？

钱妈妈：真是很像，我们家那对父子平常也是这样的，说不到几句话就会吵起来，谁都不让谁。

许爸爸：作为父亲，我也很苦恼，我不知道为什么我的儿子一听我说话就烦。我们俩不是一说话就吵，而是任你怎么说，他也不理我。

工作者：好，很有意思，让我们再回到这个角色扮演的情景中来，你觉得他们为什么会吵起来，这里有什么问题吗？

许妈妈：为什么？那个爸爸一开口就训儿子，“你看看几点了，还晓得回来啊？”你为什么不先心平气和地问问孩子呢？也许他晚回来是有原因的。

王妈妈：是啊。一开口就充满责备的口气，孩子是没法和我们对话的。

梁爸爸：我想，和孩子交谈的时候，要就事论事，不要一下子把陈年老账都翻出来。不要说，“玩，你就知道玩，别忘了，你上学期有两门不及格”之类的话。

工作者：许爸爸，你在不停地点头，你有什么想法吗？

许爸爸：梁爸爸说的我很有同感，每次我一翻老账，儿子一定暴跳如雷，马上还击，“怎么样，就是不及格，我喜欢”。堵得你一句话都说不出来了。

梁妈妈：其实，孩子也是有自尊心的，不要动不动就否定他。“我看你这辈子就这么大的出息，我是对你彻底失望了”这样的话其实是很伤人的。

高爸爸：是的，实际上这样挺伤害孩子的，往往我们这样做的时候，根本没有顾及孩子的感受。有一次，我女儿考得不好，我和她谈，她说：“我就这样了，你两年前不就说过，我不会有什么出息，你很失望吗？事实只是证明你说对了而已。”当时我真的很震惊，我没想到我不经意间的一段话产生了这么坏的后果，直到现在想起来，我都会很后悔。

工作者：很好，你们认为开口就训人，不就事论事，喜欢翻陈年老账，轻易地否定孩子是刚才那对父子沟通中呈现出来的问题。下面我们分成 5 组，不同家庭的爸爸和妈妈组合在一起讨论，看看正常的父母和子女的沟通应是怎么样的。30 分钟后，回到团体中，我们一起来分享。

示例 1 的团体是一个自我认知的团体，工作者通过团体活动的设计、团体成员的互动、静英的自我表达、其他成员的分享和工作者的引导，帮助静英整合了自己与他人的看法，增强对自己正向的肯定的看法，发现自己可能没有察觉到的能力。

示例 2 是一个父母技巧训练团体。人们常常认为父母的角色是天生的，只要你生了孩子，就会做父母，但事实恰恰并非如此。工作者通过一次角色扮演活动，引发团体成员对父母子女沟通技巧中存在问题的讨论，通过工作者的引导，促使他们对自己平时行为的反思，澄清他们行为背后的原因，再通过分组团体讨论的方式促使他们从正向的一面继续讨论，协助他们找到与子女沟通的正确方式。

二、治疗性团体

治疗性团体是一种临床模式的团体。第二次世界大战后，随着弗洛伊德精神分析理论的引用和美国实用主义思潮的影响，治疗取向开始进入团体社会工作。治疗取向的进入是团体社会工作发展过程中的一个重要事件，对后来团体社会工作的发展产生了重要影响，以至于团体社会工作一度以治疗取向为主，发展成为一种临床服务工作。这种现象曾经引发了团体社会工作领域内很大的争论，一种观点认为应该强调社会工作的临床服务功能，社会工作者就应该是一种临床取向的治疗师；而另外的一种观点认为这是对传统社会工作价值取向的反叛，社会工作过分的临床化，将失去它与心理学、精神医学相区别的独特性，也失去了社会工作在把握宏观社会，服务社会更广大人群，推进社会民主进程上的重要作用。争论的结果是团体社会工作的模式逐渐走向整合，但 20 世纪 80 年代以后，随着“医疗照顾”模式的出现，治疗性团体在团体社会工作中仍然占据着其他模式无法取代的地位。

（一）内容与特征

治疗性团体的成员是无法很好地适应环境或环境无法满足其需求的，有严重的情绪和行为问题的个体。治疗性团体是在成员对自己了解的基础上，利用团体的环境和资源，完成心理和行为治疗，获得解决问题的能力，重建自身社会支持网络的结构性团体。治疗性团体是典型的个人取向的团体，目的在于实现每一位团体成员的行为改变、人格重建和潜能开发，包括被诊断有情绪障碍的患者的团体，有厌食或进食障碍的人的团体，惊恐发作的人的团体，有社交恐惧症的人的团体，违规青少年团体，婚外情团体，同性恋团体，有药瘾、酒瘾或其他瘾的人的团体，曾遭受性虐待的人的团体，家庭暴力受害者的团体等。

治疗性团体中，团体被视为一种治疗的工具，通过有利于治疗的团体氛围，利用团体动力，协助团体成员探索内心的问题，发展正确的情绪体验，重建自己的认知，对世界、他人和自己做出新的认识。工作者在团体中具有专业权威地位，他们从事研究、诊断与治疗，通过设计任务、角色和活动，改变团体结构与团体过程，对团体中的个人产生影响。

治疗性团体的持续时间较长、活动频率较高，对工作者的素质要求也比较高，不仅要有充分的社会工作理论和经验，还要有足够的心理学方面的学术知识和临床经验。心理分析治疗中的“抗拒”、“移情与反移情”，以及视团体为一个家庭的象征等概念，行为主义治疗中的抑制、强化以及社会学习理论，格式塔治疗中强调的整体主义原理、此时此地技术和与重要他人的“未完成事件”原理，行为认知疗法中的认知行为互动方法、理情治疗法以及案主中心疗法等，都被运用到团体治疗中，并对团体治疗的发展产生了深远的影响。需要注意的是，团体本身并没有治疗的效果，团体所造成的个人改变并非是自然发生的，改变的产生来自工作者带领成员所创造且极力维护的团体安全、信任气氛，以及在这种安全、信任的团体气氛中，创造出的一种具有治疗意义的团体情境。

团体会产生具有治疗意义的治疗要素，这将在后面的章节中详述，这些治疗要素结合起来就会产生相应的治疗情境，当这些情境被成员体验到时，就会产生作用，促使其认知和行为的改变，达到治疗效果。

（二）示例分析

示例3

一个团体由7位成员组成，她们是家庭暴力的受害者，且都是女性，年龄在25～45岁。团体的目标是协助她们认识发生在她们身上的家庭暴力的实质，帮助她们了解自己的感受，提供情感的支持，改变她们的错误认知和行为。团体成员从社区中转介而来，前期通过个别会谈，进行过筛选。以下是团体第五次会期的部分内容。

工作者：刚才，你们都谈论了在家庭中发生的那些可怕的事情，我希望你们不仅仅谈事情的发生，也谈谈事情发生时你们的感受。其他人请认真听，也请你们给些回馈。

成红：那时，我吓坏了，全身都在发抖，心里充满了恐惧，并且这种恐惧像海浪一样一波又一波地涌上来，让我快窒息了。

紫玲：我也有这种感觉，除了恐惧、颤抖，我作不出任何反应。

彩萍：我的情况是，当那种恐惧袭来时，我会脑子里一片空白，眼前一片黑暗。

工作者：我想我们所有人都理解你们所说的恐惧。可不可以告诉我们，在你们的成长过程中，你们还有过类似的经历吗？

成红：我想我有。小时候，我爸爸是个酒鬼，常常喝醉酒，喝完后，就会和妈妈吵架，有时候会把妈妈狠狠打一顿，然后，妈妈会哭很长时间。我会躲在一边，我觉得自己真没用，我很害怕，怕到最后就觉得自己一点价值都没有，不如死掉算了。（开始哭泣。）

清新：我很熟悉成红的感觉，我出生时，爸爸的生意失败了，以后也一直不顺，他认为是我给他带来了霉运。在我的印象中，他从来没有对我好好笑过，如果我犯一点错误，就免不了一顿打。我记得，小时候，我常常一个人躲在角落里哭，我觉得我真不该来到这个世界，我的出生真的是一个错误，直到今天我都有这种感觉。

丽华（叹息）：唉！人真是有命的，也许我们每个人的命前生就注定了。

工作者（用温和的声音）：丽华，我知道你很能理解清新的感受，但是让我们一起来继续谈论成红和清新的事情，好吗？你们中多少人有过成红和清新这样的感觉？（团体中有5个人举起了手。）

紫玲：从小，爸爸妈妈就比较喜欢弟弟，每次我和弟弟发生争执，一定是以我让步收场。一次，弟弟和我出去玩，不小心摔破了头，爸爸回来一巴掌打得我的脸肿了三天。我觉得自己天生就是一个不被人喜欢的人，我总是想，每件事不对都是因为我不好。

成红：是的，我也已经习惯了，事情会这样都是我的错。

工作者：等等，你们是说，爸爸喝醉酒、妈妈被打、爸爸生意失败、弟弟摔破头，包括今天你们在家庭中被打都是你们的错？

示例 4

一个由 6 名 14～18 岁网络成瘾的高中生组成的治疗性团体，全部都是男生。团体的目标是协助成员认识网络成瘾对自己生活造成的影响，分析自己网络成瘾的原因，通过行为认知治疗方法，改变他们错误的认知和行为。这是团体第五次会期的部分内容。

小龙：我爸妈离婚，我被判给了妈妈，第二年，妈妈又下岗了，我们的日子一直过得不如意。妈妈说她这一生是完了，她所有的希望都在我身上了，这样的话，一个星期她要重复好几遍，有时，一天就能重复好几遍。一开始，我还想好好表现，后来实在受不了了，就去了网吧。我觉得进了网吧，才真正地放松下来，再也听不到妈妈的唠叨了。

小明：你妈只是唠叨，我爸妈才叫绝呢。上高一时，我参加了学校篮球队，很想买双新球鞋，和他们讲了好几次，他们也没反应。没办法，我从妈妈抽屉里拿了 200 块钱。回来，我爸妈狠狠抽了我一顿，第二天我再回家，发现那个抽屉上锁了，第五天回家，发现又有两个抽屉上锁了。你说有意思吗？没意思，只好去网吧了。

工作者：我知道，发生这些事情真的很糟糕。小龙，妈妈的唠叨给了你很大的压力，使你觉得很不舒服，想逃避；小明，爸爸妈妈的行为让你觉得很受伤害，他们对你连基本的信任都没有。但是，想想我们团体的目标，这样说下去，有用吗？其他人，你们怎么看？

小勇：我理解小龙和小明的感受。我爸妈对我要求很严，我觉得我永远也无法达到他们的期望值，所以我就去了网吧，一发不可收拾，现在想想，挺后悔的，考上了这么差的一所中学，被很多人瞧不起，视力也越来越差。其实，我们已经长大了，这样的行为是很幼稚的，什么也逃避不了，自己的感觉却越来越差。

小植：对，生活是我们自己的，无论我们的父母做什么、说什么，我们都要学会应对，保持自己良好的感觉。

工作者：对，我赞同小勇和小植的观点。我们需要把注意力集中在我们自己的感受上。我们来谈一谈，怎样才能通过改变头脑中对一些事件的消极看法而改变自己的感觉。现在我们每个人仔细想一想，把自己这半年来遇到的认为最严重的三件消极事件写在黑板上，让我们来看看，自己是怎样看待这些消极事件的，再看看关于这些消极事件，我们是不是能够找到其他的方法使它们在我们脑中变得积极起来。

示例 3 是一个家庭暴力受害者的治疗性团体，工作者运用阿德勒主义、社会认知疗法，在团体成员的分享和讨论中指出成员的破坏性想法和假设，再协助成员进行认知重建。

示例 4 是青少年网络成瘾的治疗性团体，工作者协助成员用社会认知疗法中的理性情绪治疗法来检验他们不良的自我概念。

第二节 支持性团体、社会行动团体和自助团体

一、支持性团体

在现代社会发展的同时，人们却常常觉得彼此之间心的距离越来越远，其实，在面对如此剧烈变化、纷繁复杂的社会时，每个个体的力量都是那么渺小，人们需要相互支持，这是人类生存和发展所需的一种重要的力量。

（一）内容与特征

支持性团体由有共同问题的成员组成，团体成员产生互动，彼此提供信息、建议、鼓励和情感上的支持，发展出有利于问题解决的技巧。在支持性团体中最重要的是强调成员间的关系和相互交流体验，工作者通过协助成员讨论自己生命中的重要事件，表达经历这些事件时的情绪感受，建立起有目的的沟通关系，达到彼此增进友谊的目的。

支持性团体的理论前提是认为个人和社会间存在着某种有机的、系统的和符号性的关系，并且团体和每一个团体成员间也存在着一种相互影响的关系。在相互影响中，成员了解其他人遭遇的问题，产生相似的感受或相同的想法，通过分享个人的感受和经验，产生了一致性，达到建立成员共识、互相启发和鼓励、彼此支持和学习的目的。支持性团体中的成员比较容易产生归属感，在支持性团体中，内在的支持和帮助比权威性资源更重要。这种团体通过社会工作者的推动而组成，靠团体内部的力量维持，有特定的团体目标。

支持性团体的动力来源于团体本身，社会工作者在团体形成以后一般处于边缘位置，他们鼓励成员分享、尝试，彼此协助解决问题，充分发挥他们的自主性，只是在需要的时候才协助团体成员共同解释所处的情境，给予技术上的指导。所以，在支持性团体中，社会工作者扮演的是推动者和协调者的角色。

支持性团体在提高成员处理生活中压力事件的能力和信心方面，在提升他们的生活经验和相互学习的能力方面发挥着越来越重要的作用。支持性团体近年来发展很快，特别是在医疗社会工作领域，更是起到了不可替代的作用。例如，在癌症患者心理支持性团体中，通过开展手术后的运动康复，化学治疗与营养，自我形象改变，失眠、焦虑等问题调试，以及家庭关系调整等，对患者及其家属开展团体工作，成效显著。其他的支持性团体如下所示：

（1）灾难事件（如洪涝、火灾、飞机失事）的受害者或他们的亲人的支持性团体；

（2）离婚女性的支持性团体；

（3）有失去亲人的痛苦经历的人的支持性团体；

（4）残疾人的支持性团体；

（5）艾滋病、乙肝、丙肝、哮喘病人等的支持性团体；

（6）再婚者家庭的继父、继母的支持性团体；

(7) 单亲妈妈（爸爸）的支持性团体；

(8) 失业者的支持性团体；

(9) 家中有高龄、患病老人需要照顾的照顾者的支持性团体；

(10) 社区中的老人的支持性团体。

(二) 示例分析

示例 5

一个支持性团体由 9 名离婚女性组成，她们年龄在 30～40 岁之间，离婚时间不超过 3 年，仍然感到自己无法走出离婚的阴影，并认为离婚给自己造成很大的压力。通过招募的方式确定成员，在团体开始前进行了个别会谈。这是团体第四次会期的部分内容。

工作者：你说你很恨你的前夫？

冰慧：是的，当年我爸妈因为他是农村来的，家庭负担重，又没有事业基础，坚决不同意我嫁给他，但我就是死心塌地跟他，没想到他有钱后……（开始哭泣。）

立蓉：男人都不是好东西。在他忙事业时，我包揽了家里所有家务，没想到最后一句黄脸婆就把我给甩了，有一段时间我越想越恨，晚上常常失眠，弄得现在非得服安眠药，否则晚上肯定睡不着。

工作者（看到子娟在摇头）：子娟，你在摇头，看来你是不同意她们的说法，对吗？

子娟：哦，是的，我有些不舒服，我觉得恨是没有用的，婚姻出现问题不是一个人的错，如果只是恨，我们会把自己的后半生都陷进去的。

工作者：心萍，你点头了，你同意子娟的说法？

心萍：是的，刚离婚时，我也恨过。但是现在想来那一段时间是我这一生中过得最惨淡的日子。每天昏昏沉沉，对什么事都没有兴趣，结果朋友避而远之，老板警告我，说再这样就炒我鱿鱼，女儿成绩直线下降，直到那天母亲去世前，拉着我的手说："孩子，振作点，不要因为一次错而丢掉太多。"我才惊醒，我已经失去很多，如果只是陷入无边的恨，我会被它完全吞没的，我不想那样。

工作者：忆青，你呢？什么对你的帮助最大？

忆青：离婚后，我让自己很充实，我不用再每天下了班就急急忙忙买菜、往家赶了，我很悠闲，以前很多自己想做但没有空做的事，现在都可以做了，喝喝茶，和朋友聊聊天，逛逛街，去温水体育馆游游泳。离婚是我选择的，结束一段，是为了重新开始新的一段。我想，无论发生什么，生活都应该继续下去。

永华：我想我同意忆青的看法。我希望重新开始我的生活，我不想因为一个错误让我赔上一生的幸福，离开那个已经不爱我的人，没有错。今年夏天我和朋友去西藏旅游了一次，改变了我很多想法。现在，我计划报名上一个会计自考班，把我的文凭由大专升成本科。我还年轻。

工作者：我理解冰慧和立蓉的感受，但我想我赞同忆青和永华的观点，把注意力集中在现在和未来是更好的选择，还有人想说点什么吗？

示例6

这是一个由6位自闭症儿童的母亲组成的支持性团体。自闭症儿童的康复工作中，家长起着关键的作用。但是，家长从发现孩子患了自闭症，到接受孩子，疼惜孩子，学习护理孩子，为孩子提供康复治疗，是一段非常艰辛的过程。并不只是因为身体上的劳累，更多的是因为心理上的转变需要一个过程。有的家长也许一生都没能很好地解决这一问题。本次团体的工作目标是帮助家长正确全面地认识自闭症儿童，接受自闭症儿童；介绍教育和训练自闭症儿童的技巧；加强家长的支持系统，使家长之间建立友谊，互相支持；帮助家长充分挖掘资源，并合理利用这些资源。通过个别访谈，了解家长的意愿、动机及期望后，工作者确定小组成员是6位有10岁以下自闭症儿童的妈妈。通过拜访家庭，走访学校，与这6位自闭症儿童的妈妈建立起良好的专业关系。这是团体的第七次会期的部分内容。

怡宁：今天感觉真糟糕。

工作者：怎么啦？愿意说出来和我们大家一起分享一下吗？

怡宁：今天儿子不知道为什么突然一边旋转他的身体，一边不停地发出尖叫，我怎么都不能让他停下来，一直持续了近一个小时，弄得我筋疲力尽。

婉秋：别着急，怡宁。我的孩子也出现过这种情况，这是自闭症孩子的症状之一。后来我上网查了一些针对这种状况的训练资料，我照着做了，效果还不错。今天晚上我通过E－mail把资料传给你。

亦菲：真的吗？那也传给我一份吧，我们小新现在还没有这个症状，但我想先看看，做些预防。

胜男：对，这个主意挺好，我们可以把每个人的E－mail地址留下，以后有什么好资料、好资源，大家可以共享。上个星期，我北京的一位朋友帮我要了一份一家自闭症儿童康复中心的资料，我给每个人复印一份，大家看看。

亦菲：还有，我前几天看见《扬子晚报》上登了一对自闭症儿童父母帮助孩子康复的故事，今天也带来了，大家可以看看。看了这篇报道，我觉得自己有信心多了。

怡宁：谢谢大家。我觉得好多了。在这个团体中，你们大家给了我很多帮助。一开始参加这个团体时，我的生活中好像只有眼泪，总是觉得天下最不幸的事都让我摊上了。

工作者：现在你的感受呢？

怡宁：我有了很多信心，为了孩子，我会去迎接所有的挑战。

亦菲：怡宁，不是你一个人，我们大家都会帮你。

示例5是一个离婚女性的支持性团体，工作者通过一些联结技术，协助成员进行经验的分享和情感的交流。工作者没有将工作的焦点放在成员的恨和愤怒上，而是促使成员相互作用，提供积极性的支持，让她们听听别人的意见和经验，在交流体验中相互学习，并在相互的学习中获得支持性的力量。

示例6是一个自闭症儿童父母的支持性团体。在这个团体中，工作者很少参与讨论，团体成员在一种坦诚、彼此支持的状况下了解到与自己境遇相同的人的想法，在互动过程中发展出了一个支持性体系。在其中，成员通过经验和建议的分享，感受到彼此之间相互的支持与关爱，提高了解决问题的信心和能力，形成了积极的应对态度。正是由于家长们的这些变化，使得他们能够坦然面对现实，以一种比较正常的心态对待身患疾病的孩子，以正确的方法配合医生的治疗，对孩子的成长与治疗会有很大的帮助。

二、社会行动团体

社会工作者除了协助个体恢复和发展其社会功能外，还兼具维护经济和社会秩序的职责。因此，在团体社会工作的过程中，不仅仅强调个体取向的团体社会工作，还希望通过对个体与环境互动的觉察，促使人们去关注这些问题背后的社会结构性问题，参与社会政策和社会规范的制定与推行，影响社会变迁，维护人们取得社会资源的公平性，进而维护经济与社会的秩序。

（一）内容与特征

社会行动团体源自团体工作发展初期的社会睦邻组织、青年服务中心、犹太人社区中心中的团体工作模式。第二次世界大战后，社会行动团体因紧扣现实，被广泛地运用于社会生活中，推动了社会的和谐发展。社会行动团体并不认同单一的工作方法或是某一理论流派，而是以不同的工作方法和理论流派为基础，尝试在小团体中处理与社会规范和社会价值相关的问题。

社会行动团体强调个人的社会意识和社会责任，一方面，它假设社会行为是心理健康的表现，即每一个人都能够以某种形式有意义地参与主流社会的活动，而社会参与隐含着对各种疾病的治疗；另一方面，它认为每一个社会团体都有影响社会的潜能，有社会责任感的市民所组成的团体会带动整个社会的改变。

社会行动团体中工作者是一个影响者，负责培养团体成员的社会意识，提供成员积极参与社会活动的角色示范。同时，工作者还是示范者，倡议改革或鼓励成员向社会争取合理的资源和权益，以身作则，表现出高度的社会责任心和公益心，开放自己，投入小组，同时充分利用自己的知识和技巧，鼓励、增强成员的正向行为，协助团体成员发挥他们的能力，以达到团体目标。

社会行动团体以任务为中心，忽略个人感受，团体所需资源范围广，服务以社区层次为主。团体根据社区利益而引发与促成社区行为，其中，机构成为成员提供工具性技巧的媒介，并成为社区变迁的制度化支持者。

社会行动团体涉及社会生活的各个方面，如防止女性就业性别歧视团体、住院病人联盟、外来务工人员权益保护团体、关注社区独居老人问题的团体、呼吁在主要公共场地所修建残疾人设施的团体、推动社区青少年中心回归社区的团体、保护民工子女权益的团体、推动建立和谐与积极的社区文化的团体、保护街区环境卫生的团体、推动社区防治艾滋病与预防吸毒的团体等。

社会行动团体的主要技巧之一是赋权，工作者通过赋权可以协助成员学会如何肯定自己，如何选择和使用适当的改变策略，如何防止自己陷入对抗和报复，并帮助他们融入切合他们需要的团体和组织，使他们能在团体中或更大的社会组织中成为有能力的人。当成员了解他们的生活是受环境因素的影响，而且他们有责任也有能力改变所处的环境时，他们就会有更多的信心投入到社会的行动中。

（二）示例分析

示例7

一个由7名残疾人组成的团体，其中4名男性、3名女性，团体成立的主要目标是呼吁在主要公共场所修建、完善残疾人设施。以下是团体第三次会期的部分内容。

工作者：前面几次，我们通过团体的活动与沟通已经相互熟悉了，并且大家已经明白了本次团体的目的，正新已被选为团体的组长，对于下面我们要做什么，正新，你有什么想法吗？

正新：我想，我们的目的很明确，就是希望政府在修建公共设施时关注残疾人，比如主要交通要道要设有盲道、残疾人通道等。

龙力：还有，开设手语频道，让聋哑人也能看电视。

小间：不能仅仅是铺设盲道，还要铺设合理，有些地方确实铺了盲道，可是顺着盲道走下去不是撞树，就是撞电线杆，还有的盲道，顺着它走竟然能走到河里去。

家伦：对，不但要铺设合理，还不能随便占用残疾人通道，有的商场是有残疾人通道，却用来堆杂货，有的道路确有盲道，却被随意摆放的自行车所占用。

佩旋：我想，在一些主要的公共场所的卫生间还要建立残疾人专用设施。

工作者：说这么多，那么具体你们预备怎么做呢？

正新：我们事先要做一个调查，把我们市的残疾人设施情况作一个大概的统计，我们要用事实说话。

小间：怎么做？就我们7个人？大家可都不方便。

佩旋：是啊，我已经很久没有上街了。

小越：即使我们能上街，做起来效率也是很低的。

正新：你们说的有道理。可是……

工作者：也许，你们可以借助外力来帮助你们。

正新：对，我有一个堂哥，他是一所中学的校长，他们学校有一志愿者队，我请他们帮忙。

家伦：这个办法好，你回去就同你堂哥商量一下，我回去设计一份调查提纲，看看要调查些什么，下次大家回来讨论。

龙力：好，我回去查市区地图，把主要的街道和主要的设施标注出来，找到调查对象。

萧小：我能做些什么吗？

示例8

这是一个社区行动团体，由9名成员组成，9人都是社区居民，4名女性，5名男性。他们想成立一个团体，协助居民，营造较好的居住空间，这是他们第四次会期的部分内容，志强被团体选为组长。

志强：敏燕，拜托你把今天的会议记录一下，这是纸和笔。

敏燕：好的。

小林：最近社区总有小偷“光顾”，前天张大爷儿子的自行车就在后面的车棚里被偷了，一辆新的捷安特，600 多元呢。

小何：不错，社区最近很不安全。4 幢 302 室小吴回家脱在门口的新皮鞋，15 分钟后出来就不翼而飞了。

小琳：就是，现在小区就是不安全，我爸妈住在王府巷，那里前几天一下被偷了两家，从五楼楼顶下去的……

大勇：是啊，我朋友家住在一个新社区，还号称高档社区呢，前天……

工作者：来，大勇，我们在讨论一些我们小区的重要议题，请大家还是把注意力放在这里。

志强：对，别跑题了，刚才小林、小何谈的是小区内的安全问题，其他人还有什么意见。

继刚：还有，附近正在拆迁，说是要建一个煤气中转站，离我们社区不到 100 米，我觉得这很不安全，也有好几个居民和我谈起这事，我们是不是要仔细打听一下到底怎么回事。

如梅：是的，这个问题，我也担心，要记下来。

大勇：还有，小区里很多去年栽的树都死掉了，是否和有关部门说一下，趁着春天再补种一些树木。

成杰：这个建议很好。

志强：大家的建议都不错，但我想，凭我们几个人的想法还是有限的。我们可以在小区门口设立一个意见箱，以我们团体的名义出一个海报，请居民们把他们的意见写好投入意见箱，下次我们把大家的意见收上来，再汇总、讨论，怎么样？

工作者：这样很好，看大家有什么要求，我们可以从大家提的要求中选出三个居民最关心的议题，下次讨论，拿出解决的方案来。

示例 7 是一个帮助残疾人弱势群体的团体，工作者用了赋权的技术，协助成员意识到他们的权利，协助他们学习对自己行为负起责任，帮助他们学习面对困境的方法。

示例 8 是一个社区行动中的任务团体，团体自己选举组长，讨论团体的议程，进行合理的团体分工，工作者协助组长建立团体焦点，提供协助团体制度决策的技巧，支持组长的决策，以帮助团体顺利地达成它的任务和目标。

三、自助团体

社会工作的目的是助人自助，在通过团体协助他人的同时，也希望提升成员自己的自觉性，在社会资源缺乏的情况下，通过自己的努力来帮助自己，提高人类的生活质量。20 世纪下半叶，自助团体开始兴起，并越来越受到人们的关注。目前，无数的自助团体在活跃在世界各地，帮助了数以万计的人。作为一个重要的社会力量和满足人们需求的资源，自助团体如今正开始逐渐为人们所接受，并且得到政府、社会服务者和公众的承认。目前，在美国至少有 100 万～150 万个自助团体以及 1 000 万～1 500 万工作者，处理着心理、社会、医疗和环境各个方面的问题。

（一）内容与特征

自助团体是一群有相同问题和困难的人的志愿性结合，成员间通过彼此经验的分享、互相的鼓励支持来解决共同的问题。新的自助团体的产生是和一定的社会状况紧密相关的。当一个新的社会问题产生，影响了特定的人群或阶层，但又没有一定的解决方式时，人们就期望着新的自助团体的产生。不仅一些新病种的诊断或者发现，如艾滋病，会引发新团体的形成；同样，大量社会问题，如吸毒成瘾、虐待儿童和其他形式的家庭暴力、长期赌博、暴饮暴食、离婚给孩子带来的精神紧张、失业，以及直接影响个体的社会政治事件，如 2001 年美国的“9·11 事件”，都促使了新的自助团体的产生和发展。

所有的迹象都表明，全世界大部分国家——不管这些国家的文化、社会和经济发展程度如何，生活方式上存在着多大的差异——面临的很多问题都是共同的，而自助团体对它们的帮助也是相同的。在一些工业化国家，如英国、德国、荷兰、比利时，以及斯堪的纳维亚半岛诸国，已经有大量的自助团体，尽管它们的总数并不比美国的多。在非洲、东亚和中南美洲的第三世界国家，自助团体又表现为另一种不同的形式。这些国家最紧要的社会问题是经济发展、食品供应、卫生、环境、公共健康、教育，以及技术发展等问题，因为这些问题的紧迫性，人们暂时还无暇顾及其他的问题，如紧张和社会适应不良等。自助活动通常源于当地文化、部落和地区习俗在这些社会中广泛开展，并且不断用于解决一些基本的共同问题，如保证村庄的饮水安全或者完善灌溉系统等。

自助团体中没有固定的、专业的领导者，成员不是以专业知识，而是以经验性知识来解决问题，接受服务的一方不需要承担任何义务。自助团体大部分以共同的目标为基础，有较强的凝聚力，成员能够较好服从团体规范和期待，成员间一般有自己的信息网络，保持相互间的联系，这个支持系统帮助成员抵抗心理紧张与压力，并为他们提供改变的动力，使成员通过在团体中的相互学习和学习后的领悟，改变他们的认知和行为，改善他们的生活环境。

自助团体的成员共同承担领导团体的任务和实现团体目标的责任，经济上倾向于自给自足，主要经费来自团体的自筹，主要是社会性的捐助。自助团体的特点如下：非竞争的、合作取向的；反精英，反官僚主义；有困难的人通过内心体验及自身经验获得许多强调内在性的相关知识；保持每时每刻做你力所能及的事的态度，问题不能一下子都得到解决；共同领导，或经常采用轮流领导方式；持助人自助的态度；了解帮助不是一种可以买卖的商品。

自助团体对职业化持批评态度。虽然自助团体经常是在一个或几个职业人士的帮助下组织起来的，但自助团体对职业化表现出来的自负、纯粹、冷淡和神秘化保持着谨慎态度。自助团体是团体社会工作非常重视的一种团体，但是自助团体实质上是一个自治性质的团体。

在团体运行中，工作者不以专业的身份直接介入，自助者对工作者介入也较为谨慎小心。工作者与自助团体之间的关系是间接的，仅提供间接性的服务，如代理人或个案管理者，在团体成立前期帮助寻找可用的社会资源，协助创建团体，如帮助自助团体安排会址、安排或提供自助团体成员或工作者的培训、在专业协会的社区中证明某自助团体的可信度等，并在团体遇到问题或挫折时提供咨询，给出专业化的建议。

一般来说，自助团体主要是针对一些特殊问题，如酗酒、药瘾、体重超重和疾病等。如在欧美盛行的匿名戒酒者团体、匿名吸毒者团体、体重监视者团体，或者一些恐惧症患者团体、衰弱症病人团体、离婚者团体、丧偶者俱乐部、抗癌俱乐部和血友会等。

（二）示例分析

示例 9

匿名戒酒者团体（A.A.），是美国历史上最悠久，也是目前为止拥有成员最多并且在美国本地和其他国家拥有分支最多的自助团体。它的成功促使了其他一大批处理类似问题的自助组织的形成，并且有力地影响了这些组织的理念和操作程序。

这个团体成立于 1935 年，是由两个长期嗜酒者发起的。他们一个是纽约的股票经纪人，另一个是俄亥俄州的外科医生，两人试图戒酒多年但一直未能成功。这个股票经纪人曾经参加过一次由新教徒发起的精神体验团体运动，这次运动强调通过口头承诺达到自我解放，如承认自身缺陷，补偿过去对其他人所犯下的错误，并且信仰上帝。这个股票经纪人意识到，若要把自己从酗酒的恶习中解救出来，他必须将相同的信息传达给其他酗酒者，而自己也要从其他酗酒者那里得到支持。于是他和这位外科医生开始与其他酗酒者一起在一家医院从事这项工作。

1935 年底，第一个 A.A. 团体成立。随着 A.A. 基本理念的传播，类似团体也出现在其他几个城市。1938 年，由团体两个创始人编写的书名为《匿名戒酒者》的书出版，同时，同名的独立组织也成立，它将这些分散在各城市的团体联合起来。

这些酗酒者的无助和绝望正是两个创始人创建自我救赎的自助团体的动力来源；他们走到了人生的最低谷，依靠自己的力量无法戒除酒瘾，而“专业”救助又提供不了答案。在什么办法都没有的情况下，他们只有走到一起，相互扶持，相互帮助。《匿名戒酒者》这本书记录下了许多处于谷底的人的心情。

A.A. 的创始人很想找到一种有关心理变化的指南来带领成员前进，于是，他们创立了 12 步骤法。这 12 个步骤是酗酒者在戒酒过程中所要经过的一系列步骤。后来，许多以 A.A. 为典范的团体都借鉴了这个步骤，只是在使用时做了些微调。12 个步骤如下：

（1）我们必须承认，我们对于酒精无能为力，所以我们自己无法掌控自己的生命。

（2）我们逐渐意识到，一种比我们自身伟大的力量可以使我们神智清楚。

（3）因为我们相信上帝，所以我们应该作出决定把我们的意志和生命交给上帝。

（4）想一想，让我们勇敢地看看我们到底做了哪些有道德和哪些没有道德的事情。

（5）向上帝、自己和其他人承认，我们所犯错误的本质。

(6) 准备好让上帝带走自己性格上的缺陷。

(7) 谦虚地让上帝带走自己的所有缺点。

(8) 列出所有我们伤害过的人，并愿意对他们进行补偿。

(9) 在任何地点，只要有可能，就要对上述人作出直接补偿，除非作出补偿时我们会伤害其他人。

(10) 继续列出自己的清单，当自己有错误时，及时承认错误。

(11) 因为我们相信上帝，所以我们要通过深思和祈祷，祈求明白上帝的意志，祈求自己获得力量来履行上帝的意志，以此来增加和上帝有意识的接触。

(12) 经历了这些步骤后，我们精神上保持了清醒，同时我们应该把这些信息带给酗酒者，并且在以后的生活中贯彻这些原则。

在其他人的帮助下，通过聚会，通过阅读书籍和其他有关 A. A. 的材料，所有的新成员都被要求接受这些步骤而且按照自己的计划体验这些步骤（没有时间限制和计划限制）。成员有可能会花好几年来完成这些步骤，当然，如果他们中止或者退步，这也是可以理解和接受的。

示例 10

台湾地区国泰医院的“开心”团体是一个由进行过或需要进行心脏手术的患者及其家属所组成的团体，主要以对手术的适应性和情绪支持为目标。团体由医院的社会工作部帮助成立，并进行适时指导。心脏手术的危险性比较高，病人和家属都会有一定程度上的顾虑，而这又会影响治疗的效果。每当这时，自助团体的成员，特别是已经成功进行过手术的患者，就会来到团体中“现身说法”。当然，这些病人先前都会接受一定程度的培训。他们自己设计活动流程，如面对拒绝接受手术且不愿与人交流的病患，采取“洋娃娃”法，用洋娃娃来扮演一个需要进行手术的病人，把信息通过“过家家”的方法传递给病友。面对有诸多问题且对医生不信任的患者，可以通过他们自制的心脏图解，帮助患者了解手术过程和疾病的发展态势。

在具体操作过程中，团体社会工作类型只是一个相对的概念，不同的团体类型之间有很多的交叉和重合，并不是完全隔离的。一个类型的团体同时也兼具其他团体类型的特征和内容，一类团体中的方法和技术也会运用到其他类型的团体中，这些并不矛盾。团体社会工作者最终不是根据团体的类型，而是根据团体的目标、成员的特性与需求决定所使用的理论与技术。

本章小结

团体社会工作中，团体的差别性取决于团体的目的和团体成员的特性。团体的类型不同，其理论模式和具体技巧的运用也不尽相同，研究团体类型对于团体社会工作理论研究和实务操作有着非常重要的意义。每个团体都有特定的目标，这是团体存在的意义和开展工作的前提所在，本章从团体目标角度将团体分为五大类型：成长性团体、治疗性团体、支持性团体、社会行动团体和自助团体。

成长性团体以协助成员发展社会性为主要目的，工作者通过对团体的引导，协助成员学习群体文化，承担社会角色，发展自己的社会性。

治疗性团体的成员是无法很好地适应环境或环境无法满足其需求的，有严重的情绪和行为问题的个体。治疗性团体是在成员对自己了解的基础上，利用团体的环境和资源，完成心理和行为治疗，获得解决问题的能力，重建自身社会支持网络的结构性团体。

支持性团体由有共同问题的成员组成，团体成员产生互动，彼此提供信息、建议、鼓励和情感上的支持，发展出有利于问题解决的技巧。在支持性团体中最重要的是强调成员间的关系和相互交流体验，工作者通过协助成员讨论自己生命中的重要事件，表达经历这些事件时的情绪感受，建立起有目的的沟通关系，达到彼此增进友谊的目的。

社会行动团体源自团体工作发展初期的社会睦邻组织、青年服务中心、犹太人社区中心中的团体工作模式。社会行动团体强调个人的社会意识和社会责任。

自助团体是一群有相同问题和困难的人的志愿性结合，成员间通过彼此经验的分享、互相的鼓励支持来解决共同的问题。

思考题

1. 简述成长性团体的内容与特征。
2. 简述治疗性团体的内容和特征。
3. 简述支持性团体的内容和特征。
4. 简述社会行动团体的内容和特征。

推荐阅读书目

[1] 何明良，高民政，等编．走向社工——专业社会工作实录．上海：上海人民出版社，2004.

[2] 陈丽云，樊富珉，等编著．身心灵互动健康模式：小组辅导理论与应用．北京：民族出版社，2003.

[3] 王慧君，等编．团体领导者训练实务．修订本．台北：张老师文化事业股份有限公司，1997.

[4] 李滢铨，等著．社会公平发展游戏集．北京：社会科学文献出版社，2005.

第六章

团体社会工作与成员个人的改变

要点提示

团体中治疗性因素，包括植入希望、普遍性、资讯和建议的告知、利他主义、自我表露、互动中的学习、接纳等；通过团体改变个人有一些技术，包括工作者与成员间一对一的互动、运用团体协助个别成员、从环境的层面改变个人。

团体社会工作的助人方式是否优于其他方式？有人认为工作者采用团体而不是个案的形式，只是因为团体的形式更节省时间。其实，除此之外，团体在帮助个体成长与改变方面有着不同于个案方式的独特优势。那么，是什么使参加团体的人得到帮助呢？又是什么使团体发挥其独特的助人功能呢？这一章中将详细阐述这一问题。

第一节　团体中的治疗性因素

团体中的治疗性因素是工作者与团体成员或团体成员之间互动所产生的一种能改善团体成员状况、促进成长的功能治疗性因素。大部分治疗性因素都适用于所有治疗情况，包括个人、家庭或团体的治疗情况，而这里讨论的是治疗性因素在团体中的运用。

团体治疗性因素与团体产生、改变的因素是不同的，团体产生与改变的因素是工作者增进团体治疗性因素的途径。工作者通过创建与改变团体来创造并尽力维持团体中的治疗性因素，再通过这些治疗性因素发挥作用促进个体的改变与成长。

不同团体能产生不同的治疗性因素，不同的治疗性因素对不同类型的团体而言其重要性也不同。在许多的实证研究中，很多工作者证实他们确实在团体中观察到某些治疗性因素，并且这些治疗性因素也确实对团体工作产生了影响。

一、植入希望

成员在与环境的互动过程中，常常因为自身或环境的问题，陷入困境。在困境中成员焦虑、愤怒、沮丧，进而失望、绝望，曾经挣扎过，但没有显著的改善，也曾经寻求过外在的资源，但没有很好的支持系统。这样的成员来到团体后，在团体最初的互动中，往往会陷入自己曾经的体验中，对自我、对人性充满疑虑，对工作者和其他成员也缺乏必要的信任，他不知道自己的问题还有没有救，不知道自己还能不能走出这个困境，也没有作好准备去改变自己。

这时，植入希望就成为团体一个很重要的任务。植入希望是协助成员经由团体的经验，而对自己的问题、自己的改变和自己的将来重新保持乐观的态度。

希望的获得有助于激发成员的动机，增进成员对团体的投入，当团体结束时，因为有这份希望在，也会协助成员更好地与环境互动和协调。

在团体经验中，植入希望可以由工作者进行，也可以由其他成员进行。在植入希望的过程中，工作者通过点头、微笑等，传递关心，也要求成员自己表达感受和想法，开放、倾听、冒险尝试新的行为，让成员了解，如果他愿意，他的问题至少在某些程度上是可以被解决和修正的。植入希望主要是成员倾听到类似情境中其他成员的想法，观察到类似情境中其他成员的改变，以及来自团体内其他成员的鼓励和支持。如当一位成员陷入困境时，可以邀请与他有类似经历的成员分享他走出困境的经验和想法；当一个成员发生改变时，工作者告知其他有类似问题的成员，让他们仔细感受，一起分享，使他们了解，如果他们愿意，他们也会发生类似的改变；工作者还可以邀请其他成员给陷入困境的成员以真诚的鼓励，激发他正向的感受。

需要注意的是，植入希望时需要作一些评估和判断，不要把一些不可能实现的希望传递给成员。当不切实际的希望出现时，工作者需要直接而坦率地告诉成员，不切合实际和无法达成的希望对成员的改变是没有任何帮助的，并提醒所有成员注意这一点。

二、普 遍 性

当人们陷入生活的困境时，通常都会认为自己是天下最倒霉的人，别人都活得那么好，只有自己一个人在这儿独自斟饮着生活的苦酒，结果越喝越惆怅、越喝越孤单。但是，在团体中，有相似问题或感受的人聚在一起，通过沟通成员了解到原来其他人和自己一样，也有这样的问题和经历，让成员感觉自己并不孤单。普遍性的感觉可以让成员放松下来，更客观地看自己和他人的问题。

近年来，随着自助团体和支持性团体的发展，人们开始对普遍性的概念有了更深入的了解，尤其是自助团体，就是希望借着成员共同的经验，给成员提供必要的支持，甚至有团体社会工作者认为，“普遍性”是自助团体中最重要的因素。

在团体中，工作者可以通过下列方式协助成员产生普遍性感受：(1) 在团体形成，成员就团体目标和个人期待进行讨论时，工作者强调他们之间问题的相似性与共同性；(2) 请成员向与自己有相似性问题的其他成员提供回馈，分享经验。

示例1

倩如：我不知道为什么今年的工作这么难找，我已经投了近30份简历，参加了不下10场招聘会，没有一点儿效果，真是失败。

工作者：倩如，不是你一个人，亚光、小玉和丽华在前面都表达过同样的经历和感受。

小玉：是啊，我跑过北京、上海，最远去了广州，一样没有结果。1999年大学扩招后，毕业生一下子增多了。

工作者：倩如，不光是你，找工作难是我们这个团体所有成员共同的感受。

三、资讯和建议的告知

资讯和建议的告知作为一种治疗性因素在团体中运用由来已久。许多技能达成团体、支持性团体和自助团体都是基于这个目的而建立的。团体社会工作与个案社会工作不同，在一对一的个案工作中，资讯和建议的告知只能单纯地来自工作者。而在团体中，资讯和建议更多的是来自团体中的其他成员，尤其是那些有着相同问题和经历的成员提供的资讯和建议更具有实际意义和针对性。对一群犯罪者进行的研究，结果证明以不同方式为成员提供资讯和建议，如直接建议、提供可供选择的行动方案、给予成员详细的辅导，后两种方式更有效。

资讯和建议的告知在成员愿意接受的情况下才能使用。在成员还没有作好准备的情况下，不要匆忙提供资讯和建议。尤其需要注意的是，除非对成员行为及问题的原因有了充分了解，否则不要过早地给予建议。即使提供了资讯与建议，但因为每个成员的生活情境不同，它也只是提供了一种可能性，最后是否接受在于成员自己。另外，资讯和建议的告知最好由团体成员本身而非工作者去实现，并且要针对成员的特点和能力，让他们易于接受。

示例2

在一个糖尿病患者团体中，工作者协助成员接受并讨论一些关于糖尿病患者的营养搭配、运动和保健、药物治疗的信息和如何预防并发症的知识。患者从这些资讯和建议中获得了许多相关的知识，并从其他与自己有相似问题和经历的成员那里获得了支持和信心。一位病人说，以前听说这个病有很多并发症，自己感到很害怕，也很焦虑，但是当他听说别人也有同样的害怕和焦虑时，反而感到了解脱。同时，一些糖尿病有关知识的获得以及其他成员经验的分享也让他放心不少，不再胡思乱想，决定用科学的知识和积极的心态去战胜疾病。

四、利他主义

正常人的特点是，他能发现对社会有建设性的和可以接受的活动方式，并以这些方式来表现他的存在。也就是说，一个人要想成为他自己或实现个性化，就必须与他人建立联系，与社会相互依赖，在一个能创造自己的健康人格和发现生命意义的世界中完善自我。具有生命意义的世界是一个能对他人有所贡献，并感觉到自己被他人所需要的世界。

付出与收获是相辅相成的，一个人在付出的同时，也必将有所收获。团体社会工作中的团体是互助的团体，成员在帮助他人的同时，也发现了自己的价值，从他人的回馈中重新找回或进一步提升了自我的价值感，增强了自我形象。当成员表现出以下行为时，利他的状况就会产生：

（1）为团体中的其他成员提供支持、建议和保证时；

（2）愿意将自己的问题、经验和感受与其他成员分享时；

（3）感觉自己被需要并且有能力帮助其他成员时；

（4）为了其他成员的需要，暂缓满足自己的需要时；

（5）觉得自己希望为某位成员做些事时。

工作者需要在团体中寻找一切合适的机会发展团体中的利他因素，如持续性地强调团体的功能在于成员间的互惠与互助；支持与鼓励做出利他的行为；对于已经做出利他行为的成员，给予积极的回应与赞赏；请成员叙述自己在做出利他行为后的感受等。

示例3

一位社区老年人团体的成员在团体结束时的自我报告中指出：他一直觉得自己的生命已经没有什么价值，只是个拖累，所以做什么都没有兴趣。但在这次团体中，团体有成员建议他，每个星期三下午去社区的青少年中心做志愿者。他去试了两次，很快就喜欢上了这个“工作”。他在那里为孩子们整理书籍、扫扫地，孩子们看书时，碰到不认识的字也会来问他，有空他也会为孩子们讲讲故事，孩子们一口一个爷爷，叫得他很开心。团体中的其他老人也给了他很多鼓励，说他做得很好。他突然觉得自己还是有价值的，不再是个拖累。团体给了他很多帮助，他也很想给大家一些帮助，上次老张生病时，因为子女工作忙，请他帮忙照顾了几次，虽然很累，但他觉得很开心，他觉得自己精神好多了。

五、自我表露

自我表露是指成员在团体中将与自己有关的事情表达出来与他人分享。对于个人来说，自我表露的多是自己平常不愿意或无法说出来的事情和感受。成员将其表露出来是需要一定的勇气的。

一些不能说或无法说的东西，在心里淤积，慢慢地会变成一种心灵的重负。把它表达出来，对一些人来说是打开了自己精神的逃生门，也许不是为了得到解决或评价，只是想放下这个包袱，轻松上路。对成员而言，这样的分享是健康而有自信的表现，这样的自我表露常常引发成员重要的改变。当然，从另一个方面来说，自我表露也是与他人建立关系的途径之一。

一个心理健康的人，可能会对极少数特殊的人做出高度的自我表露，而对其他人做出中度的自我表露；一个适应性差的人，则倾向于对每一个人都做出偏高或偏低的自我表露。

工作者在引导成员进行自我表露时要注意以下几个问题：

(1) 自我表露是随着团体情境的发展自然产生的，成员只有感觉到自己被尊重、被接纳，对团体产生充分信任的情况下，才愿意做自我表露。所以，不可强迫成员做自我表露，那样对成员将是一种伤害。

(2) 如果工作者从团体的角度出发，发现成员做自我表露的时机还不成熟，可以适当提醒成员，免得成员在表露后，因无法产生他所预想的效果而后悔。

(3) 成员在自我表露时，工作者应给予积极的回应，并鼓励其他成员给予回馈。工作者需要提醒成员他们不是被动的听众，如果他们表现出接纳且非评价的态度，会增进成员健康的感受。

(4) 如果在成员自我表露后，有其他成员试图去探寻成员不愿说的隐私部分，工作者应立即制止。

(5) 成员自我表露后又感觉不舒服的，工作者要介入，并尽量协助他消除这种感受。

(6) 工作者有必要提醒成员，自我表露不是隐私的暴露，不需要“将自己的灵魂完全地裸露”。不是特别的情况，一般不需要做太深的自我表露，以防以后无法再自我表露。

示例 4

在一个治疗性团体中，枫林一直是团体的一个旁观者，很少说话，偶尔说话也很尖刻，其他成员都感觉很难和她发展友好的关系。工作者一直在创造情境促使她进入团体，却没有明显的好转。在第八次团体会期时，在成员之间分享经验后，她突然说出了自己的一段经历：她是一家报社颇有影响的记者，五年前她在一次深夜采访后回家的途中被歹徒强暴。她说得泪流满面，她说这么多年来她一直不敢对任何人说起这件事，怕说出来会影响自己的家人和事业，她说她不停地工作，但一停下来就会想起那个晚上，会觉得自己整个心都在颤抖。在枫林说完后，其他成员都表示了支持和接纳，并且促使一位成员说出了自己童年被父亲性骚扰的经历，她表示很理解枫林，也是因为怕，这么多年都没有说出来，心里很苦。经过这次分享之后，枫林逐渐开始投入，虽然仍不多说话，但很少再刻薄别人，人也放松了许多。

六、互动中的学习

团体互动中的学习是指借着其他成员的回馈，或在团体中通过观察和模仿其他成员的行为而产生新的想法和学习到新的东西。

相对于个案社会工作，团体是一个“我们”的集合，它呈现出比个案更多样的解决问题的方法，极大地提高了团体成员系统解决问题的能力，而这些来自非专业人士的意见和行为对成员具有很强的说服力。

团体互动中的学习包括：通过对其他成员或工作者的观察，得到对自己有益的经验；肯定工作者或成员的某些正向行为，并加以模仿；从其他成员或工作者的正向行为中找到行为示范，并将这个行为示范当作行为的目标；对团体中某位成员的改变产生认同，从中获得领悟，尝试新行为并以正确的方式与其他成员互动。这时，团体就出现了互动中学习的治疗性因素。

从成员的相互回馈中，从成员对某一成员的语言与非语言反应中也可以产生互动中的学习。当一个成员从他人的回馈中产生了新的思考，而改变自己过去错误的认知，尝试新的行为时，互动中学习的治疗性因素也会随之产生。

在团体中，工作者促使成员在互动中学习的技术包括：在成员做了表达和发言后，请其他成员给予建设性的回馈；当某个成员产生正确行为时，提请其他成员注意，并鼓励其他成员模仿和学习；不仅仅是描述，有时可以邀请成员以角色扮演的方式将成员期待学习的行为表现出来；在成员尝试新行为的过程中，邀请其他成员分享讨论，并相互学习。

示例 5

岩新在团体中很活跃，他不停地表达，常常打断别人的话发表自己的意见。很多时候，因为他并没有仔细听别人在说什么，所以表达的东西令其他成员感到很困惑。终于有一位成员告诉他："我弄不明白你在说什么。"岩新对于这位成员的回馈很愕然。工作者请其他成员进一步给他一些建设性的回馈，并建议他不需要立即作出回应。如果他愿意，可以在团体中观察一段时间后再说。岩新同意了，以后的团体活动中，工作者在其他成员积极倾听他人意见并给予真诚回馈时，会给予赞扬和支持，并提请岩新注意。两次团体活动后，岩新终于表示，自己一直太爱表现自己，根本没有认真听别人说话，现在他从其他成员的行为中明白了这一点，他会很努力地尝试去改变。此后，岩新很少再打断别人的话，有一两次他已经准备这样做了，但是工作者给了他一个手势，他很快发觉并立即停了下来。在以后的团体活动中，工作者提供一些机会，让岩新尝试去学会倾听和表达，岩新的表现很好。团体活动结束时，其他成员就岩新后来的表现给了许多正向的回馈。

七、接　纳

接纳是团体成员感到自己被团体和其他成员承认和接受，能够发展自己的个别性并归属于团体的一种经验。有实证研究证实，在团体中感到有所属和被接纳是一种很重要的治疗性因素。

尤其对于那些在日常生活中总是处于被排斥、被拒绝地位的人群，团体的接纳会让他们重新发现自己的价值，并因自己被他人认同和接受，而产生一种正向的感受。在这样的团体情境和自我体验中，成员更愿意投入团体，接受团体的规范，并努力实现自己和团体的目标。

当成员在团体中有以下感受时，接纳作为一种治疗性因素就产生作用了：成员可以自由地表达自己，并对团体产生归属感；被其他成员认为有价值；感到被关怀、被支持、被了解和被认同。

在团体中，工作者应以下列方式促进成员间的彼此接纳：向团体成员说明接纳的意义，告诉他们接纳对团体很重要，并表示接纳的是成员作为人的存在，并不一定需要接纳他的行为；当成员对其他成员表示支持和关心时，应积极鼓励；在成员表现出其他成员以前认为无法接受的行为时，如果需要，工作者可以首先从正向或积极的方面对该行为进行解释为其他成员的接纳创造条件；很多研究证实，接纳与团体凝聚力的关系密切，所以要使成员彼此接纳，工作者应努力促进团体凝聚力的形成。

示例6

在一个女性角色认同团体的一次团体活动时，荷丽突然谈起她是个同性恋者，在大学里和一位女舍友曾经有过一段同性恋的经历，那段经历即使现在想起来，也是她一生中非常美好的。荷丽说完后，其他成员虽然感到很错愕和惊讶，但是都平静地接纳了她。一位成员表示，能说出来，表示她很有勇气。另一位成员也很真诚地表示，不喜欢同性恋，但她理解荷丽。还有一位成员表示，看她说话的语气和表情，说明她内心也充满了挣扎，希望可以帮她。后来，在团体活动结束期的一次发言中，荷丽表示，她来参加这个团体前一直很犹豫，即使在进入团体后，她也很难受。她觉得应该把这件事说出来，否则她到这个团体中来是没有意义的。但她实在不知道其他成员会有什么反应。后来，团体的发展让她感到很温暖，犹豫再三还是说了，也做好了退出团体的打算。但是，其他成员的反应让她打消了这个念头，也让她很感动。她说，从那一刻起，她放下了心灵的重负，感受到了一种从没有过的被人理解的轻松，也就是从那一刻起，她觉得自己真正属于这个团体，并决定在团体中好好努力，把那些一直困扰她的问题梳理清楚。她很感激这个团体，她做到了。

团体的治疗性因素是促使团体成员成长和改变的一种团体治疗成分，也是工作者和成员或成员之间互动所产生的团体中的功能性因素。在团体的整个发展过程中，工作者需要对这些治疗性因素有很好的体察和认知，并通过自己的领导尽可能地促成团体中治疗性因素的产生，以推动团体和成员实现目标。

第二节　通过团体改变个人的技术

团体社会工作的目的之一就是协助个人恢复和发展社会功能。大部分的工作者都认为，只要创造出适宜的团体情境，就能使团体成员或多或少从中受益。那么在团体中，除了团体的治疗性因素，还有什么功能性因素与技术会促使成员成长与改变呢？

一、工作者与成员间一对一的互动

很多人会有这样的困惑，既然是团体工作，那么在团体工作中，工作者与成员间一对一的互动是否必要？如果有必要，那么这样一对一的互动，与个案工作又有什么区别呢？

有些人认为，团体工作强调的是成员间的互动，着力培养的是因成员互动而产生的团体动力，工作者与成员间一对一的互动会危及团体成员间的互动协议。事实上，团体是一个系统，工作者与成员间一对一的互动是在这个系统中完成的，当他们互动时，其他成员也在场，这无疑会对互动的效果产生影响，互动中发生的事实也会引起系统中其他部分的改变。这一点也是团体工作与个案工作完全不同的地方。

尽管如此，在团体中使用一对一的工作方法仍是较为谨慎的。在下列情况下，工作者可以考虑使用一对一的工作方法，以协助个别成员。

（1）当团体已经准备好对某位成员的行为进行介入，而这种介入确实对这位成员有帮助时。

（2）当危机情况出现，如果不即刻处理会造成不良后果时。

（3）当团体帮助某一成员而伤害到其他成员时。

（4）当工作者以专业精神和技术判断协助个人比协助团体更有利于解决问题时，如团体中缺乏相应的资源和经验，无法协助某个成员解决面对的问题时，或有个别成员孤立于团体之外时。

在以上四种情况下，工作者都可以通过解释、澄清、面质、支持与提供简易的方法来协助成员解决问题。

只是在个别介入时，工作者要考虑这种介入是否会对团体产生负面的影响。例如，工作者在协助成员时要考虑到让成员在团体中维持足够的独立性，不要让其产生依赖或对工作者产生不合理的信任，不要阻碍他与其他成员发生信任关系，不要影响他对团体的投入，也不要让他成为工作者的“宠儿”，以免引起其他成员的不满与敌视。无论如何，工作者的个别介入应以增加团体的资源为目标，不可基于偏好在团体中进行较多的一对一互动，把团体工作变成了“在团体中进行个案工作”。

特别要注意的是，一对一互动中讨论的问题如果牵涉团体中的其他成员，应该在那位成员在场的情况下讨论，如果需要，可以说服成员，将这个问题带进团体与所有成员一起讨论。有时，虽然讨论的是某个成员的问题，但因其是在团体过程中发生的，所以有必要在下次团体开组前作一些必要的说明，以免其他成员产生误解和不满。

在一对一互动中，工作者是核心人物，是成员个别目标的界定者，也是计划的策划者、技术的实施者和成员角色的控制者。在其中，工作者会运用许多个案工作的技术。

（一）协助成员改变错误的和负面的认知

认知有理性和非理性之分，应协助成员改变一些非理性的想法。例如，“每个人都应该爱我，并且赞同我所做的一切，否则我就受不了”，“我应该是全能的，每件事都应该做好”，“我的家庭和我的过去一败涂地，这决定了我的一生，我不可能有幸福的生活”，“我天生就是一个运气不好的人，我不可能轻松地做好任何一件事，这件事也不可能”。这些非理性的想法通常导引出许多非理性的感受和行为。除了非理性的想法，还有些人总是从负面来看待问题，例如：“这么晚了还不回来，肯定是外面有情人了”，“今天上楼和老总打招呼，他没吭声，看来他不满意我”，“我脸上又长了一颗青春痘，蔓延开来，我就会越长越丑了”。这种负面看问题的方法总是会带来负面的感受。工作者有必要协助成员认识到人的困扰通常不是基于客观事物的本身，而是基于人对事物所形成的观念。理性认知治疗或积极心理治疗方法使工作者可以协助团体成员找出自己的非理性观念，代之以比较理性或更积极的想法。

（二）处理成员的情绪

每个人的情绪都是一种真实的存在。一旦形成，任何的否认和压抑只会产生负面的影响。尤其是在一些文化中，生气、愤怒和恐惧这些负面情绪的表达通常是不被允许和鼓励的。工作者可以利用同理、接纳、具体化和结构化的技术，协助成员确认自己的情绪，把情绪与有关的情境联系起来，真实而清晰地表达自己的情绪，并在表达后对其进行相应的处理。

（三）协助成员进行行为改变

行为的改变是个体自我意志增强的结果，也是在与他人的互动过程中相互学习的结果。工作者可以利用行为治疗、提供示范以及技巧训练等方法协助成员改变行为，如利用赞扬等正增强物来促进成员某一行为的产生；用惩罚、厌恶等负增强物来抑制某一行为的表现等。

这些个案技术的有效运用都会对成员的成长和改变产生积极的影响，但在运用这些技术时一定要考虑到团体的情况和对其他成员造成的影响。再次强调，这个过程只是在团体中运用个案技术，而不是在团体中做个案工作。

二、运用团体协助个别成员

运用团体协助个别成员是工作者通过团体过程协助某位成员的过程，它是成长性团体、支持性团体、治疗性团体和自助团体工作最为核心的部分，在这个过程中，团体成为成员改变与成长的工具。工作者在团体过程中用于协助个别成员成长和改变的途径和技术有哪些呢？

（一）分享和回馈

分享与回馈是团体过程中很重要的功能性要素，通过它改变和修正成员的认知，使成员的认知更接近事实。如在一个青少年问题的团体中，一位成员说他很讨厌上学，因为他以前冲撞过老师一次，结果老师老是找他的茬。工作者请这位成员说明事情的经过，再邀请其他成员对这个问题发表看法，给他一些回馈。结果，有成员提到不是老师故意找茬，而是那位成员确实有不好的行为在先，老师只是正常批评而已；有成员提到，自己也有过这样的行为，老师对他的惩罚还要严厉；还有成员认为那位成员总是以为老师在找他茬，所以老师批评他时，他的态度很不好，又引起老师更多的愤怒和更严厉的批评。这样的分享和回馈，协助那位成员改变了已有的认知，使他从新的角度和新的层次对问题产生了新的看法。

在分享与回馈的过程中，工作者可以利用团体活动的安排协助成员表达自己的感受，也可以通过不同的方法促进成员的学习效果。因为团体内外的行为和反应是相关的，通过成员在团体内部的反应，增加自己对团体外的互动关系的审视，促进成员的自我觉察，鼓励成员尝试新的行为和想法。

（二）角色扮演

成员常常处于“当局者迷”的状况，有时候仅以讨论与分享的方式并不能帮助成员解除他的迷惑。这时，角色扮演可弥补讨论与分享的不足，协助当事人通过“身临其境”的方式对自己、他人及问题的症结有更好的了解。在团体中，角色扮演可使用在下列几种情境中。

1．协助成员了解自己的感受

成员对自己在某情境中所表现的行为感到困惑时，其他团体成员可以模拟该情境中与该成员有关系的角色，将当时的互动情形展现出来，使该成员再次经历该情境，进而对自己的认知、情绪和行为有新的领悟。例如，一位女性成员在团体中表达出她不知道为什么这段时间总对孩子发脾气，尤其是晚饭前那段时间特别容易发火，常常会劈头盖脸地把孩子训一顿，有两次还动手打了孩子，事后又很后悔。团体协助她将那个时间段的家庭互动情景演出来，结果大家很快明白，原因在于她最近工作很忙，上了一天班回家已经很累，还要忙着洗菜烧饭，而先生是一回来就坐在沙发上看报纸，她真正气的不是孩子，而是先生。因为痛恨先生不帮一下忙，不知道体贴自己，而把火都发在了孩子身上。大家把想法告诉她，她不好意思地点头笑了。

2．协助成员了解他人的感受

成员常常不知道自己的行为对他人所造成的影响，所以在团体中进行角色扮演，重新将他所经历的互动关系呈现出来，让该成员深切了解自己行为的影响力，以及他人对其行为可能有的反应与感受。一位女大学生成员在团体中表达，她很喜欢和别人讨论一些问题，但每次讨论的结果都是大家不欢而散，发展到后来，大家一起讨论问题，一看到她就一哄而散，她实在感到很困惑，也很痛苦。工作者请团体成员和她进行一次角色扮演，将当时的互动情形呈现出来。结果大家很快发现，她与别人讨论时太强势，总是把自己的观点强加给别人，弄得别人很不舒服。大家把自己的想法与感受坦率地告诉她。她表示，没想到问题出在这里，自己以后会好好注意。

3．协助成员预演行动计划

当成员通过团体的互动，获得一些解决问题的策略和技能时，为了帮助成员更好地实施这些策略和技能，在团体中可以提供一个情境，让成员将其预演出来，然后成员间分享、回馈，对计划进行修正，以增强成员的信心和实际处理问题的能力。例如，一位成员提到他每次去面试的时候，都会很紧张，不能把自己真实的水平呈现出来，成员们给了他很多建议，他决定以后多多改进。这时，团体模拟了一次招聘的情景，让他将自己的应对方案预演出来，成员再给出反馈和意见，协助他完善自己的行为计划。

角色扮演通过情景再现的方式，协助成员在互动的过程中产生新的了解和领悟，是团体社会工作中协助个人改变的一项重要的技术。工作者在使用角色扮演技术时，应在开始前告知该成员其所需要扮演的角色，协助他们理解在角色扮演中所要实施的具体行为，这样才能使角色扮演真正起到协助个体的效能。

（三）行为改变的技术

在团体中通过成员的讨论、分享以及角色扮演，促使成员产生新的认知和情绪体验，进而产生改变的动机，往往需要一些具体的方法引导成员改变旧有的不良行为，加强已有的良好行为，这时行为改变技术就派上了用场。台湾学者黄惠惠认为，运用行为改变技术的具体过程包括以下方面。

1. 分析起点行为

工作者需具体了解当事人的行为现状，客观地评估当事人的不良行为、不良行为出现的频率，以及能力的限制所在。工作者可以通过查阅当事人的个案资料，对其实施诊断性测量或通过对其在团体中与其他成员互动时的行为反应的观察，对其行为作出评估。

2. 确定终点行为

根据对成员目前行为改变的动机与能力的评估，确定协助成员进行行为改变的目标。目标设定得越具体、越明确，越容易实施，也越容易找到改变的途径。

3. 选择适当的增强物

根据行为主义心理学的观点，个体产生行为反应之后若得到愉快、满足的结果，则该行为反应出现的频率将增加，反之则减少。此种增强作用包含正增强和负增强两种，前者使用正增强物，如食物、赞许和微笑等；后者使用负增强物，如惩罚、嘲笑和责骂等，其作用都是增加个体某一行为的可能性。工作者可以运用团体的资源选择合适的增强物，并与某个成员或全体成员订立契约，增强或削弱成员的某一行为。选择增强物时要考虑，每次增强物的选择应依当事成员的需要而定，找到适合当事人需要的增强物；每位成员所需的增强物也将因时间和空间的改变而产生变化，应根据当事人喜好的变化，适时地调整。

4. 采用渐进式的方法增强行为

工作者将成员的起点行为与终点行为之间的过程分成几个阶段和部分，每当成员达到一部分目标时，即给予增强，待此行为巩固后，再向下一行为过渡，这样一步步循序渐进，以达到终点行为。不要苛求成员的行为立刻有很大的改变，那样很可能使成员感到压力很大，无法达到目标而选择放弃或重新回归原来的行为。

5. 评估改变后的行为

经过以上步骤后，工作者需要对改变后的成员行为进行再一次的评估，评估它是否达到最终目标，以及达到最终目标后，该行为是否获得巩固，如果没有达到最终目标，分析一下存在的障碍和原因，找到改进的措施。

（四）家庭作业

团体过程是一个时间有限的过程，真正有效的团体可以将团体的思考、领悟和改变延伸至团体以外的现实生活中。为此，在团体中可以使用一些家庭作业，一方面增加成员在团体之外行为的责任感，另一方面为成员学习掌握自己的行为提供一个经验性学习的机会。

有些家庭作业是促进成员思考、领悟，提高成员的自我认知的，有些家庭作业是为了协助成员将在团体中所学的推广到现实的环境中。

示例 7

在一个父母角色训练团体中，工作者要求成员按照在团体中所学的与子女的沟通方法，完成一个与孩子的10分钟的沟通，然后把大概的过程记录下来，并写下自己的感受。

在一个情绪管理团体中，工作者要求成员在团体外的生活中用积极的观点去看待周围的事物，要求他们在一周的时间内，将每天遇到的不开心的事情换一个积极的角度，找到问题积极的一面，记录下来，并写下这样做以后的感受。

工作者在布置家庭作业时，要注意：布置的家庭作业必须是成员需要，并且与成员共同协商后确定的；布置的家庭作业必须明确、具体、可行，要包含具体的行为描述、实施的时间以及实施的方法等。

（五）结构化成员的角色

任何一个团体中，成员都会因为自己在团体中的位置而承担起相应的角色。在团体中，工作者可以通过指派某一成员在团体中担任某一角色，而达到改变团体成员的目标，团体成员对自己扮演好角色的期待，也就成为促使成员改变的工具。

示例8

在一个任务取向的团体中，团体成员决定让小明担任对外事务的联络员，负责团体的对外联络工作。小明一听，立即拒绝，因为他生性是一个内向的人，最怕与人打交道，他认为团体这样做是为了让他难堪。工作者于是协助其他成员与小明沟通，他们告诉小明，他们知道他说话不多，但是都觉得他每次说话都很有针对性，能够一下说到问题的实质，而且大家一致认为他考虑问题比较全面，推举他做团体的联络员是大家对他的信任。至于他怕与人打交道，和人说话会脸红，会紧张，大家都知道，但是来到团体就是希望成长的，其他成员表示会和他一起克服这些困难，协助他完成任务。小明听后很感动，愉快地接受了团体的“任命”。此后，小明顺利地完成了任务，并在完成任务的过程中发生了很大的改变，变得更加开放，与人交流和沟通的时候也更加自如。

团体成员的角色，有些是在团体互动中自然发展出来的，这些角色一般是不正式的，有的即使已经存在，也不容易被察觉出来。这些角色中，如果与成员个人的目标一致，就会对成员产生正面的影响，如团体中的“公证人”、团体冲突的调解者和团体成员认可的行动领袖等，工作者可以通过支持、鼓励的方式，增强其他成员对该成员的反应，并通过团体的互动，协助该成员进一步完善自己的行为。但是，在团体中，也可能出现一种情况，即有些成员在团体互动中发展出了一些具有破坏性的角色，如团体中的“代罪羔羊”、“说大话者”等，这些角色与该成员的个人目标是不一致的，这时工作者就要协助团体帮助该成员从这个角色中脱离出来，并在这个过程中帮助其成长与改变。

除了团体自然发展起来的角色，还有些角色是工作者为成员特意创造的。

示例9

工作者发现小杜总是自信心不足，在团体中的表达总是畏畏缩缩，所以在团体讨论时，工作者可以说：“来，我们听听小杜怎么说，他有时会有很好的观点。”工作者在团体中发现小杜因为几次的建议被否决，受到打击，情绪有些低落。于是在下一次活动，工作者请小杜做了主持人，让他重新投入到团体中来，提升了他的信心。

结构化团体角色是协助成员成长和改变的工具，成员一旦承担起团体的角色，就会受到该角色的影响，这些影响包括遵守相应的规则、表达部分被压抑的自我、发展新的技巧、学习控制某些行为，以及改变成员的自我形象等。

以上介绍了五种在团体中通过团体协助个人改变的途径和技术。需要注意的是，在运用这些技术时，要事先进行评估。每个成员的改变是有阶段性的，不同阶段的改变性任务是不同的，工作者需要协助团体对成员的行为不断地进行评估，并依据评估的结果协助成员排除成长和改变过程中的障碍与挫败，选择最合适的技术运用到某位成员身上。当然，有的时候不是一种技术就可以解决所有的问题，需要将几种技术整合起来共同使用。

三、从环境的层面改变个人

任何个体的行为，都是个人与环境互动的结果。代表成员或与其一起去积极地影响他周围的环境，也是工作者的一项基本技能。成员的环境包括家庭、同辈群体、学校、单位、社会机构和社区等。

工作者直接干预环境的前提是：环境的改变是个人改变的前提，且成员缺乏能力去改变它。

在具体实施前，团体成员必须被清楚地告知自己改变环境或工作者改变环境两者间的差异，由团体成员自己来选择。在有些情况下，成员可能不希望工作者去改变自己周围不适当的环境，因为他担心会因此受到惩罚或他觉得介入的时机不成熟等。

在介入的具体方式上，如果干预的是社会机构或社区组织这样的大系统，通过团体会比工作者的单独行动产生更大的影响力；如果只是介入成员的家庭或同辈团体这些较小的系统，工作者可以选择单独的行动。

当工作者介入团体成员的环境以改变成员的行为时，扮演的角色包括以下几种。

（一）倡导者

当成员与社会环境发生冲突，工作者为成员的利益着想，代表成员与相关的机构辩论、协商，帮助成员争取权利和资源时，工作者便承担起倡导者的角色。如为虽有子女但经济困难的老人申请政府的经济援助，为家庭生活贫困的孩子要求学校减免相应的费用，坚持社会保险机构应重新评估对一位治疗团体成员的不合理收费，为残疾人诉求平等的就业权等。

（二）调解者

成员与他人之间有矛盾和争议，或者相互间因缺乏了解而产生冲突和敌意时，工作者应充当调解者的角色，帮助双方协调，并找出对双方都有益的协调方式。如调解青少年团体中一个因父母总是忙于事业而很少关注他的充满愤怒情绪的少年与父母之间的关系，或调解女性团体中一位成员与婆婆之间就如何教育孩子产生的矛盾等。调解的技巧包括倾听、沟通、说服、安慰和支持等。需要注意的是，工作者应在调解的过程中避免不适当地支持任何一方，而是应站在双方当事人的角度，以尊重、坦诚的态度，就问题本身存在的意义进行调解。

（三）中间人

工作者中间人角色的实质在于他是社会资源的联结者，他将有关社会资源的信息告知团体成员，并协助成员通过有效的途径去获得这些资源。如为一个单亲妈妈团体的成员的孩子安排社区青少年中心的活动；为一个老年团体的成员联系社区提供的免费家务劳动；为一个团体中的残疾人联络合适的康复机构等。工作者需要对社会的资源很熟悉，以保证向成员提供所需要的最适当的资源，从而使成员获得稳定的社会支持。

（四）协调者

有时，团体成员所面临的问题需要两个或两个以上的人或部门在一起共同商讨，以便结合各方面的力量找出协助成员的最佳途径，这时，工作者的角色就是协调者。例如，一个青少年的治疗性团体中，成员的问题需要将家庭、老师和社区共同聚集起来协商解决；一位医疗社会工作者成立的团体中，成员的问题需要患者家属、医疗保险机构和医院共同协商解决。工作者将他们聚集在一起，共同商讨，达成共识，找到解决问题的最佳途径。需要注意的是，这个过程应是在成员参与的情况下完成，应避免在成员不在场的情况下作出重大决定，在作决定时更应避免将各冲突机构的需要置于成员要求之上，从而侵犯到成员的利益。这一节从成员与工作者间一对一的互动，通过团体以及从环境层面协助个体改变三个方面阐述了在团体中协助个体改变的技术和方法。在这个过程中，团体的焦点是个别成员。不过，即便如此，工作者也必须考虑到这样的介入对其他成员可能造成的影响。如果工作者在介入个别成员时，也能注意到将这些问题与其他成员联结起来，使工作者与其他成员关注的焦点具有相似性，那么，其他成员也会对这个介入过程表现出兴趣。通常不主张在团体中占用大家太多的时间去解决一个个别性太明显的问题，这样会引起其他成员的不满，影响团体的动力与进程。同时，不论在何种情况下，当团体处在形成阶段时，除非有成员发生紧急情况，否则就不应考虑将团体时间放在解决个别成员的问题上。当团体成员间彼此产生信任、支持和关怀，团体处在一种温暖和互相接纳的氛围中时，工作者将团体焦点放在个别成员身上时将更受欢迎。

当团体的规模不是很大时，如只有5～7位成员，那么团体成员比较愿意将焦点集中在某位成员身上，因为他们每个人都可以有机会获得团体的聚焦。但是如果团体规模较大，超过11个人，团体每个成员被分配到的时间则是有限的，那么他们较不愿意为某一个人的问题花费太多的时间。这时，如果需要，可以将团体分成几个次团体，在次团体中解决个别成员的问题。

本章小结

团体中的治疗性因素是工作者与团体成员或团体成员之间互动所产生的一种能改善团体成员状况，促进成长的功能治疗性因素。大部分治疗性因素都适用于所有治疗情况，包括个人、家庭或团体的治疗情况。不同团体能产生不同的治疗性因素，不同的治疗性因素对不同类型的团体而言其重要性也不同。在许多的实证研究中，很多工作者证实他们确实在团体中观察到某些治疗性因素，并且这些治疗性因素也确实对团体工作产生了影响。它们是植入希望、普遍性、资讯和建议的告知、利他主义、自我表露、互动中的学习和接纳。团体社会工作的目的之一就是协助个人恢复和发展社会功能，运用的技术包括工作者与成员间一对一的互动、运用团体协助个别成员、从环境的层面改变个人。

任何个体的行为，都是个人与环境互动的结果。代表成员或与其一起去积极地影响他周围的环境，也是工作者的一项基本技能。成员的环境包括家庭、同辈群体、学校、单位、社会机构和社区等。工作者直接干预环境的前提是：环境的改变是个人改变的前提，且成员缺乏能力去改变它。

在具体实施前，团体成员必须被清楚地告知自己改变环境或工作者改变环境两者间的差异，由团体成员自己来选择。在有些情况下，成员可能不希望工作者去改变自己周围不适当的环境，因为他担心会因此受到惩罚或他觉得介入的时机不成熟等。

在介入的具体方式上，如果干预的是社会机构或社区组织这样的大系统，通过团体会比工作者的单独行动产生更大的影响力；如果只是介入成员的家庭或同辈团体这些较小的系统，工作者可以选择单独的行动。

思考题

1. 团体中的治疗性因素有哪些？
2. 工作者采取什么方式可以促进成员间彼此接纳？
3. 团体改变个人的技术有哪些？
4. 工作者在团体过程中用于协助个别成员成长和改变的途径和技术有哪些？
5. 在团体中，角色扮演可使用在哪些情境中？

推荐阅读书目

[1] 林万亿．团体工作．台北：三民书局，1995.

[2] 何明良，高民政，等编．走向社工——专业社会工作实录．上海：上海人民出版社，2004.

[3] 陈丽云，樊富珉，等编著．身心灵互动健康模式：小组辅导理论与应用．北京：民族出版社，2003.

[4] 王慧君，等编．团体领导者训练实务．修订本．台北：张老师文化事业股份有限公司，1997.

[5] 李滢铨，等著．社会公平发展游戏集．北京：社会科学文献出版社，2005.

第七章

影响团体发展的主要事件

要点提示

建立焦点；固定焦点；深化焦点；转移焦点；团体决策的形式、技术；伊根的三阶段问题解决模式；系统化问题解决模式；影响人类的环境因素；选择干预系统；选择环境系统中的具体介入对象以及合适的环境改变策略。

在团体的发展过程中，有些事件是团体动力运作的结果，这些事件的出现与解决直接影响团体的走向、问题的解决和目标的达成，对团体具有非常重要的意义。如果这些事件处理不好，就会影响团体发展的实际效能。所以，本章选择团体焦点、团体决策和团体问题的解决这三个主要的事件加以详细地阐释。

第一节　团体焦点

焦点是团体目前正在发生的事，是工作者和成员在团体某一个阶段的关注点。在聚会中，焦点可以是一个话题、一项活动，或者一个人。一个优秀且有能力的领导者懂得如何建立与团体目标一致的焦点，在适当的时机从一个焦点向另一个焦点转移，并且知道如何将一个焦点的问题深化下去，这对团体社会工作者来说是一个关键的技术性问题。

一、建立焦点

团体社会工作的结果是工作者与成员有目的有计划的社会行为的结果，所以在每一次会期都需要建立起团体的焦点，使得团体的互动和任务围绕着这一焦点展开。建立焦点的方法很多，一般来说，建立焦点是工作者主动的行为选择。

（一）通过评论建立焦点

在团体中，常常通过工作者直接向成员阐明即将进行的话题和分享的内容来建立焦点。例如，“接下来的时间，我们大家来分享一下离婚后，你认为在生活中碰到的最大问题是什么”。

之前我们讨论了人际交往中如何看待自己的缺点和优点，下面我们将团体的注意力放在人际交往中如何处理与他人的冲突上。

示例 1

好，现在大家把注意力集中到乐天身上，我们试着帮他走出目前的困境。

来，所有成员注意，我们不可能一下子讨论那么多的问题，现在我们回到刚才的话题上，如何帮助网络成瘾的孩子认识到网络的其他功能。

（二）利用活动或习作来建立焦点

有的时候，在团体建立一个焦点前，会利用一些设计好的活动或需要写、画的习作作为辅助工具，将成员的注意力很快地集中起来。

示例 2

下面的团体活动中我们要通过每个人的自画像来分享一下你是如何认识自己的。来，请大家用你手边的笔和纸画一张自画像。

请看白板，这里有三个大小不同的圆圈，请大家仔细地想一下，把你们在戒除毒瘾过程中可能碰到的困难分成三部分，写在这三个圈中，最大的困难写在最大的圈中，依次类推，然后我们一起来分析。

示例 3

好，刚才大家已经分享了照顾弱智儿童的种种艰辛，现在我们发给每位成员一篇一位母亲如何照顾弱智儿童的文章，大家看完后，我们来分享一下，除了艰辛之外，你在照顾弱智儿童方面有哪些成功的经验。

示例 4

现在，请每位成员写下三个形容词来描述你现在的退休生活，然后回到团体中，我们一起来讨论。

示例 5

下面我们将完成一个“信任跌倒”的游戏，做完后，请各位成员分享一下你在游戏中和游戏结束后的感受。

这些活动和不同习作的运用，会有助于工作者建立起团体的焦点。需要注意的是，这些活动和习作的运用要与团体焦点的确定建立起必要的联系，找到最合适与最自然的方法。

（三）用轮流法或二人团体法建立焦点

轮流法是工作者要求每个成员依次对某个刺激作出反应。二人团体法是二人一组，对团体中提到的问题进行私下的讨论。这两种方法都需要成员直接地参与团体，通过参与提高成员的注意力，是建立焦点过程中常用的方法之一。

示例6

让我们做一个快速的轮流练习，你们考虑一下这个星期发生在自己身上的最好和最糟的事情，然后轮流讲出来，让我们听听你们每个人的情况。

示例7

我们的团体是舒解高考压力的团体。我们把压力分为1～10个等级，10代表压力最大。来，请每个人说说看各自的压力是几？

示例8

这次团体活动就要结束了，我想请你们每一个人用一两句话概括一下，在团体中学到的东西，并用一两句话告诉我你在未来五年内的设想。

示例9

我们已经做完了练习，大家感觉如何？请大家轮流用一个词或一句话，描述一下目前的感受。

示例10

下面请两人一组，分别扮演施与方和受助方。由受助方请施与方为他做件事，例如，“请你为我唱支歌”，“请你为我编一个辫子”等可行的事。在接受帮助后，受助方可以以任何方式表达谢意，然后双方互换角色，进行同样的活动。最后回到团体中，我们来讨论双方各自在这过程中的感受。

在用轮流法建立焦点时要注意，整个过程要简短，不能占用团体太多的时间，成员的反应只能是一些简单的确定性的词或短句，工作者的指导也要明确具体，使得整个轮换的过程可以迅速完成。其实，从某种意义上来说，用轮流法建立焦点有时还有另外一个目的：它可以帮助工作者获得必要信息，发现团体中的潜在话题，建立起轮流法完成后的下一个团体焦点。

在建立焦点时，利用二人团体法进行分组讨论和活动可以持续5～10分钟，如果时间太短，问题还没有展开便结束，成员会产生挫折感，如果时间太长，该说的已说完还未结束，成员会因厌倦而走神或跑题。用二人团体法建立焦点，可以使成员整理和加工出有用的信息，加强成员的投入，创造出适宜的团体氛围。

二、固定焦点

建立焦点目的在于集中成员的注意力，但团体是多人的组合，每个人都有自己的想法、期待和目标，如果不加控制，团体的焦点很快又会消失。所以，对于工作者来说，不仅应建立起团体的焦点，而且有时还应根据团体发展的需要，将团体的焦点固定一段时间，以便对团体焦点的内容进行充分讨论和分享，找到解决问题的方法。

（一）何时固定焦点

团体建立起焦点，工作者在焦点清晰地呈现出来后，就需要判断是否将这个焦点固定下来。如何判断呢？当焦点集中在一个话题上时，工作者需要回答下面的问题：

（1）这个话题团体过去讨论过吗？

（2）这个话题与团体目标有关吗？

（3）成员对这个话题有兴趣吗？

（4）这个话题值得继续探讨下去吗？

（5）成员有能力将这个话题深入下去吗？

对于这些问题的回答，将有助于工作者就是否固定焦点与何时固定焦点的作出判断。如果工作者的回答都是“是”，那么就需要将焦点固定下来。如果对这些问题的回答有些是“是”，有些是“否”，那么工作者可以就这 5 个问题设置量化表，对第一个和第五个问题设置“是”和“否”两个答案，分别记 1 分和 2 分，对第二个、第三个、第四个问题的答案设计如“非常有兴趣”、“有兴趣”、“一般”、“没有兴趣”和“根本没有兴趣”等选项，让工作者选择记分，然后将得分结果相加，进行判断。

焦点集中在某一个人身上时，工作者就要判断，这是否符合团体的目标，如果团体是成长性、治疗性和支持性的，那么团体的焦点可以集中在某个个体的身上。但如果团体是社会行动性，其目标是任务取向的，那么将团体焦点过多地集中在个人身上是不合适的。如果团体焦点集中在一个人身上，且只有这一个人获益，其他大多数或所有成员都无法从中获益，那么焦点固定在这位成员的身上也是不合适的。如果焦点集中在某个成员的身上，而这位成员在团体内一直很少发言和表达，那么这样的关注是有益的，但如果该成员在团体内一直很活跃，也一直受到团体的关注，那么将焦点固定在该成员身上则是不合适的。

（二）焦点固定的时间长短

当团体将焦点固定在某个话题或某个人身上时，工作者对焦点要固定多长时间必须有一个判断。一般来说，在团体初期，不要轻易地将焦点长时间固定在某个人身上，这样会减轻其他成员的参与感和对团体的投入程度，使他们产生厌烦情绪，从而对团体失去兴趣。当然，在团体初期，将焦点长时间集中在一个沉重的或对于成员来说理解起来有一定难度的话题上也是不明智的。通常，焦点固定的时间长短与团体的性质有关，如果是成长性、治疗性或支持性团体，将焦点放在某个人身上的时间一般在 30 分钟以内，特殊情况下，也可以适当延长。对于任务性或社会行动性的团体，焦点停留在某个人身上的时间一般不超过 5 分钟。当团体以话题为焦点时，工作者应根据团体目标的需要适时地安排时间，而当团体成员对话题的兴趣开始消退，团体已无力继续话题时，适时地转移话题则是一个明智的选择。

（三）如何固定焦点

固定焦点像建立焦点一样，是工作者的主动性的行为选择。当成员的注意力不集中、话题分散时，工作者就需要使用一定的技巧将焦点固定下来。工作者可以用直接的方法打断成员的对话，将成员的注意力固定在焦点上。

示例 11

等一等，小张，我知道你很关心启龙，但刚才小王的话还没有讲完，我们再听听。小王，关于你刚才说的，可以再告诉我们多一些吗？

我想，我还是提醒一下，现在我们是在讨论社区中的治安问题，不要偏离主题太远，这样，我们才会有效地完成团体的任务。

有时，工作者可以通过评论或重新联结的方式固定焦点。

示例 12

刚才亚明和紫玲已经对这个问题发表了他们的看法，非常好。对这个问题的探讨将有助于我们整个目标的达成，我们不妨来听听其他成员的意见。

如兰，你提的问题也很重要，但也许我们要等一等再讨论这个问题。刚才大家发表意见时，我看到森木一直在摇头，彩珍也一直紧锁住眉头，也许他们还有意见要发表，那个问题还值得我们继续讨论下去。

在有些团体中，工作者可以与成员达成共识，通过一个手势或一个表情提醒成员，将成员已分散的注意力集中起来，避免话题的分散。如在一个任务性的团体中，每当团体话题分散、成员注意力不集中时，工作者都会击掌两下以提醒成员，几次以后，每次这样做后，成员就会自觉回到团体焦点上来。

三、深化焦点

固定焦点，并不一定能将焦点深化下去，深化焦点是从焦点涉及的内容来说的。一个产生效能的团体一定不是像蜻蜓点水一样，从一个话题跳到另一个话题，也一定不是总在话题的表面打转转无法深入下去。那样的结果只会是团体似乎什么问题都涉及了，但似乎又什么问题也没解决，成员从团体中收获也甚少。所以，对于一些与团体目标相关的、有价值的焦点要深化下去，深化到一个能让成员有所收获和有意义的水平。

工作者深化焦点的技巧包括：问一些引人深思和富有挑战性的问题；请成员在一个更个人化的水平上交流。

示例 13

继宁：我觉得自己真不应该来到这个世界，从我懂事起，父母就一直吵，我夹在中间左右为难，我实在觉得自己活着没什么意思。

工作者：让我们试着来帮你。其他成员，你们对继宁的想法怎么看？（建立焦点）

智勇：他们吵架时，为什么你不走开？

玮文：是啊，那不是你的错。他们吵架，但你的生活还得继续。

继宁：可是他们是我的父母，我也不想管，是他们非把我扯进去，每次吵完了都会拉我去评理，我不说，妈妈就骂我没良心，爸爸就说他白疼我了。

工作者：智勇，你为什么觉得继宁可以走开？（固定焦点）

智勇：因为我也有过相似的经历，我爸妈也老吵架，每次吵完了都要跑到我面前说一大堆对方的不是，直到有一天我告诉他们，我不想再听了，我再也不愿意听到他们说对方的坏话。以后，他们一说类似的话，我就立即走开。还真管用，他们说得比以前少多了。

继宁：可是，我很担心他们，我怕他们吵到最后会离婚，我想帮他们。

心兰：你夹在中间这么多年，你觉得状况有改变吗？

继宁：可是……

工作者（以温和尊重的语气说）：来，大家算算看，你们已经第几次听继宁说“可是”了？这是我们很多人面对困境时都会玩的把戏，“可是”的实际结果是逃避问题。继宁，你真的想我们帮你吗？（深化焦点，让成员在一个更个人化的水平上交流。）

继宁（轻轻地抽泣）：是的，我想你们帮我，我很难受。

工作者：好的，我们都很真诚地想帮你。大家看看继宁的问题到底出在哪儿？我们要如何才能帮她？（深化焦点，问一些引人深思和富有挑战性的问题。）

丹红：你父母都是成年人了，他们应该对自己的行为负责，如何修复他们之间的关系是他们自己的事，这个包袱不应该由你来背。

继宁：但每次看见他们吵架，我就会很害怕，然后就觉得都是我的错，是我让他们吵起来的。

工作者：来，我们不要再在“该不该”的问题上纠缠，把问题深入下去。继宁，在你的记忆中，你印象最深的、童年时父母争吵的情形是怎样的？当时你的感受是什么？

……

工作者：相信大家都看到了，继宁仍然用她童年时的眼光来看待这个问题。而她童年的自我是一个很想取悦父母的小女孩。即使今天，当她成年时，面对父母，她仍然是那个想取悦他们的小女孩。这个童年自我给她造成了很大的麻烦。你们每个人想想看，你们是不是也有一个这样的童年自我呢？（再一次深化焦点，问一些引人深思和富有挑战性的问题，将团体中某个成员的问题与其他成员的问题联系起来。）

深化焦点需要和团体所处的阶段结合起来，在团体的初始期和结束期一般都不太适用深化焦点，深化焦点主要运用在团体的中期。如果团体初始期就贸然讨论一个很深入的话题，通常会因成员没有充分的准备，导致探讨起来有难度。即使探讨进行下去，成员也很快会为在没有充分信任的情况下的自我表露感到后悔，甚至因此受到伤害。另外，还需要注意的是，在工作者还没有作好充分准备的情况下进行深化焦点，因工作者知识、经验和临场反应的欠缺，可能导致成员已深入到一个层次，工作者却没有能力跟上，这会将整个问题“吊”在那里，令成员和整个团体都觉得不舒服。

四、转移焦点

任何一个焦点的固定都是一段时间内的事情，在一段时间后就涉及焦点的转移问题。焦点的转移是多方向的，可以是从话题到话题、从话题到个人，也可以是从个人到个人、从个人到话题，或者是在话题与活动、个人与活动之间相互转移。

当下列情况出现时，工作者需要转移焦点：

(1) 焦点集中在一个人或话题上的时间太长了。

(2) 成员兴趣下降，已经显露厌烦情绪。

(3) 焦点与团体的目标出现冲突。

(4) 焦点已经固定一段时间却没有任何新的进展。

(5) 工作者觉得团体需要一些新的变化，希望引入新的话题与活动。

焦点转移的技巧包括以下几个方面。

1. 将话题从一个人、一个话题或一次活动中移开

示例 14

大家已经用 15 分钟讨论了这个话题，已经讨论得很充分了，下面我们需要进入一个新的话题了。

今天我们有许多内容要谈，让我们进行下一个吧!

2. 将话题引入一个人、一个话题或一次活动中

示例 15

工作者：好了，对这个话题的讨论暂时告一段落。东诚，在刚才的讨论中，你提到常常会觉得自己是别人眼中的“垃圾”，可不可以详细一点告诉我们，这是怎么回事?

工作者：刚才我们已经分享了各位成员在生活中感受到的最主要的负面情绪，下面我们将注意力转入对这些负面情绪产生时的情境的分析。

工作者：刚才，有好几位同学提到，他们在找工作的过程中碰到的一个重要问题是来自父母的压力，我们下面就来谈一谈这个话题。

3. 在团体中事先将焦点转移的线索设定清楚

示例 16

工作者：今天我们的第一个话题是讨论下次去老人院探访的时间和各项准备工作的分工问题，讨论时间 30 分钟，然后我们进入下一个话题……下面我们将讨论一下，你们感觉对孩子的哪些行为绝对不能容忍。讨论时间一个小时，一个小时后我们将讨论其他问题，所以请大家注意时间。

第二节 团体决策

团体决策是团体成员之间经过充分讨论与互动，为满足团体成员的需要，就团体的问题共同作出决定的过程。团体决策是团体运作的结果，对于团体的走向、团体目标的实现具有重要的影响和意义。

一、团体决策的形式

团体决策的形式包括以下几个方面：

第一，决策是根据多数人意愿作出的。这种方式多以成员投票或民意调查的方式来完成，最终以多数人的选择为准。它考虑了大多数人的意见，但无形中造成了多数者和少数者的对立，少数者会有被忽略或被抛弃的感觉，因而执行的过程中并不能获得完全的支持。

第二，决策由权威者作出。这个权威者一般是工作者，也可能是团体中的其他权威象征者，这种方式可以经过也可以不经过团体的讨论。这种决策的水平高低直接取决于权威者个人的能力和他对资讯的把握。执行过程的顺利程度，也视其他成员的认同程度而定。

第三，决策是由团体成员一致同意作出的。团体的决策获得了全体成员的一致同意，这是一种最理想的状态，在执行的过程中一般能获得完全的支持。

第四，决策的形成是因为没有任何的答案。团体成员每个人都有自己的意见，每个人都将自己的意见提出来，但是团体没有充分地讨论，草草地讨论过后，团体似乎有了一个“答案”，不顾质疑和批判就作出决策。在执行的过程中，成员的兴趣不大，也不会很投入，最后也是草草收场。

二、团体决策的技术

一个有效能的团体总是希望通过一些技术，帮助团体在最短的时间内作出最适宜的决策。协助团体完成决策的技术如下：

（一）头脑风暴法和反头脑风暴法

头脑风暴法和反头脑风暴法也被合称为脑力激荡法。头脑风暴法是团体成员围绕着所要讨论的问题发表意见，但不得重复与反驳他人意见的一种决策方法。需要注意的是，工作者在讨论前要将问题界定清楚，并且一次只讨论单一主题，工作者不发表自己的意见，也不事先定下基调，对要修改与补充自己意见的人，给予优先发言权。

反头脑风暴法是团体成员围绕着所要讨论的问题发表意见，但只能反驳与质疑他人意见的决策方法。需要注意的是，工作者一开始要宣布已有意见，不定基调，讨论必须紧紧地围绕这些已有的意见和设想，成员反驳与质疑的是他人的意见、设想不成立的理由，不能重复他人的质疑与反驳，但可以进行补充和讨论，鼓励成员提出新的质疑和反驳。

团体工作中通常将头脑风暴法和反头脑风暴法并用。通过头脑风暴法收集成员的信息与想法，再通过反头脑风暴法质疑后进行决策。这种技术被广泛用于团体决策，成员可以非常自由地发表意见和表达看法，所以团体能够在很短的时间里收集到很多独特和创新的想法，而每个成员都参与了团体决策的过程，对团体决策的认同性也较高。

（二）名义团体决策技术

1．名义团体决策技术的实施步骤

（1）让成员按 U 字形座位坐好，开口处放置黑板或白板。

(2) 工作者说明需讨论的主题，对主题中的重要概念进行清晰的界定，让成员完全熟悉所要讨论的问题。

(3) 给成员5～10分钟时间，让成员各自思考，针对问题用简单的字句给出他们的意见和想法，彼此之间不准有任何的互动行为。

(4) 成员安静思考后，逐个将自己的意见与想法写在黑板或白板上，让每位成员都可以看见，直到所有成员的意见与想法都书写完毕。在此过程中不准质疑和批驳，也不准为自己的意见辩驳。某一成员如没有意见发表可跳过，留给他充分的思考空间。

(5) 进入讨论阶段。成员对所列的意见依序澄清和解释。此时，每个人可以对自己或别人的意见公开地表达同意或不同意的看法，经过争论后，意见可以被修改、整合或增减，直到意见确定为止。

(6) 经讨论之后，成员投票，按重要性排出先后次序。

(7) 对初次投票的结果进行再讨论，提升判断的正确性，尤其是对投票之后显示结果有很大矛盾或投票率太高或太低的问题都要进行再讨论。

(8) 依据再讨论的结果再投票，这次投票的结果就是团体的最后决策。

名义团体决策技术使每位成员都参与了决策过程，发表了自己的意见，充分利用了成员的共同智慧。但它程序复杂，又比较耗时，成员照表操作，投票决定，有被迫之嫌。但依据实验的结果，名义团体决策技术在“意见”方面显现出“高品质”和“高明确性”，且在“决策过程”部分，也表现出“高终止感”和“高成就感”，因此，从团体决策技术的层面看，它还是值得推荐的。

2. 团体决策时可能出现的问题

(1) 团体决策的两极化。团体决策的两极化是指团体所作的决策会比个人最初的行为有更偏向极端的现象，一部分更具冒险性而一部分更保守。

有学者把这种现象称为“团体极化现象”。

团体决策两极化产生的主要原因是：第一，通过团体的分享，使理念、思想一致的成员更紧密地结合在一起，并且这种结合被团体强化；第二，在团体中，具有说服力的成员，通过左右其他成员的观念和想法，将自己的观念和想法推向极致；第三，团体的决策是由全体成员共同完成的，所以责任由大家共同承担，因为是共同承担，分散了个人应负的责任，促使个人冒险，导致极端化行为的产生。

团体决策的两极化可能导致的后果是决策的合理性受到质疑，或者强势一方压制弱势一方而埋下冲突的种子。另外，决策在执行的过程中也肯定会碰到困难，因而对团体的影响很大。

处理团体决策两极化的方法是在团体刚刚出现决策两极化时，就敏锐地觉察并立即采取相应的方法干预，如只讨论对方的优点，求同存异，尽量消除彼此的紧张和敌意，达成共识。如果双方的分歧太大，可以要求双方做出妥协，选择一个折中方案，或对双方的决策进行测试，根据测试的结果再讨论出一个双方都能接受的方案。如果这两点双方都不能接受，那么领导者可以利用自己的权威，充分考虑后作一个选择。

(2) 团体的迷失。团体的迷失一般都发生在凝聚力较强的团体中，因为在这样的团体中，为了避免冲突，寻求一致性，成员被要求不作任何的批评和评价，结果影响了成员正常的判断力和表达力，忽视了许多有用的信息，使团体决策失去了健康发展的方向。

团体的迷失的具体表现包括：第一，成员过于自信，觉得其决策是无懈可击的，为此，会冒险采取极端的行为；第二，团体产生强大的压力，在这种压力下，任何不同的意见都被排除在外，团体成员也不能容忍任何不同意见；第三，团体成员不愿意面对现实，对于任何已经出现的警示，都会有意无意地忽视，或对警示的问题作出合理化的解释；第四，成员有自己的不同意见，但是不敢公开表达；第五，成员中也有表达不同意见的，但这些意见一直没有被其他成员真正听进去，成员们都陷在“我们全体一致”的错觉中。

如果团体出现这样的迷失，会对团体的决策品质造成严重的影响。那么，可以提供一些方法来预防团体迷失的发生，如告诉每位成员，他们可以提出批评性的意见；领导者要客观公正，不应有任何偏好；设置几个独立的小团体来研究一些共同的主题；在团体最后决策之前，对有关问题再重新思考等。团体迷失时，团体就生病了，需要工作者开出适当的处方，帮助团体和成员从迷失中走出来，找回正确的决策方向。

(3) 团体效能的流失。有人做过这样一个实验：用一个、两个、三个甚至八个人去拉一条绳子，看他们各花了多少力气。结果他发现，一个人拉时，会用 100 个单位的力气；两个人拉时，花的力气只有 186 个单位；三个人一起拉时，花的力气是 255 个单位；八个人一起拉时，花的力气却是 424 个单位，这就是所谓的林格尔曼效应，即当团体的人数增加时，个人的付出会相对减少，在这种情况下，团体的实际效能往往低于它的潜在效能，有一部分效能流失了。这也是社会心理学中著名的“社会责任分散效应”。

当成员在团体中感觉不到自己的价值，认为自己在团体中只不过是一个微不足道的小人物，个人的所作所为对团体不会产生任何影响时，团体的效能就有流失的可能了。当团体效能流失时，成员感觉不到自己在团体中的价值，不会真正投入团体，对团体的决策兴趣也不大，责任模糊，懒懒散散、拖拖拉拉，进而对团体的决策和执行都产生消极的影响。

所有的领导者都希望通过努力将团体的潜在效能尽可能发挥出来。实践证明，预防团体效能的流失较好的方法是：强调成员个人的责任；对成员的工作成果进行认定和评估；强调个人的努力对团体产生的影响；强化成员间的信任等。重要的是，让成员在团体中感到自己的价值。

第三节　团体问题的解决

团体问题的解决是将成员的想法和资源系统地加以组织排列，找出有效的行动步骤，协助成员解决问题。每位工作者都应熟悉一套问题解决技术，用来协助团体成员处理团体与日常生活中的一些技术性的问题。

问题的解决往往会有一套既定的程序，不同的学者依据不同的问题创造出了不同的问题解决模式，各有各的特点，本节选取其中比较实用的加以介绍。

一、伊根的三阶段问题解决模式

相对而言，伊根的三阶段问题解决模式较为简单。它将问题的解决分成循环的三大阶段。

(1) 澄清问题阶段：该阶段的主要任务是协助成员将问题产生的过程、与问题有关的一切经验和感受具体、清楚地表达出来。

(2) 制定目标阶段：根据已澄清的问题，协助成员弄清楚希望问题被如何解决，制定解决问题的切实可行的目标。

(3) 实施行动阶段：根据目标，找到实现目标的最切实可行的方法，协助成员付诸实施，最终达成目标。

这三个阶段是可以循环往复的，第三个阶段结束后，如果问题已经获得圆满解决，那么整个过程终止；如果问题还没完全解决，那么再回到第一个阶段，重新开始，进入澄清问题阶段。

二、系统化的问题解决模式

（一）找出并澄清成员生活中的问题

问题的出现不在于问题本身，而在于你如何去看待问题。找出问题和澄清问题的过程实际上是协助成员以一种新的眼光看问题。

1. 协助成员以一种积极的方式来叙述问题

示例 17

成员甲：我下岗了，丈夫吵着要和我离婚，儿子和我的关系又不好，所有倒霉的事都让我碰上了。当年我以一分之差没有考上省重点中学，我们那里除了那所省重点就没什么好中学，没有考上省重点高中决定了我没能考上大学，没有考上大学我就没法找到好工作，没有好工作所以我下岗了，我的一生从我没考上重点高中的那一刻起就决定了……

成员乙：过去我一直抱怨自己没有机会考上重点高中，导致没能去读大学，实际上从一分之差没考上重点高中时起，我就一直在放弃自己的人生，除了抱怨，我真的没做过什么……

这是两种不同的叙述问题的方法，成员甲以一种消极的方式叙述问题，把问题固着在过去，将解决问题视为超出自己的能力范围之外的事，而成员乙是以一种积极的方式叙述问题，关注的是此时此刻。

2. 协助成员承认是他自己的问题

示例 18

成员甲：我承认我的英语太差，可是你没看看，我们老师上课的水平有多差，不仅是我，我们班有一半同学不及格，我还算好的啦。

成员乙：我本来英语的底子差，这个老师讲得又太快，我跟不上，课后又没有好好地补，现在想来，不及格也是难免的。

成员甲的叙述是在为自己的行为找借口，逃避自己的责任，他根本没有改变的动力。成员乙承认问题在自己，而他必须负起改变局面的责任，也因此有了改变的动力。

3. 协助成员详细叙述问题

示例 19

成员甲：我和我丈夫的关系一直不好。

成员乙：我什么事情都喜欢自作主张，和我丈夫在一起的时候，我常常要他听我的，我认为如果他爱我，就应该让着我。一开始，他确实让着我。但慢慢地，他让我的次数越来越少，我想是不是他不爱我了，于是就不停地和他吵，吵到最后我们都觉得没意思了。

成员甲的叙述很模糊，成员乙详细描述了自己的行为，描述得很具体。实际上，成员将问题描述得越具体，解决起来就越系统、越容易。

4. 协助成员把问题分成可以处理的小单位

示例 20

成员甲：我的生活一团糟。

成员乙：我下岗了，一直找不到工作，我的压力很大，晚上老是失眠。我和丈夫的关系也一直不好，我总是将自己的意志强加给他。下岗后，我们的关系更糟，我觉得他应该体谅我，可是他一点儿反应也没有。我和儿子的关系也遇到了麻烦，我们之间总是无法沟通。

从成员甲的叙述中找不到任何解决问题的线索，但成员乙的叙述把问题看成是一个由许多要素组成的系统，并把这些要素一一列举出来，有助于有针对性地解决问题。在团体中，工作者首先要从这四个方面着手，协助成员以新的眼光看待自己的问题，作一些有建设性的陈述。

（二）协助成员决定处理问题的先后次序

运用团体的动力帮助成员分析自己的问题和已有的资源，然后将问题按一定的原则排序。选择的原则是：先选择自己可控制的问题；先选择给成员压力最大的问题或最紧急的问题；先选择比较容易处理的问题或比较小的问题；先选择一旦处理完毕就能造成全面性改变的问题。选择好问题后，排列出其先后顺序，协助成员系统性地处理。

如示例 20 中，针对成员乙的问题，工作者和成员一起分析，认为下岗和总是喜欢将自己的意志强加给别人是两个关键性问题，也是对全局都会有影响的问题，排在前面，然后是和丈夫及儿子的关系的问题，最后是失眠问题，因为这个问题是由前面的一系列问题引起的。

（三）设立成员同意的具体的目标

团体的目标应是成员自己选择的结果。但同时应注意：目标必须具体可行，而且应当与成员的资源及能力配合；目标必须是成员能处理的；要成员具体地叙述目标；把目标分成可行的小单元。

示例21

成员甲：我要立即找到一份好工作。

成员乙：我要立即通过中介机构，尝试去找工作，一开始的工作不必太好，我准备一边工作，一边接受一些培训，为以后找到更好的工作打下基础。

相对而言，成员乙的目标显然更加具体可行。

（四）收集与问题相关的各方资讯

问题和目标一旦确定下来，便是收集与问题的本质、重要性和存在等有关的各类资讯。

（1）协助成员列出阻碍他达到目标的所有阻力；

（2）协助成员列出能帮助他达到目标的所有助力；

（3）协助成员列出可以减少或消除阻力的所有行动方法；

（4）协助成员列出可以加强助力的所有行动方法。

（五）系统地陈述各种备选行动方案以找到达到目标的最佳方法

资料收集完后，接下来便是系统地陈述及评估各类选择方案。在列出可能遇到的所有阻力和助力后，对两者综合分析，从中找到最有效的方法。可以将团体分成几组，各组指定一个选择论点，进行团体讨论，选定行动方案。使团体逐渐地、系统地达到目标时应注意：协助团体选择符合团体价值观的方法；协助团体选择所遇阻力最小的方法；协助团体排出行动计划的顺序。

（六）建立评估行动计划的标准

为了使成员在行动之后得到回馈，在行动之前建立具体可测量的行动标准，以判断成员是否已经采取实际的行动，实施到什么程度，效果如何，碰到哪些困难。如上述示例中，工作者要求成员乙在改善与丈夫的关系的过程中，遇事尽量多与丈夫沟通协商，不过多地将自己的意志强加给丈夫，每晚与丈夫沟通一次。最后她与丈夫争吵的次数由几乎每两天一次，减少为每星期两次。

（七）协助成员实施行动计划

一种是系统内的支持，如告诉成员慢慢来，不要操之过急；碰到困难，回到团体，鼓励其他成员再给回馈，提供同理和支持，协助其分析困难所在以及克服的方法；当成员有建设性的表现时，团体给予鼓励，激励成员继续朝目标努力。另一种是系统外的支持，如家庭成员、学校老师和社会机构的支持，提供给成员实施行动所必要的社会资源。

以上几种问题解决模式各有特点，作为一位工作者，如果能熟悉分析问题产生的原因、解决问题的各个流程以及内外环境要素的影响，对于团体问题的解决是大有帮助的，同时对团体效能的获得也起到了很好的作用。

第四节 团体工作与环境改变

依据生态系统理论，团体社会工作者认为人类的所有行为都是人与环境互动的结果，而每个人的生存发展与环境能否给他提供一个合适的“栖息地”息息相关。当“栖息地”无法提供个体所需的资源，个体需求得不到满足或不能很好地适应环境就会产生问题，所以团体社会工作者的一个重要使命就在于通过团体改善人类的生活环境。

一、影响人类的环境因素

每个人都是一个值得系统分析的有机体，但是任何一个以人为系统的分析，都必须考虑到人以外的东西。人的界限以外构成了环境。环境是指环绕着人群的空间，及其中可以直接或间接影响人类生活和发展的各种自然因素和社会因素的总称。环境包括地理、社会、文化、组织、气候和建筑等。

对某些人而言，环境中自然的、社会的和被建构形成的事情或事件都可能对其产生压力、妨碍、挑战或是束缚。由于有助于人类获得幸福和环境中其他人类系统的持续性输入，所有推动人类发展的动力都反映出一种稳定的或成长的状态。

人们会发现他们存在于一个与自己或近或远的多重复杂环境中，假定所有人都和以下五种环境因素进行互动：

(1) 核心家庭、原生家庭或家族。人们在这个初级环境中被养育成人。

(2) 参考团体，如学校、街坊邻居、朋友、同辈群体和职业团体等。在这个环境中人们经验了仅次于家庭的初级关系，获得了最为重要的支持网络。

(3) 当地的社区。社区环境也是提供初级关系的因素。但它对个人的影响与其经济、社会地位有关。如果是政府机构中很重要的官员或社区中的有钱人，则可能受邀参加社区的重要会议，在各种社会团体中有头衔，成为社区事务的决策者之一，但如果是贫困的低收入者，其社区参与度可能相当有限。

(4) 文化、社会或国家，包括政府、法院、政治意识形态、军队、社会福利服务、时尚文学、文化传统，以及广播电视等大众传播。它们在决定社会服务标准中具有重要的作用。这些环境，有的离个人很远，有的遍布于日常生活的方方面面。

(5) 宇宙。每一个人都毫无例外地受到宇宙的影响，就像地心引力、太阳黑子和全球温室效应等对每一个人的影响一样。

任何一个系统分析中，这五种环境因素中的每一个都可以被视为一个系统，而且它们之间是相互影响的。

二、选择干预系统

工作者和成员面临的首要任务是，为了达成成员的目标，必须选择需要改变的系统。

（一）家庭环境系统

家庭可视为一个开放的系统，与环境中许多要素进行稳定的交换。家庭无疑也是一个人最初、最重要的环境。核心家庭通常包括双亲与未成年的孩子，还可能有与祖父母或外祖父母共同生活的三代或四代同堂的大家庭。在家庭系统中发生着夫妻、亲子、手足、婆媳、翁婿、祖父母与外祖父母和孙（外孙）子女间的水平关系，还发生着家庭与其他家庭、同事、同学、老师、医疗人员和邻里之间的多样的垂直关系。父母的收入、家庭的传统、家庭的结构、家庭所认同的社会规范和期待以及电视节目都是家庭重要的输入。因这些互动和输入形成的家庭规范、家庭价值观念、家庭互动关系、家庭氛围、家庭生活风格都会对个体的行为产生深深的影响。

现代社会，随着社会分工和工业化的发展，家庭虽然仍担负着重要的个体社会化的责任，但家庭的许多功能已经外移，它受到了社区中心、学校、老人院、幼儿园、医院和福利机构等的协助。在社会工作中，家庭是一个重要的干预系统，有时为了有效地解决成员的问题，工作者需要将家庭纳入整个服务体系。例如，在青少年团体中邀请父母一起参与对孩子行为的约束；在老年人团体中，要求其子女一同参与等。

（二）人际子系统

所有的个人与家庭都会与无血缘关系的朋友、邻居、同事和同学产生联系。例如，在戒毒的青少年团体中提供正向的同辈群体的影响；在有厌学情绪的青少年团体中，与其学校联络取得老师的支持；在独居老人的团体中，取得社区志愿者的支持等。

（三）社会组织子系统

所有人的一生中，都会与一些正式组织以及跨团体的集合组织，如学校、医院、公司、企业、事业单位和政府部门等产生关联。这些公共服务或社会行政机构，都是复杂的组织系统，都对个体产生影响，所有个体都是以有意义的方式与这些部门和机构互动。例如，高校的贫困生团体，与学校有关部门联络，协助成员获得勤工助学的机会；刑满释放人员团体与社区委员会联系，获得它们的支持；残疾人团体与政府福利部门联系，协助残疾人获得必要的生活补助或适当的就业机会等。

（四）社会环境子系统

社会环境子系统包括整个社会的政策、制度、结构和文化因素等。社会工作者不只是协助个人适应环境，而且主张对现实环境进行挑战，鼓励团体成员改变环境。与此相适应，团体社会工作者通过团体与环境的互动，直接影响社会政策的制定，并且与相关社会福利服务部门合作，为某些需求未被满足的群体争取相应的权利，从而利用团体达到影响社会变迁的目的。例如，在一个民工社会适应性团体中，民工们提到他们的子女在城市就学需要交纳高额赞助费，令他们不堪重负，工作者带领团体成员与有关方面协商，呼吁社会的关注，希望能达成某些社会政策的出台，为民工子女争取与城市孩子同样的受教育的权利与机会；在一个妇女团体中，工作者协助团体与地方妇女联合会等组织联络，希望整个社会关注大众传媒中出现的对女性的歧视性和侮辱性语言与镜头对女性群体造成的伤害；一个青少年家长团体向当地文化部分呈请，对中小学周边地区的网吧进行严格管理，保护未成年人的权益等。

三、选择环境系统中的具体介入对象

选择了具体介入的环境系统，接下来的任务就是选择在介入的环境系统中具体的介入对象。环境系统中具体的介入对象可分成四个层次：

（1）系统中的个人，如家庭中的母亲或父亲、学校中的某位老师、系统中扮演相同角色的某位邻居或公司中的某位主管。

（2）人群，如父母、青少年中心的所有服务者、养老院的所有护工、学校里的一部分老师或单位里的有某种特征的一群同事等。

（3）整个系统，如整个家庭系统、整个学校系统或整个残疾人康复中心等。

（4）系统的权威机构，如主管托儿所的某个后勤实业中心、主管学校的教育局或主管社区老年人中心的街道办事处等。

具体介入对象的层次，应是工作者与成员一起商量确定的。确定时应注意，首先，要认清对成员产生决定性影响的环境因素，从对个体产生决定性影响的环境因素着手；其次，要对现实环境进行必要的评估，以确定介入各层次的先后顺序，从较为容易的对象，或能引起其他层次改变的对象入手。

四、选择合适的环境改变策略

在选择合适的改变策略前先要对成员进行必要的评估。

（一）评估成员是否有改变环境的动机

只有当成员想要改变环境时，这样的介入才会被提上团体的日程。成员参与改变的动力来自改变的结果会给他们带来某些利益的满足。当然，成员也可能在参与改变的过程中经历失败和挫折，并可能丧失某些现有的利益，那么成员就需要自己分析，然后作出选择。

（二）评估成员是否有能力参与改变

这些能力包括成员能否清楚地认识到目标的价值，能否有效合作，能否完成团体交给的任务，能否承受参与过程中所体验到的压力，是否有能力排除改变过程中所碰到的障碍等。

（三）评估团体是否作好充分的准备

评估团体是否作好充分的准备主要包括团体是否就改变的目标和介入的行动方案达成一致，团体的凝聚力如何，团体是否就介入的程序进行过仔细的磋商等。

（四）评估介人的过程中可能出现的阻力和风险

弄清介入是否会触及相关的法律和规范，理清相关的法律和规范与自己所要改变的环境间的关系，评估其中的风险，并预测未来行为的后果。

（五）评估介入的时机

就事物或事件发展的成熟程度，选择最佳介入时机。

根据以上的评估，工作者和成员一起设计改变环境的策略。参考加文的观点，可以将改变环境的策略概括为以下几点。

1. 与不适当的环境隔离

与不适当的环境隔离即协助成员离开某个环境的控制范围，使其与不适应其成长的环境阻隔开来，进入另一个环境系统。如协助戒毒者从充满诱惑的吸毒环境中离开；协助正遭受家庭暴力的女子暂时从家庭中离开；让被虐待的儿童进入寄养家庭等。

2. 通过成员自身的改变而促进环境的改变

任何系统都是开放的和不断变迁的，系统内的要素是相互影响的，组成系统的某一要素发生改变，也会引起其他要素的改变，进而引起整个系统的改变。每个成员都是他所属系统的要素，工作者可以协助成员通过改变自己而带动环境的改变。如一个成员在父母的过分保护下变得非常依赖，缺乏独立生活的能力，工作者和团体协助其改变过分依赖父母的行为，学会“长大”，从而引起整个家庭系统的改变；在一个人际关系的训练团体中，一个成员总是抱怨她宿舍的环境很差，其他室友都排斥她，令她很痛苦，工作者和团体协助其改变以往的以自我为中心的人际交往方式，结果令整个宿舍的环境明显好转。

3. 直接改变影响成员的物理环境

直接对影响成员的物理环境进行有利于成员的调整。如在独居老人的住所内安置紧急呼救铃；改变老人浴室和卫生间的设施以方便老人；在公共场所设置残疾人设施，方便残疾人；改善民工子弟小学的硬件设施，让孩子有个更好的读书环境；投资建设社区的青少年活动中心，为孩子们提供一个有利于身心健康成长的好场所等。

4. 改变影响成员的社会环境

可以通过沟通、教育、说服、协商、抵制、联名抗议和借助大众传媒等来改变影响成员的社会环境。如团体代表个别成员或个别成员自己与其父母沟通，告诉他们，他们不停地争吵并不断地向成员寻求支持的举动对他是个很大的伤害；团体说服某些企业，给那些条件合适的刑满释放人员一次重新就业、重拾自我的机会；运用影响力，由成员或团体出面去寻找一位有权威和影响力的人来影响环境；使用谈判的方法，使成员与环境间相互妥协，如果必要，利用新闻媒体来申诉或直接进行抗议等。这一系列策略的直接目的就是改变影响成员的社会环境。团体在改变环境的过程中既可以直接以团体的名义来实施相应的策略，也可以和其他机构或团体组成联盟或进行相应的合作，以寻求共同利益的促进。工作者在团体中促进环境改变的目的不仅仅是为了团体成员的个人利益，同时也希望借此促进整个社会的变迁。从长远的更广泛的范围来看，环境的改变与个体的改变是一个相互作用的过程，环境的改变直接影响到成员后续的改变，而成员持久性的行为改变也会对环境产生影响，促进环境进一步的改变，使更多的个体在其中获取更多的利益。

本章小结

在团体的发展过程中，有些事件是团体动力运作的结果，这些事件的出现与解决直接影响团体的走向、问题的解决和目标的达成，对团体有着非常重要的意义。如果这些事件处理不好，就会影响团体发展的实际效能。焦点是团体目前正在发生的事，是工作者和成员在团体某一个阶段的关注点。一个优秀且有能力的领导者懂得如何建立与团体目标一致的焦点，在适当的时机从一个焦点向另一个焦点转移，并且知道如何将一个焦点的问题深化下去，这对团体社会工作者来说是一个关键的技术性问题。通过建立、固定、深化、转移焦点来处理焦点问题。

团体决策是团体成员之间经过充分讨论与互动，为满足团体成员的需要，就团体的问题共同作出决定的过程。团体决策是团体运作的结果，对于团体的走向、团体目标的实现具有重要的影响和意义。

团体问题的解决是将成员的想法和资源系统地加以组织排列，找出有效的行动步骤，协助成员解决问题。每位工作者都应熟悉一套问题解决技术，用来协助团体成员处理团体与日常生活中的一些技术性的问题。

人类的所有行为都是人与环境互动的结果，而每个人的生存发展与环境能否给他提供一个合适的“栖息地”息息相关。当“栖息地”无法提供个体所需的资源，个体需求得不到满足或不能很好地适应环境就会产生问题，所以团体社会工作者的一个重要使命就在于通过团体改善人类的生活环境。

思考题

1. 将一个焦点的问题深化下去应注意哪些技术性问题？
2. 团体决策的技术有哪些？
3. 简述团体决策时可能出现的问题。
4. 简述团体问题的解决模式及特点。
5. 在选择合适的环境改变策略时应注意哪些问题？

推荐阅读书目

[1] 潘正德．小组动力学．台北：心理出版社，1997.
[2] 李郁文．小组动力学：小组动力的理论、实务与研究．台北：桂冠图书公司，2001.
[3] 黄惠惠．小组辅导概论．台北：张老师文化事业股份有限公司，1993.
[4] 王思斌．社会工作概论．北京：高等教育出版社，1999.
[5] 风笑天．社会学研究方法．北京：中国人民大学出版社，2001.
[6] 范克新，肖萍著．社会团体工作．北京：社会科学文献出版社，2001.

第八章

团体社会工作技巧

要点提示

建立关系的技巧；有效沟通的技巧；组织会议的技巧；评估团体的技巧；领导的作用；引导互动；融合；对质。

团体社会工作的技巧是团体社会工作者应该而且必须掌握的工作本领。团体社会工作的技巧是从工作者在团体工作的临床实践中得来的，是通过对团体工作基本理论的不断积累和丰富而逐渐形成的。工作者以其团体工作的专业理论和知识为基础，通过不同类型团体的实践活动和经验过程，发展和创造了一些可以在团体活动中运用的专业技巧，这些技巧对团体工作的有效实践具有积极的和十分重要的作用。但是，我们也不能仅仅将这些技巧落在纸上，而且团体工作的这些专业技巧并不是固定不变的，需要工作者在实际的团体工作中和团体实践中艺术化地对它们加以灵活地运用。

第一节　团体社会工作的一般性技巧

这里所说的一般性技巧是指工作者所应具备的基本技巧，或者说是工作者应当具备的基本素质。

一、建立关系的技巧

（一）基调的设置

基调，意思是团体的情绪氛围。基调的设置很微妙，但它对于团体的氛围是至关重要的。有些刚开始带领团体的工作者不会运用基调设置这种技巧，因此，在没有意识到自己要干什么的情况下，设置了一种乏味的或者是非常严肃的基调。其他的初学者，因为希望被成员们所喜欢，所以，经常设置一种“轻飘飘”的基调，最后，因为似乎没有人对这个团体有所承诺而以挫败告终。

在设置基调的过程中，需要认识到的很重要的一点是，工作者是通过他的行动、言词和他所允许发生的一切来设置基调的。在团体活动的过程中，如果工作者允许成员们相互攻击和批评，就是在纵容一种消极的基调出现；如果工作者鼓励成员们交流与关怀，就会建立起一种更为积极的氛围。

设置基调理所当然是工作者的责任，在设置基调时，工作者应当考虑以下问题：

(1) 基调应当是严肃的，还是轻松的？

(2) 基调应当是支持性的，还是对抗性的？

(3) 基调应当是正式的，还是非正式的？

(4) 基调应当是以任务为导向的，还是更为自由的？

如果工作者问了自己这些问题，然后根据自己对这些问题的理解来带领团体，那么就可能为团体设置好理想的基调。

下面的例子表明工作者可以怎样为团体设置不同的基调。

示例1：严肃的基调

工作者：让我们开始吧。在开始今天的内容之前，我请你们坐得近一些，这样就不会显得太分散。同时，请大家把食物和饮料都收起来。(成员们照做了）好，现在我请各位自我介绍一下，并且谈谈你们为什么要到这里来。

示例2：轻松的基调

工作者：让我们开始吧！(成员们依旧分散在各处，并继续吃东西）开始时我想请大家作一番自我介绍，谈谈你认为重要或愿意谈的内容，任何内容都可以谈。

示例3：对抗性的基调

(这是一群由十几岁少年组成的团体的第一次会面，这群少年曾经使用过违禁药品，比如海洛因、摇头丸等。小张不认为自己存在与药物有关的问题。)

工作者：小张，很明显你的确存在着严重的问题。在这个团体中，你们当中有多少人认为小张有问题呢？(用一种相当具有对抗性的语调。)

示例4：支持性的基调

工作者：王海，即使你并不认为自己有问题，我还是希望这个团体对你有价值并有所帮助。你们其他成员也将会有相同的感受。而且，我相信你们当中有些人也的确认识到了自己存在问题。这个团体的目的是对你们有所帮助，我希望你们可以互相倾听、交流和充满希望地彼此关怀并彼此帮助。当然，我能理解，承认自己有问题是需要勇气的。

示例5：正式的基调

工作者：我是张东，在××市精神卫生中心工作，今天在这里作为这个团体的工作者。

在开始之前，我想谈谈这个团体的一些基本规则。我想请大家做的第一件事是自我介绍——告诉大家你的名字，在什么地方工作以及为什么决定参加这个团体。

示例6：针对任务的基调

工作者：让我们开始吧，我们有许多任务，但只有一个半小时来完成它们。首先……其次……再次……

以上列出了在团体工作过程中可能产生的许多种基调。团体成员们经常抱怨不成功的团体基调包括敌对的、乏味的、使人沮丧的、批斗性质的、令人困惑的等；相反，成功的团体基调包括温暖的、严肃而关怀的、有趣的、鼓舞人心的等。

在设置基调的过程中，工作者还必须注意灯光的运用、座位的编排、墙壁的装饰等问题——这些情况会使所设置的基调发生一定的改变。

（二）鼓励和支持

作为一个工作者，这项技巧特别重要。尤其在团体之初，成员经常会担心犯错误或做什么蠢事而给别人留下不好的印象。在成长性或治疗性的团体，成员们有时也害怕透露一些事情会让自己以后觉得后悔。工作者需要用温暖的话语和愉快的面部表情以及开放、放松的姿态来传达对成员的支持，用及时的回应传达对成员的鼓励。

示例7

工作者：在团体中，刚开始会觉得有点紧张和不自在，当我们慢慢地了解每一个人，知道团体是怎么运作的之后，就不会有这种不舒服的感觉了。

当成员在挣扎着谈论一些比较困难的事情，担心说出事情后团体里其他人的反应时，工作者的鼓励和支持也可以帮助成员们冒一些有益的风险。

（三）眼睛的应用

在组织团体时，知道怎样运用眼睛是非常重要的。眼睛可以帮助工作者收集有价值的信息，鼓励成员们发言，也可以阻止成员发言。具体可以有以下几个方面的作用：

1. 关注团体中的非语言线索

当某个成员发言时，看着这个成员是很自然的反应。然而，比较长时间地只将目光集中在某个成员的身上，可能造成其他成员感觉被排斥，甚至对团体丧失兴趣，因为这位成员也只是对着领导者说话。由于领导者没有对全局的观察，因此也不能了解其他成员对发言成员所说的话的反应，或者了解谁想下一个发言。因此，如果工作者只关注发言的成员，就可能错过对促进团体有帮助的其他很多重要的信息。

2. 引导成员看其他成员

工作者可以用眼睛示意成员看着其他人。当某个成员发言时，工作者不是总看着他（她），而是眼睛在环视团体。这样也有助于发言的成员将目光从工作者身上移开，寻求和其他成员的目光接触和交流。这将十分有利于培养团体成员之间的关系，促进团体的发展。

3. 引导成员透露其内心世界

通过扫视整个团体并且和特定的成员进行目光接触，工作者可以用眼睛发出发言的邀请。当某个成员在透露非常痛苦的事件或经历时，工作者比较集中的目光接触和身体语言会对成员有所帮助。此时比较长时间的目光接触是必要的，而通常不会导致其他成员感觉被忽视，因为在处理比较深层次的个人问题时，其他的成员会非常关注问题本身及其解决过程。

4. 打断成员的发言

某些成员可能会经常发言或总是第一个发言，或者发言冗长沉闷。工作者希望对这种情况有所改变时，可以用眼睛进行控制。

二、有效沟通的技巧

（一）同理心的运用

工作者与团体成员的关系不仅仅是上下级的关系，还应是朋友关系。人是感情动物，如果工作者能适时地展示出同情心或人情味，会更加激励成员的进取心和团队精神。工作者除了要关注团体成员的工作情况，还要关心他们工作以外的生活，对他们在生活中扮演的众多角色表示关心，如家人和朋友。可以向他们提一些类似的问题："你和儿子都喜欢打篮球吧?"或"你的英语学得怎么样了?"在特殊的节日里举办宴会或放假，让他们轻松一下；经常举行茶话会，与成员一起讨论工作上有什么压力，应该怎样解决；等等。工作者的同情心会使团体成员感觉到温暖和关心，获得精神上的巨大鼓舞，从而更加努力地工作。

（二）澄　清

澄清是指使用某些方法使成员陈述的内容和感受更加清楚和条理化的过程。澄清对团体的发展有重要作用，它可以帮助成员更好地了解他（她）自己想说的话。通过澄清，也可以保持团体内沟通的清晰性，不让混乱的信息造成成员的疲惫和泄气，从而影响团体的进程和功能。

可以采用以下几种方法进行澄清。

1. 运用开放式的提问，获得更多信息

示例 8

小敏：我觉得张叶和李丽的苦恼，问题不在于他们的父母，而在于他们自己。

工作者：能进一步讲讲为什么吗?

2. 可以采用重述的方法，将成员混杂在一起的信息重新排列

示例 9

李丽：我知道我必须摆脱出来，否则特别影响我的情绪，搞得我什么事情都做不了。可我这样也太自私了。他们是我的父母，身体也不好，我总得想办法让他们幸福一点。不知道他们还有没有希望。

工作者：你的感觉好像很复杂。一个你在说，不要太多参与父母的事情，他们是独立的大人了，应该能够处理好他们自己的事情。可是另外一个你在说，父母的事情上自己是有责

任的，应该继续努力让父母的关系变好。放弃帮助父母改善关系你会觉得内疚，而继续努力，又觉得信心不足，是这样吗？

3. 请其他的成员帮助澄清

示例 10

小华：我跟我妈说希望她能够接受小刚。她说她没反对我们交往。她说得也不错啊。我不能逼她一定要对小刚微笑吧。我知道强颜欢笑是什么滋味。可他们在一起，你知道那种感觉，总是很别扭。我这样两边哄着，早晚会被逼疯的。

工作者：有谁觉得对小华现在的感受比较理解？

小丹：我想是不是这样，小华，你很希望你喜欢的两个人也能真心互相喜欢，这样三个人快快乐乐地在一起就好了。可现在你觉得妈妈虽然表示不反对你和小刚来往，但内心并没有接受小刚，所以你有点生你妈的气，但又挺为你妈难受。你很爱小刚，很看重小刚的感受。你自己两面逢迎，努力讨两个人的喜欢，却没有谁能帮你，理解你，所以你觉得很累，很委屈。

让其他的成员帮助澄清，不仅可以澄清这位成员所说的内容和感受，也可以促进成员的参与，进而激发团体的兴趣和发掘成员的能力。

（三）积极地倾听

积极地倾听包括能够专注于说话者语言的和非语言的信息，也包括通过语言的和非语言的途径让倾诉者了解你的倾听和关注。在团体过程中，这是一件复杂的工作。因为工作者要关心和注意团体的每一个成员，而不仅仅是那个正在说话的人。做到这一点的主要技巧是：

（1）倾听谈话者，用点头等回应方式让谈话者了解你在倾听；

（2）用眼睛扫视全体成员，倾听和观察他们的语言和非语言的姿态，特别是面部表情和身体移动；

（3）用语言和非语言的方式，将你听到和观察到的内容挖掘出来，适度地表达出来，让全体成员知道。

示例 11

小华：我妈是为了我才没有再结婚。她一个人把我拉扯大，很不容易。我也很想什么事情都让她高兴，所以大部分的事情都听她的。可是我和男朋友小刚的事，让我觉得不知道怎么办才好。我妈说小刚不合适我，但她又说如果我特别喜欢小刚的话，她也不会干涉我。可是只要小刚打电话找我或我们两个出去，我妈就很不高兴，还常常叹气、偷偷地哭。看到她这样，我就想和小刚分手算了。可是跟小刚一提这事，他又很生气……弄得我两头不是人。嗨，有时候，觉得活着真累也真难。

（工作者在倾听小华讲话的同时，也看到平时比较活跃的成员志强深深低着头。志强从未在团体里谈到过自己的家庭。此外，团体的其他一些成员看起来也被触动了。）

工作者：小华，听起来你是很想通过孝顺你妈妈，通过凡事都让她高兴来回报母亲一直没有再结婚的牺牲。你好像也很爱小刚，很在乎小刚的反应。你生活中两个你最重视的人在同时给你压力，让你觉得左右为难……这件事好像对大家的触动挺大的？（话音一落，志强抬头将目光投过来，工作者的目光也迎上去给予关注和鼓励。）

（四）自我流露

自我流露是指工作者在成员们交流思想和情感时，将个人的情况、感受真实地呈现在团体中的情况。自我流露之所以是重要和有用的技巧，是因为工作者的行为、沟通风格、倾听能力、对他人的鼓励和他（她）的真实都会成为其他人学习并努力超越的典范。工作者的自我流露，可以显示自己愿意透露个人的情况以及愿意冒险与大家交流个人情况；自我流露也可以告诉大家自己也是一个普通人，生活中也有和成员们一样要面对的各种各样的问题；自我流露还可以作为一个样本，让大家知道工作者希望从成员们那里得到怎样的回应。

示例 12

工作者：今天我们谈家庭对我们成长的影响，我先谈谈自己吧，演示一下怎样进行。在我的生活中，母亲是最重要的人。她的支持和保护使我免受父亲的影响和伤害。父亲是个酒鬼，脾气暴躁，而且反复无常……

这个自我流露向成员们展示了可以交流的深度。此外，也可以通过自我流露来引发某个讨论。

示例 13

工作者：在家庭活动方面，我和先生存在着一些差异。我喜欢在周末或节假日的时候，和亲朋好友聚在一起，说说笑笑，玩玩闹闹。可是我先生喜欢自己一家人外出登山或做些户外的活动。我想这可能是夫妻们都会遇到的一些问题吧。你们的夫妻关系中有哪些困扰呢？

工作者：我觉得今晚大家好像有点心不在焉，我不确定这是为什么。你们是否也有这种感觉呢？

三、组织会议的技巧

团体会议与讨论是团体沟通的一种特殊形态。在团体工作中，利用开会与讨论能使更多的成员面对面地互动，沟通信息，解决问题或就维持团体的目的进行安排、协调、决策等工作。

成功的会议与讨论在团体中起着协调的作用，使得团体中的所有人，以及团体的活动都趋向于同步化与和谐化，以便达到共同的结果。但如果滥用会议，或会议进程掌握不当，必然会使其走向反面——使人厌烦，降低工作效率。因此，把会议开好，提高效率，解决问题，非常重要的一点是，会议应该着力于讨论。

在团体过程的每一阶段，工作者都会安排各种不同类型的会议与讨论，主要是因为团体讨论能鼓励团体成员参与团体事务；引导团体成员对团体产生兴趣；促进信息交流、表明态度、解决问题、做出决策；刺激思考以提高团体活动效率。

团体要想开好会议，使会议得到成功，工作者要做好如下几项工作：

首先，做好会议的安排。

这是开好一次会议的起码要求。实践证明，一次未能令人满意的会议，其中有一半原因是没做好会议安排。会议的安排是指为开会而必须准备的事情。例如，为会议提供恰当的物质条件；确定会议要讨论哪些问题，会议要使用哪些必要的资料文献；等等。

其次，掌握会议的进程。

为了使团体会议从始至终有一个好的进程，工作者要力争做到：

(1) 努力使每一个参加会议的人员感到自在，这就涉及前面所说的设置基调的问题（尤其是基调设置过程中的环境因素）；

(2) 会议开始时，会议主持人要用生动的语言简要地介绍一下所要讨论的主题和问题；

(3) 阐明会议的目的；

(4) 规定会议所讨论问题的界限。

再次，与会者的积极参与。

这就要求工作者在会议进程中创造一种和谐的气氛，这样有利于与会者畅所欲言。

最后，会议精神的传达与贯彻。

(1) 会议结束时的总结；

(2) 确定下一次会议的大致日程；

(3) 布置编写会议简报。

以上所介绍的是工作者根据团体的进程，调动团体成员，组织团体会议，达成团体目标而应做好的基本工作。但在带领团体的过程中，第一、二次会面通常都是最重要也是最难进行的。第一次会面难进行是因为工作者有许多问题需要处理，比如开始筹建团体，为成员介绍团体内容，洞察成员们对于参加团体的反应，以及团体成员对于团体所涉及内容的反应。

下面我们将讨论在前两次会面时，工作者要考虑的几项重要内容。

1. 开场白

在第一次会面前，工作者要考虑的一个重要问题，就是怎样开始这个团体的第一次会面。工作者怎样开始这次会面，与团体的基调和组员的舒适水平有着非常重要的关系。工作者应当表现出温暖与关怀、值得信任、有所帮助、理解和积极的尊重。正是在这段时间里，成员们会对工作者形成非常重要的印象，并评估这个团体是否会对他们有所帮助。

下面是三种可用的开场白，包括对团体的概述和对成员的介绍。

(1) 以对团体及其目的的较长的开场陈述作为开始，然后指导介绍练习。

这种类型的开场白经常被用于教育或任务团体当中，不过，有些工作者在治疗性和成长性团体中也应用较长的开场陈述。工作者用最初的三至五分钟，以一种愉快的方式，精力充沛地描述团体的目的和模式，然后用几分钟作一概述。请看以下的例子，这个团体由一个大的教学区内的教师组成。这是关于教师工作过度的一系列会面中的第一次（会面一共有四次）。

示例 14

工作者：我们开始吧，我叫张明，是××大学的心理咨询师。在过去几年里我一直在研究教师工作过度问题，作为我的研究成果，我已经整理了一种我认为很有帮助的理解工作过度的方法。在以后的四周中，我将逐步讲解这些材料。我想简短地和大家谈谈每次会面将要谈些什么内容。

(讲了大约二至三分钟后，工作者结束了开场陈述)。

工作者：我希望你们对于在这里会讨论些什么内容，这个团体会给你提供怎样的帮助，有一个基本的了解。在开始谈教师工作过度的定义之前，我想用几分钟让你们自我介绍一下。我希望你们每个人告诉大家你的名字、从事教学工作多长时间了、讲授什么课程，并用一两句话谈谈你为什么会到这里来。

(2) 以一段长开场陈述开始，然后直接进入团体内容。这种开端可用于成员们已经相互认识的讨论，教育团体、任务团体或者个人资料的交流极少的团体都可以适用。接着看以下的例子，这个团体的目的是帮助 14 个失业者寻找一份工作，共有六次会面，工作者是这样开始的。

示例 15

工作者：我很高兴你们来参加这个团体，我认为这些信息有助于使你们重新回到劳动大军之中。团体会面的目的是为你们提供如何找工作、如何参加工作面试、如何填写申请表，以及如何在找工作的过程中保持积极的态度等相关的信息。开始之前，我想告诉大家一些我自己的情况，以及在我们以后的五次会面中，每次将会谈论些什么……

(谈完五次会面的预定内容后，工作者继续。)

工作者：现在让我们开始今天的内容。我们将讨论怎样找到可能的工作。我想请你们每个人想出三种着手找工作的方式。

(3) 以关于团体的简短陈述开始，然后将成员们分成两人一组。当不需要介绍练习时，可以应用这种开始方式。工作者先简短地描述一下此团体，然后让成员们两人一组讨论团体的内容，以及为什么来到这个团体。再看以下例子，这个团体由父母们组成，他们都得知自己的孩子在一家日托中心受到虐待。

示例 16

工作者：对于今天晚上大家的到来，我很高兴，我认为你们所有人都会从与他人的交流中获益。当类似事件发生时，团体有助于获得支持和交换怎样帮助孩子的想法。既然你们都彼此认识，我希望开始时大家两人配成一对。记住，不要和你的配偶配成一对（如果他和你一起来了)，也不要和一个你熟识的人配对。(看到团体成员们配对完毕，工作者继续）现在你们都有个同伴了，我希望你们交流一下自从此事件发生后你们的感受，以及你为什么选择参加这个团体，也就是你想从团体中获得什么。

上面这些例子表明开始第一次会面的方式很多。记住适当的开始方式，结合工作者一方的热情，会对团体的开始产生强而有力的积极影响。

2. 澄清目的

在第一、第二次会面中，工作者要将团体的目的进行澄清。如果成员没有通过筛选、面试的话，澄清就显得特别重要了。即使工作者已经筛选过成员，而且已经花了一些时间讨论了团体的目的，在团体中回顾一下团体的目的仍然是个不错的主意。某些团体的目的也许比其他团体的目的更需要澄清。一个戒烟的团体中，成员对团体的目的可能都很清楚；而一个离异团体可能被认为是支持性团体或治疗性团体，因而，这个团体的特定目的就必须在第一次会面时加以澄清。

3. 解释工作者的角色

在第一次会面中，工作者应当解释一下在整个会面过程中自己的角色是什么，是教育者角色、促进者角色，还是活跃的领导者角色，是治疗者角色还是每种角色中的一部分的组合。解释工作者的角色将有助于团体成员形成一定的概念，即团体成员期望从团体或者工作者那里得到些什么。

示例 17

工作者：在这个团体中，我的主要工作是帮助你们与他人进行更好的交流，无论你们在学校、在家里还是在与朋友之间进行交流时。我将确保这是一个你与他人交流安全场所，并会帮助你学会怎样解决问题。我会鼓励你们与他人交流，并会要求你们在一些不同种类的团体中练习，以帮助你们关注你们生活的不同领域，比如与父母的相处问题，社会交往方面的压力，或是与学校功课有关的问题。

示例 18

工作者：在这个团体中，我将介绍饮酒和应用非处方药物的危险性。我会给大家提供一些信息，然后让你们面对其他成员谈谈自己的反应、想法和疑问。我很可能会尝试让你们表达自己的想法和忧虑，不会像老师讲课一样只是让你们坐在那里听。这就意味着这是一个交流的团体，我希望大家每一个人都参与其中。

示例 19

工作者：我在这个团体中的角色，是要保证你们做出我们讨论的那些需要做的决定。我的参与会很少，也就是说，我不会提出我的观点和想法，因为我并不在这里工作，并不像你们那样了解你们的机构。我会鼓励你们彼此坦诚，也会试着让你们表达对这些问题的看法。同时我也会尽量明智地运用时间，这样我们每次会面都可以完成某些任务。

4. 使成员们有所吐露

在第一、第二次会面中，明智的做法是工作者应当尝试确保每一位团体成员都有表现的机会。工作者不应当强迫每个人都发言。相反，应当让成员们感到只要他们愿意就可以参与。如果成员感到他们没有机会说出他们的想法、情感或念头，他们就有可能感到自己被排斥在团体之外了。

在成长性、咨询性、治疗性或支持性团体的第一次会面中，如果可能的话，工作者应当让每位成员告诉大家一些情况，因为这有助于缓解置身于这样的团体中而引发的焦虑；它的重要性还在于成员们通常对其他成员很好奇，透露一些情况有助于团体成员们感到更舒适。但要注意的是，有些团体成员会由于感到不适或害怕而不愿在第一次会面时吐露大量的内容。

在第一次会面中，让组员们有所吐露，最好的两个办法是应用书写练习和轮流发言。轮流介绍、轮流发言，通常可以让每个成员都开口讲话；一些书写练习，比如完成句子或填表，是非常好的活动，因为当一个成员告诉大家他所写的内容时通常会感到相当的舒适，即便是其他成员要求他告诉的。

5. 解释团体规则

关于团体规则，有许多内容需要考虑：

(1) 规则是什么；

(2) 谁制定规则；

(3) 何时讨论规则，怎样将规则陈述出来，以及怎样让团体成员关注保密问题。请看下面的例子，这是一个治疗团体的第一次会面，已进行了 30 分钟。

示例 20

张明：我想听听李东是怎么想的，关于他的问题，他还什么都没说过。

工作者：我想在此插一句。我知道你们中一些人想听听别的成员的看法，但在我领导的团体中，我有一个规则，那就是不能强迫某人说话。所以，你可以说你很想知道别人是怎么想的，但不要把李东推到这个困境中，制定这条规则的原因是，我希望大家没有必要担心会被攻击或被单挑出来。对此大家有谁想谈点什么吗？（停顿几秒钟后）让我们回来继续谈论你们正在面临的忧虑吧！

在这个例子中，工作者看到提及规则的需要，并且以一种很自然的方式陈述了这条规则。通过将团体的注意力由李东转向规则再回到话题上，同时，工作者也解救了李东。当规则与活动两者发生关联时给予介绍，有助于团体成员们更好地记住规则。接着看下一个例子，这个团体正处于第一次会面的前半个小时，成员们正在讨论与参加团体有关的恐惧问题。他们正在完成一些句子，其中的一个句子是："在团体中我害怕的一件事情是……"。

示例 21

张明：我写的是"我害怕自己看上去很傻"。

工作者：那是一种非常普遍的感受。我可以想象，其他人也许会有相同的感受（一些人点了点头）。

李东：我写的是"有人会由于我所说的话而被其他成员攻击"。

工作者：我想对此谈几句。我想建立一个规则，没有任何一个人可以攻击其他成员。我们到这里来是为了倾听他人并向他们学习，而不是为了攻击那些与我们意见不一致的人。看看大家对于制定这样的规则有什么看法？

工作者制定这样的规则是为了让团体成员们关注“没有任何一个人可以攻击其他成员”，因为她认为对团体而言，这是一个非常重要的问题。再看下面的例子，这是第一次会面中期阶段的早期，一个成员说有件事情提出来讨论。很明显，他要说的是非常私人性的，他也是第一个真正说他想谈谈自己困扰的团体成员。到目前为止，成员们所谈的都是关于自己的“安全”的事情。

示例22

张明：我想告诉你们一件发生在工厂里的事情，我从来没有告诉过别人。

工作者：张明，在你说之前，我想谈一件非常重要的事情。刚开组时我们曾简要讨论过，我们应当为团体中的一切保守秘密。我想再次强调这项规则，因为很明显，张明要告诉大家一件对他而言很重要也很隐秘的事情。如果希望团体有信任感的话，我们就有义务为团体会面的内容而保密。大家都同意这一点吗？（环顾房间一周。）我将请你们每一个人回答是否同意我的想法。李东，你呢？

李东：是的！

工作者：王海，你呢？

王海：是的！

工作者：赵琴，你呢？

赵琴：我同意！

工作者：杨丽，你呢？

杨丽：我同意！

工作者：好，张明，让我们回到你刚才想谈的内容上。

6. 结束第一次会面

结束第一次会面和结束其他任何一次会面相似，除非工作者希望用更多的时间，来听听成员们的反应，澄清问题或其他任何需要澄清的内容。根据团体的类型，在第一次会面的结束阶段，工作者可以提出以下的问题：

（1）对于这次会面，你的感受如何？

（2）它和你所想象会发生的情况有多大的差别？

（3）对你而言，突出的感受是什么？

（4）团体中发生的事情，有什么是你不理解或不喜欢的？

（5）今天你从团体中学到了什么？

第二次会面时，由于工作者知道一些成员依旧会感到不舒适，工作者需要考虑如下问题。

7. 开始第二次会面，介绍新成员

开始第二次会面时，要考虑的两项重要内容是介绍新成员，以及对第一次会面作出正确的评估。

如果有新成员加入团体，那么以介绍活动作为开始通常都是个不错的主意。可以运用很多具体的方法，在下面的例子中，工作者介绍新成员的方式，将使新成员有机会听到前一次会面中所发生的事件，同时也了解到其他成员的姓名。

示例23

工作者：这是张明，上周他没有能够参加我们的会面。为了帮助张明赶上进度，我想请你们每个人用一分钟的时间，想出一两件与我们上周讨论的内容有关的，对你而言很突出的事件，然后我会请你们每个人发表看法。同时，请大家一定要说出你们的姓名。

如果第一次会面相当成功，而且大部分团体成员看上去都喜欢这次会面，工作者就可以计划，在一个简要的热身阶段后转向要会谈的内容。相反，如果它未能进展顺利的话，工作者就必须评估为什么会是这样。第一次会面不成功的原因可能在于：成员们害怕发言或谈话；成员们对团体目的的感到困惑；文化或性别问题阻碍了成员们的充分参与；工作者不清楚成员们的需求；成员们对工作者的反应消极；会面没有良好的计划。

相反，如果第一次会面不顺利，那么在做第二次会面的开始阶段的计划时，工作者可以有三种选择：

(1) 重述团体目的，不必谈及第一次会面中的消极事件；

(2) 阐述在哪件事情的处理上发生了错误，努力解释以后的会面不会像第一次会面那样；

(3) 引发成员们对一次会面的反应。

示例24

工作者：在这次会面开始时，我想听听你们对上次会面的反应，我觉得我们的第一次会面还是可以的，但我确信以后的会面会更好。请大家坦诚地说出你对于上次会面的任何反应或疑问。

在这个例子中，工作者使成员们有机会做出反应，这样他就可以用一种积极的澄清方式，来评论他们的反应了。

8. 为可能的失望做好计划

熟练的工作者会预见到，在第二次会面时可能会有失望。在第二次会面中，焦点自然地转向了对个人问题的谈论，成员们常常会为参与其中而感到焦虑。他们会变得犹豫不决，进而导致失望。这种失望常常会让刚开始带领团体的工作者感到焦虑不安。为了防止这种失望，工作者可以在第一次会面即将结束时，顺便提到下一次会面时，成员们很可能不会显示出很多的热情。如果合适的话，工作者可以给成员们布置一项任务，要求他们在下次会面前完成，这有助于使第二次会面更有趣，也可以激发团体成员较高的热情。

9. 结束第二次会面

工作者应当做出周密的计划，用额外的几分钟来结束第二次会面。在结束阶段，工作者应当留有一定的时间，倾听成员谈谈他们认为什么是有帮助的、什么是没有帮助的。随后，请团体成员轮流发言，描述他们对团体各方面的反应，这将是一项很有意义的结束活动，无论这些反应是积极的或是消极的。

示例 25

工作者：我想多用一些时间来结束今天的会面，这样我可以了解一下到目前为止，你们对于置身于这个团体的感觉，请大家思考一下在 1～10 的量表上，你会怎样评价这个团体。（接着，工作者解释量表的意义。）如果你的评分不是 10，想想要想让团体达到 10，我们应当怎样做？

张明：我给这个团体打 8 分。我想为了让它达到 10 分，我们只需要让大家感到更舒适一些。

李东：我给它打 10 分。我很喜欢今天我们彼此交谈的方式，这让我感到很舒适；我也很喜欢你让我们做的“列举事件”的练习，及以此作为会面开始的方式。

四、评估团体的技巧

工作者定期地对团体作出评估，可以给成员提供有用的反馈信息，让他们了解他们与团体的关系，以及最能满足团体成员需求的经验类型。

工作者可以对以下三个方面进行评估。

（一）对发生于团体成员生活中的变化作出评估

最为重要的一种评估，可能就是关于团体对团体成员的行为产生了怎样的影响。比如，学生们在学校里的学习成绩是否有所提高，或者学生们做出越轨行为的报告是否有所减少？参加团体后，夫妻们是否比以前有更有效的沟通？未婚妈妈们是否能够比参加此团体前给孩子们提供更好的照料？参加此团体的失业者是否比那些没有参加此团体的人更快地找到了工作？那些过去经受许多罪恶感、焦虑感、困惑感的成员们在参加完此团体后是否能够更好地应对社会生活？这些问题有的很容易回答，有的则难于回答。然而，以结果为依据的评估的需求正在不断增长。各种机构希望看到的资料显示，团体工作在引起行为的改变方面是有效的。

有些团体很容易进行以结果为依据的评估。对于另外一些团体，想要定量分析团体成员所发生的改变可能相当的困难。成员们的自我报告，是确定他们是否真正发生了改变的一种方法。在团体的存在过程中，工作者应当请成员们评论他们正在做出的改变。当然，成员们的评论并不总是真实的，但工作者可以从中了解到某种信息，即团体对成员们产生了怎样的影响。评估团体成员行为改变的另外一种方法，是让生活在成员周围的其他人给出更为客观的评估。这些外在的评估者可以是成员的配偶、父母，可以是成员的老师、实习导师，也可以是成员的上司、朋友，不可以是基层医务人员或个体治疗师。为了收集资料测量结果，工作者必须遵循以下步骤或程序：

(1) 收集团体开始前的资料，例如缺课的次数、在学校里打架的次数、在工作中误工的天数等。

(2) 确定这个特定团体的目标，比如学生能留在学校里，学生减少逃课的天数（或次数），学生成绩的提高，成员们戒烟或成员们找到工作等。对于某些团体，工作者可能需要为团体成员制定目标。当然了，针对不同的团体成员，要制定不同的目标。

(3) 团体会面时，工作者要将注意力集中于期望得到的结果上，允许成员们针对自己的目标加以努力。

(4) 制定一张关于成员们向既定目标前进的情况的表格，让成员们亲自填写。非常重要的一点是，这张表格应当包括有助于对团体活动结果进行测评的问题。

(5) 确定除了团体成员以外，是否还有其他人可以介入到评估结果的工作中来。如果有的话，要获得成员们的许可，并与他们联系。

(6) 在团体结束时应用表格收集资料。

(7) 为资料的追踪收集工作做出计划。可以在一定的时间后将表格邮寄给成员们，或是给成员们一些额外的表格，并请他们在指定的时间内将填完的表格送回来。

（二）对工作者自身作出评估

许多工作者在每次会面后都会进行自我评估。这样的自我评估通常都简单而直截了当。工作者需要回忆那些似乎特别重要的团体动力学情况，并评估自己在团体中的角色，在团体中的实际地位。例如，工作者会后悔地说，“我应当快一点打断张明的话，以防止团体变得如此不安”，或“张明攻击了赵琴，对此我却没有采取任何措施”。

在进行自我评估时，工作者可以扪心自问：“我是否严格地遵循了我的计划？”“当我偏离了我的计划时，是因为在那个时刻我想到了一个更为恰当的策略，还是因为我感到迷失了方向，或者是感到被团体压倒了？”“我能在多大程度上满足成员们个体的需要？”“团体中是否出现了我未曾计划或预料到的事情？如果我预先多加考虑的话，是否可以预料到这些情况？”“从这次会面中，我学到了哪些东西，可以让我在下一次会面时应用？”“在量表上，我怎样评定对这次会面的总体满意度？”“和我对上次会面的评定相比，这次的评定是偏高、偏低还是相等？”

工作者应当保留这些自我评估，并周期性地回顾它们，以观察自己所带团体的进展情况。如果在某些领域内，工作者感到自己没有提高，他就要对它们特别加以注意，或者是请求同事或督导帮助。

（三）成员对团体作出评估

让成员们评估团体会很有帮助。非正式的评估可以作为任何一次会面结束阶段的一部分工作来完成。工作者可以说：“在这次会面过程中所发生的事件当中，哪些对你特别有意义？”

在团体结束时，工作者可以运用有效的评估表格，这类表格应当包括以下问题，以及一些对特定群体的具体问题：

（1）你参加这个团体，获得的最重要的东西是什么？

（2）哪项活动、讨论或者话题让你印象最深刻？

（3）对于这个团体，你最喜欢的是什么、最不喜欢的是什么？

（4）你认为什么可以使这个团体对你更有价值？

（5）哪件事情，如果工作者用不同方式处理的话，可以使这个团体对你更有价值？

工作者在阅读成员们的评估时应当谨慎。有些团体成员可能不喜欢工作者，从而给出不真实的反馈；有些团体成员可能有一些需求等待满足，所以只给出积极的反馈；有些团体成员给出不真实的反馈意见，是因为他们感到自己受到威胁，或是他们为工作者担忧。例如，假设工作者不停地问他们是否喜欢这个团体，或者这个团体对他们是否有所帮助，成员们可能会认为工作者在期望正向反馈，因而不愿意提出建设性的批评意见；有些团体成员形成了一种可以称为“追星族”的心态，他们对工作者权力的认同是如此强烈，以至于无论团体中发生了什么情况，他们都相信那是为了团体的利益。寻求积极反馈是一种天性，所以这样的反馈信息会诱导工作者以为他们的团体棒极了，而实际上可能存在着一些有待改进的问题，甚至是一些非常严重的问题。

第二节　团体社会工作者的干预技巧

本节我们将更加详细地讨论工作者的角色。有些学者认为温暖、尊重、同理心、真诚、自我表露、倾听的能力是最基本的技巧。在上一节中，我们也已经就此做过阐述，认为这是每一位工作者都应该具备且发展的技巧，除非工作者能够结合这些人际关系的技巧，并能有效地运用，否则会让他发展出来的技巧变得肤浅，具有操纵性甚至无效。

工作者采用何种干预方式可以增进互动，怎样使团体成员的生活产生有意义的改变，这是本节讨论的重点。

一、领导的作用

在团体工作过程中，工作者的作用是非常重要的，其作用包括：分享专业技巧以及作适当的行为示范。作为一位有水平的专家，工作者提供给团体成员信息，问他们问题，以及给团体成员指引明确的方向；作为一位参与示范者，工作者运用自己的内在过程及反应，帮助团体成员不断挖掘有利于自己成长的潜能。

有能力的工作者保护团体中的每一位团体成员，使其避免受到没有帮助的面质，也避免从其他成员处得到过多的支持及过度的自我批评；有能力的工作者明确允许每一位团体成员尝试新的行为模式，探索在团体中的感觉，做出诚实反应，以享受团体带来的乐趣；有能力的工作者拥有潜能，因为团体成员对他的技巧、知识和敏感度充满信心，这将使工作者提供的保护变得非常可靠。潜能，是工作者促使团体作更深入的互动，并且是进入真正治疗过程的一个关键性因素。

要真正使团体达到治疗的效果，工作者必须是真诚的、率直的、有人性的，而不是一副专家的样子。工作者必须能够真实地了解挫折与满足、兴奋与关切、愉快与痛苦。一个工作者的作用是要采取行动，使团体成员对于团体目的及目标达成一种共识。这些行动绝不是提供一套现成的方法，而是基于工作者专业训练、理论基础、人格特质等，所必须采取的干预。

二、引导互动

工作者最基本的作用，是引导和促进团体成员产生互动。在团体刚开始的阶段，或新成员加入一个已经存在的团体时，这种意义上的领导作用尤其重要。比如，有时候，团体成员对他们的角色不清楚，并且因为害怕被误解而导致言行有所迟疑，他们希望向工作者寻求一些特别的答案；除此之外，他们也可能想分享一些有关自己周围成员的信息，但又因害怕被认为是攻击性的或是爱管闲事而犹豫不决。

在团体初期，为了使团体朝目标前进，并且帮助成员与成员之间形成良好的互动，工作者需要扮演较为主动的角色。工作者应该带领团体讨论如下内容：团体的目的和目标，团体成员对于团体的意义，工作者自己的角色，以及团体成员将能够从团体中得到什么。他们也应讨论团体的规则以及一些重要的主题，例如活动、出席、冒险、隐私权、自我表露等。

工作者若能让团体成员感到舒适和安全，那将可以促进团体的互动。比如，工作者向成员指出卫生间、电话的位置，讨论食物或小点心的取用，都可以透露出工作者的体贴、细心和亲切。工作者也必须确定会议室环境的安排是否能够确保适当的沟通。例如，以圆形的方式安排坐椅，要比方形或椭圆形的方式更能鼓励成员与成员之间的互动。

工作者可用一定的方式来鼓励团体成员，比如谈论他们的问题，只要这种方式能够解决问题，而不一定要用直接回答问题的方式来讨论。他能够反映个别成员的感觉，在互动过程中找出不是非常明显的沟通形态。工作者为其团体成员解释成员之间的沟通形态，并且提出导致成员失败的行为；鼓励成员透过他人的眼睛看到自己。

（一）联　结

联结是一种技巧，指的是将个别成员沟通中的相同要件连接在一起，用来帮助成员彼此之间有更紧密的认同。它的目的是降低成员之间分离的感觉，增加团体的凝聚力。例如，在第一次活动期间，我们可以邀请成员分享他们在参与团体时的感受是什么？

示例 26

工作者：大家能不能谈一下，当你进入这房间时，你的感觉是什么？

张明：我当时真的很害怕。说真的，我想你们是不是都疯了。

（工作者看见李东在点头。）

工作者：李东，你在点头？

李东：我也有同样的感觉，我在想你们这些奇怪的人不会比我还疯吧！

当对于相同议题有不同的看法时，联结有时候也可以起作用。

示例 27

工作者：王海和赵琴似乎同意这个团体应该扩大，然而杨丽和刘英想要维持我们团体目前的人数。

将团体成员联结在一起，增加做有意义沟通的可能性，显示团体成员之间有共同关心的问题，促使成员互动，并增强团体的凝聚力。

(二) 阻　止

阻止是一种干预的技巧，指的是避免团体或某些成员做出不好的、不合情理的或不适当的行为。这种行为包括：干涉别人的生活，总喜欢讲很长的故事，一直向别人问问题、攻击他人等。

示例 28

张明：上一次活动期间，李东愤怒地离开团体，现在他不在这边，所以我们不能发现到底错在哪里，我真的对他很生气。

(团体成员们同声表示同意。)

王海：对他在遇到挑战、不能忍受时就出走，我也很生气。

工作者：我听到很多不满，我可以去了解。李东需要听到你们的反应，但当他不在这里的时候，我们谈他是不公平的。让我们等到他回到团体，然后你们每一个人可以告诉他你们的感受。

阻止也可以是工作者保护团体成员的方法之一。有时候当团体的压力过大而不具有治疗性时，就需要工作者来保护团体成员。阻止经常被用于保护团体成员，避免团体成员受到不适当的批评，而成为替罪羔羊，或被他人伤害。例如，当一个团体成员不断地否认，其他成员坚持要求他必须解除这个防卫时。

示例 29

张明：李东，你从不承认自己的错误，你就像是一块干肉片。(很明显，张明表现出攻击行为。)

工作者：等一下，张明，李东让你感到挫折，但你可不可以用其他方式，而不是用侮辱的方式来表达你的感受？

(三) 高　限

有时候工作者在关键时刻必须设定好界限，设限使得团体在团体互动中有架构，避免逾越团体的规则，或偏离团体的目的与目标。

示例 30

工作者：在报到的时候，让我们以不超过三分钟的时间，说一件已经发生的事，即一件今天的麻烦事。

当我们阻止或限制某些无效的行为时，敏锐、坚定和直接是非常重要的。我们也需要考虑个别成员的反应、团体全体成员可能的反应以及我们自己的意图。

三、融　合

融合是指工作者通过聚合或结合的方法，简洁、有条理地对成员之间的差异进行处理。这个过程可能是超越成员们的意识层次的。融合可以通过以下几种方法得以实现。

（一）综　合

综合是指将成员口头的或者非口头的沟通内容，即他说的和做的事情进行横向或纵向的联结，借以指出他们的某些重复的行为，让他们看到一个成员谈到的四个或五个他自己觉得并不相干的事情之间却有着某种内在的关联。如此，成员会在过去的事件中领悟到新的意义，更清楚地看到自己隐藏在内心中的想法和感受，因而能够更了解自己。

示例 31

工作者：小强，我发现你的发言中经常出现生气这个词。团体刚开始的时候，你说你对父母要你来参加团体很生气；两个星期前，你说你对学校里的事情看不惯，对同学和老师很生气；上周，你对团体活动很生气；刚才，你说你对我也很生气。把这些事情串起来想想，你觉得对你有些什么意义吗？

做这样的联结，需要工作者能够回忆起成员曾经说过或做过的事情，并且从个人的生活事件和感受中，寻找那些共通的、转折性的线索。就像听交响乐一样，初听好像只是不同的片断，但听了几遍之后，会突然领悟和发现其中的基本主题和形态。其实那个形态一直在那里，我们只是需要用心去理解、捕捉和意会罢了。

（二）摘　要

摘要是指工作者简明回顾团体过程中成员们讨论过的核心问题和重点。一般而言，摘要在团体会面即将结束时十分必要，这种方法可以将不同的线索串在一起。在团体过程中，成员们常常是一心一意地聆听细节，分享感受、想法，而忽略了对整个事件的洞察。工作者所做的摘要，可以帮助成员了解团体中发生了什么事情。

示例 32

工作者：一个半小时已经过去了，我们讨论了很多主题。让我们一起回顾看看。我们讨论了家庭对我们的影响；讨论了我们和父亲母亲的关系；我们也讨论了如何和我们最亲近的人相处；讨论了得和失之间的关系；讨论了工作和家庭的关系。在这么多看起来都挺重要的主题里，哪一个是你想更深入地讨论的呢？

摘要也可以用在聚会的中间阶段，它提供给成员们一个机会，对当下发生的事情有时间和机会深入下去。

示例33

工作者：我们就公司的管理制度已经讨论了40分钟，大家尤其是对公司无休止的加班、管理层的强硬态度、没有人情味而不满。现在我们还有50分钟，在我们进入其他主题之前，谁还有在这方面想说还没有说的事情和感受？

此外，在每一次团体的开始阶段，对上一次聚会讨论的主要内容进行摘要，可以帮助成员回忆团体以前发生的事情，也可以帮助上一次缺席的成员了解团体中发生的事情，可以增强团体的联结和整体感。

示例34

工作者：上一次聚会，我们已经开始讨论有关团体结束的问题了。有些成员觉得很难过，不喜欢这种分离的感觉。有些说感觉还好，因为天下没有不散的宴席。这其实听起来也不太好（笑）。大家在上次聚会后有没有继续想过这个问题？谁想对上次的这些情绪做些陈述，或者分享你的一些特别的想法？

（三）分类化

分类是指工作者将团体成员的问题或关心的事情分解成比较容易处理的单位，使其不至于太过复杂。

示例35

小清：最近倒霉的事情好像接连不断。我姐姐上个星期确诊为癌症，这个星期必须住院动手术了。我丈夫最近又下了岗，一天到晚心情不好，在家里睡大觉，每天还得等我回来做饭。我一说什么，他马上就发脾气，说想过就过，不想过就离婚。儿子在学校又闯了祸，昨天下午老师打电话到我单位，说儿子在学校调皮捣蛋，影响别人学习，不行就领回家里算了。昨天晚上回到家，我把最近积压下来的火统统发泄在了儿子身上，对他真是一顿暴打……（哭）。你说我这样的日子还有什么过头，真想一头撞死算了。

工作者：这么短的时间里发生了这么多难以处理的事情，听起来好像周围也没有谁能够帮助你，的确是很困难。我不想忽略你刚才谈到的任何问题，不过我们可以一件一件慢慢来。你和丈夫的关系似乎比较适合团体正在讨论的主题。我们可以先从这件事情开始吗？

四、对　　质

对质是指工作者出于助人的目的，在适当的情形下，对成员言行的不一致、内在冲突的外在表现、对成员试图逃避的事情等做出挑战，带领成员或整个团体对成员的软弱、盲点、内心矛盾和冲突做直接的接触。

由于“对质”这个字眼含有生气、敌意、不舒服和攻击等意思，给人以困难、冲突、不舒服的感觉，一些工作者可能更喜欢温暖、亲切可爱和照顾人的工作风格，而不愿意去与成员对质。但是，一些研究发现，因为工作者不愿意与成员对质，使得团体没有效力，成员的很多重要的问题不能被真正地发现和处理。团体运行过程中，对质可以是多种形式的。

（一）对质团体

对质一个团体，主要集中在对质团体的主题和过程上，尤其是团体的沟通形态、角色、抗拒和决策。工作者的目标是增进团体的互动，改进成员沟通的方法，并且提供成员进行事实验证的环境。工作者必须帮助成员，保证团体的主题和焦点都是围绕着团体的目的进行的。

这里是团体运行过程中经常被对质到的一些主题：团体看起来很热闹，但实际上没有效力；团体成员不愿意做决定；团体成员对质领导者的权威；有成员成为代罪羔羊；团体没有能力做决定或解决问题；成员受到限制感到不舒服和挫折；成员没有感觉、心不在焉、冷漠；成员分离和失落。

在对质整个团体时，工作者应该强调对团体过程的特别关注，对质造成团体产生障碍性的互动，努力使团体成员更加亲密。工作者对团体整体的对质，其注意力应该放在成员之间的关系，而不是成员本身。应该注意此时此刻。

（二）对质个人

在团体中对质个人，主要是帮助团体中的个人检查其行为、沟通方式和想法，个人对团体和团体内的成员的认知、情感和行为以及个人正在发生的改变。团体经过一定的发展，会形成一个小的社会。这个社会和外界社会一样充满各种各样的互动，不过成员在团体里面会表现出更多的真实和诚实的自我。因此，在团体里，成员们会互相看到每个人事实上正在发生的行为，而不仅仅是成员描述的个人的过去的事情。此外，团体里也会反复出现各种关系形态，工作者可以做出直接的观察和及时的处理。当团体更成熟、成员变得更自在的情况下，不仅工作者可以对质成员的行为，成员之间也可以互相对质和挑战。信任的气氛，会使成员更愿意冒险，表达更真实的（包括各种痛苦的）感受，并且更愿意尝试新的和有效的行为。

对质个人需要注意选择合适的时机。如果成员有足够的力量，对质可以帮助他（她）运用资源，突破个人现在的限制和想法，重构个人的价值。但当一个成员正处于困惑或危机的时刻，对质可能会加剧个人的危机状况，给成员造成伤害。

对个人的对质主要表现在以下几个方面。

1. 个人的矛盾的言语与非言语行为

成员有时候说的和做的是不一致的。例如，成员说："我的确很想改变"，却经常不参加团体的聚会；成员说："我一定要把烟戒掉"，没有五分钟，却又点上了一根；成员们说："我们觉得团体很有用，对我们的确很重要"，但是在团体中不想说话或不想有所贡献。

2. 被扭曲的事实

成员经常会扭曲事实来满足自己的需要。例如，很多成员常常出现的一种无能为力的感觉，觉得自己不论做了怎样的努力，还是不能使事情有所改善，因此他们认定或相信自己没有能力控制任何事情，相信自己在生活的各个方面都是失败者，相信这种情形将无限制地持续下去，不会因为任何情境或时间的变化而有所改变。工作者在对质这种情形的时候，需要让他们看到并相信，他们并非真的一事无成，他们有潜能、有力量，可以对自己的生活负责。而他们认定的所谓失败，是因为事实上他们并没有真正朝他们所希望的方向去努力。

3. 阻抗

在团体工作中，阻抗是指团体的成员试图保留不健康和非适应性的行动方式，为抗拒改变而发生的针对团体和工作者的对抗行为。这种行为可以表现为语言的或者非语言的。例如，成员将椅子与其他的成员分开，摆出与其他人保持距离的姿态；拒绝在团体中分享感觉和想法，打击团体的热情。一个成员的阻抗可能会影响整个团体的效力，因此，工作者必须对这些阻抗做出处理。依据成员的个性和问题，阻抗的形式可能是多种多样的，如过分垄断团体，在团体里说滑稽故事，赞美工作者，总是从重要的话题上跳开，焦点集中在团体外的人物和经验，表现出无助或无力，不愿意挑战其他人，过分沉默、无精打采，询问工作者或其他成员的私生活和感情，责备工作者不敏锐和不够关心等。工作者需要能够识别这些现象，并成功地做出处理，否则，团体可能会陷入僵局，使团体变得支离破碎或瓦解。不过，面对这些情况，对质并不是要工作者采取反对者的姿态，而是应该加入到成员中，为成员提供支持，减少他们的害怕心理，鼓励他们探索为什么会有这些表现。伯珍特（Bugental，1978）提出工作者在处理阻抗时可采用三个步骤：第一，尽量以没有威胁的方式，让成员把注意力放在他所表现的行为上；第二，确认这个行为，并找出适当的前后关系；第三，邀请成员探索这个过程，即检查他们正在做什么以及为什么会如此做。这种探索的邀请，应该是一种支持的、非辩解的、没有防卫的。工作者的态度是没有判断的、是好奇的而不是批评式的。工作者和成员建立的是一种合作联盟，在这个联盟里，成员可以开放性地获得成长的经验。

本章小结

团体社会工作的技巧是从工作者在团体工作的临床实践中得来的，是通过对团体工作基本理论的不断积累和丰富而逐渐形成的。工作者以其团体工作的专业理论和知识为基础，通过不同类型团体的实践活动和经验过程，发展和创造了一些可以在团体活动中运用的专业技巧，这些技巧对团体工作的有效实践具有积极的和十分重要的作用。

一般性技巧是指工作者所应具备的基本技巧，或者说是工作者应当具备的基本素质。建立关系的技巧包括：基调的设置、鼓励和支持、眼睛的应用。有效沟通技巧包括：同理心的运用、澄清、真诚表达、积极地倾听、自我流露。组织会议技巧包括：做好会议的安排、掌握会议的进程、与会者的积极参与、会议精神的传达和贯彻。评估团体的技巧包括：对发生于团体成员生活中的变化作出评估、对工作者自身作出评估、成员对团体作出评估。

工作者的干预技巧包括领导的作用、引导互动、融合、对质。

思考题

1. 简述建立关系技巧的几个方面。
2. 组织会议技巧包括哪几个方面?
3. 你怎样认识团体干预技巧中的对质?
4. 使用团体社会工作的技巧的最终目的是什么?

推荐阅读书目

[1] 林万亿著．团体工作．台北：三民书局，1995.
[2] 曾华源著．社会团体工作．台北：红叶文化事业发展公司，2000.
[3] 林万亿著．团体工作：理论与技术．台北：五南图书出版公司，1998.
[4] 林孟平著．小组辅导与心理治疗．香港：商务印书馆（香港）有限公司，1994.

第九章

团体的筹划工作

要点提示

需求评估和目标确定；团体成员的选择；组成团体应考虑的主要因素；团体方案的内容、设计原则和设计步骤。

团体是不断成长、发展、变化的，尽管不同的团体其具体发展过程千变万化，但一般来说，都可以发现并划分为相同的一些阶段。团体工作过程是依据团体发展的一般模式，以及社会工作的目标、价值、技巧与理论基础而发展出的一套可以运作的程序。团体筹备称为计划目标和接案工作或酝酿和计划阶段。该阶段活动的成功，将会对团体的过程与发展产生很大的帮助。所以，对一位团体社会工作者来说，该阶段目标和方案的设计是一项重要的基本功，也是决定团体成败的关键性工作。

第一节 团体筹备

组成团体前的准备工作阶段称为团体筹备，也有人称为计划目标和接案工作或酝酿和计划阶段。此时工作者处于中心位置，扮演着基本角色，处理各种事务。

一、需求评估和目标确定

（一）需求评估

工作者成立一个团体的想法，在团体的第一次聚会之前就产生了。这种想法可能由工作者、机构主管、社区居民或成员提出，提出的原因大部分是由于存在问题和成员的需求。根据我们的经验，用团体工作的手法帮助成员，是基于对问题（需求）的评估。

在需求评估过程中会出现两种情况：一种情况是机构要求组建团体，工作者自己也经历过团体工作的培训，认为团体工作方法是最有效的助人方法。因此认为，成员的问题最适合用团体工作的方法解决。

示例1

小王是社会工作专业的毕业生。他认为团体工作的方法既经济，又可以用群体压力解决某些人的行为问题，所以，他认定团体工作的方法是最有效的。现在他在一个社会福利机构工作，发现社区有一些“问题青少年”，他们经常逃学，聚众滋事。小王自己认为这些孩子的问题具有同质性，都是行为问题，适合用团体工作的方法。小王觉得自己喜欢团体工作，也具备团体工作的理论技术。于是，他就选择了团体工作的方法去帮助这些“问题青少年”。

以上示例很清楚地表明，所谓需求不是服务对象的需求，而是工作者自己的需求。用这样的态度和方法去评估需求其实是当前社会工作主流的“专业需求”评估。当我们忽视服务对象的需求，以工作者或方法为本做出一项介入决定时，这样的介入效果就可想而知了。

另外一种情况是利用我们极力推崇的需求评估方法，以服务对象的需求为本，通过与服务对象的接触，建立信任关系，评估他们的真实需求，在此基础上制订介入计划。

示例2

一位社会工作者写道：许多年前，当我检查我的服务对象资料时，我惊讶地发现，在当时每个星期前来找我做个别咨询的服务对象中，有许多是遭遇离婚的妇女。虽然这些妇女的年龄、受教育程度和生活形态并不相同，她们却有一些共同的重要特征。第一，她们都有一些轻微的沮丧，但都维持着起码的心理健康；第二，这些妇女在经济上都有一些困难；第三，她们在满足孩子的需要上都有困难；第四，这些妇女在她们过去的生活中都曾经遭到男人的遗弃，这也影响她们与其他人的关系。当这些妇女被个别询问是否有兴趣成为团体的一员时，她们都表示乐意参加。

示例3

小刘最近参加了“世界某流浪儿童保护中心”工作，工作的重要内容就是评估流浪儿童的需求，制定介入方案。小刘用了两个多星期去和流浪儿童接触，她甚至与孩子们一起捡垃圾，一起吃饭，到他们的住处和他们一起玩耍。没想到奇迹发生了，孩子们从开始的防备、躲避，到现在接纳她，并把小刘当做自己的朋友看待。小刘听到了许多流浪儿的真实故事，包括他们被成人利用、被警察收容、被他人歧视等经历，也听到了许多孩子对学习、家庭、爱等的真实期望。由此，小刘找到了孩子们的真实需求，她决定帮助这些孩子。

工作者通过与服务对象的“同行”，评估他们的真实需求。所谓“同行”就是要求工作者走进服务对象的生活，与他们建立信任关系，去聆听那些被忽视的声音，去体察他们的生活处境和他们对自己需求的理解。当工作者和他们建立信任关系时，就开始走进他们的生活世界，此时，工作者就会加深对他们的理解。这种理解就是评估他们的真实需求的开始。

以上三个示例充分说明，要找到服务对象的真实需求就必须深入认识他们，与他们“同行”，当信任关系建立起来时，真实需求就自然地呈现出来了。而工作者只有找到服务对象的真实需求，才有可能真正地帮助他们，而不是满足自己的需求。

其实，这个过程就是评估潜在团体成员：收集潜在团体成员的资料，包括潜在成员的需求、所关心的事和问题，将这些信息和团体目标对照，看是否需要修改目标。此外还应该评估潜在团体成员的兴趣和专长，以便团体成员有一个理想的组合。

团体的需求评估实际由资料收集、资料分析、介入计划三个步骤组成。收集资料主要是通过访谈、问卷、量表、文献回顾、机构资料查阅等方法，收集各种有关团体和潜在成员的资料。特别要关注组前访谈和机构资料中的重要资料，这些是发现成员真实需求的珍贵的第一手资料。资料分析非常关键，一般量表可以借助计算机软件进行分析，计算出变量之间的关系和概率等，成为介入计划的科学依据。许多访谈资料要通过定性的方法进行归纳分析，以此发现成员的特殊需求，并基于资料分析而制定出切实可行的介入策略。

（二）目标确定

工作者找到服务对象的真实需求后，确定目标就是“水到渠成”的过程。此时工作者需要思考许多问题，包括由谁决定是否实施团体工作，自己是否有足够的时间、精力和技术来承担团体工作，机构和社区的资源如何，如何招募和领导成员等，从而为制订计划打下基础。工作者必须将团体的目标加以概念化，即思考团体将协助成员达到什么目标，回答工作者的目标是什么，成员的目标是什么，机构的目标是什么，团体的长期目标、中期目标和短期目标是什么，为达到目标召集多少成员合适，为了达到目标团体的聚会要多长时间，采取何种方式达到目标等问题。

每个人参加团体都有自己的需要，工作者组建团体也有自己的期望，机构有自己的宗旨需要遵循，有总目标，也有分目标……我们可以分出五个团体目标：协议目标（contract goals）、沟通目标（interaction goals）、过程目标（process goals）、实质目标（content goals）、需求目标（need goals）。

1. 协议目标

协议目标是团体的总目标，是成员希望参与团体能够达到的基本目标，是比较宽泛的，不是具体的目标。例如，在示例3中，针对流浪儿童组建一个支持性团体，其总目标就是“为流浪儿童创造一个安全、温暖并促进其成长的环境，通过团体工作向他们提供必要的物质支持和使其分享同伴经验，提高孩子们应对环境的能力等”。

2. 沟通目标

沟通目标是一个分目标，强调互相沟通，通过成员的自我剖析和彼此分享，给成员以支持，为总目标服务。例如，流浪儿童支持团体的沟通目标是“鼓励儿童们在团体中开放自己，信任别人，坦承自己的困难，以得到他人的支持”。

3. 过程目标

过程目标是在团体各个阶段的分目标。因为在每一次聚会中团体都会产生一些新问题，这些问题（需求）催生了过程目标。由于过程是动态的，所以这个目标只会在过程中产生，很难预先设定。比如，流浪儿童在第一次聚会中希望团体可以解决他们面临的安全问题（如经常被警察收容），于是，这个问题可能就会成为团体下一次聚会时的一个具体目标。

4. 实质目标

实质目标就是团体的目标范围。实质目标其实限制着团体的功能，团体必须在这些目标范围内工作，不能超越范围。比如，流浪儿童支持团体的目标范围只限于对流浪儿童的物质和精神支持。

5. 需求目标

需求目标是指个别成员的特殊需求，他们希望在团体中达到的个人目标。一般个人目标与整体目标是一致的，因为目标的设定就是来自个人的真实需求。但由于个体的差异，每个人都有自己的特殊需求，有时需求与总目标会冲突。这时个人要服从总目标，但一定要在团体过程中留意个人的期望和问题等，并对总目标作出修订。比如，我们发现有的流浪儿童被“黑社会”操控而犯罪，这时团体也要对这个问题有足够的重视。

总之，确定目标是团体筹备的重要一环，只有目标清晰，才能有的放矢地开展工作。但我们一定要清楚目标的确定是一个动态的过程，绝不能使目标僵化，相反，在团体过程中不断地对团体目标作出修订，这样才能最大限度地帮助团体成员。

目标不是一个，而是许多个，我们应该处理好各种目标之间的关系。实际上，很多时候工作员制定的目标与成员需求之间有很大的差距。

示例 4

在流浪儿童支持团体中，工作者由于受到专业影响，很注重“维权”和“意识提升”目标。所以，在流浪儿童的前期聚会中，工作者极力推动孩子们关注自己的权利，特别是读书的权利等，而这些目标对许多初次来这里的孩子来说太遥远，没有吸引力。孩子们关注的是这里有什么好玩的游戏，有没有食物、药品，这里是否安全等问题。所以团体中工作者的目标与孩子的需求产生很大差距。

上述示例非常典型，工作者认为重要的是价值观（权利等），而这些流浪儿童的现实需求是生存和游戏，孩子们有自己看重的东西。我们的团体目标要符合成员的真实需求，工作者应该像示例 3 显示的那样去寻找成员的真实需求。成员的需求会随着时间和空间的变化而改变，所以，需求评估贯穿于团体工作的整个过程，工作者应该有能力随时调整团体目标，以便最大限度地满足成员的需求。

二、团体成员的选择

当目标确定后，下一步就是组建团体、组前面谈和聚会前的准备了。

（一）组建团体

在组建团体时，工作者必须确定以下几点。

1. 团体的成员选择条件

团体成员需要有相似的个人目标和个人特征。一般团体的成员最好有同质性问题，需求层次相当，避免异质性太大。在一个团体中（尤其是治疗性团体）成员所面临的问题和需求最好能基本相似，这样才有利于成员分享和互动。相反，如果成员之间的问题和需求差异太大，相互沟通就比较困难，工作者也难以提供有效的援助。

团体成员应该有不同的专长、技能和经验，成员的能力和团体经验会影响团体过程。成员曾经参加过的团体的性质、次数等，将影响成员彼此之间的投入程度，有些成员过去的经验也会影响其加入团体后的行为，甚至影响其他成员的行为。在选择成员时工作者要考虑到成员的经历和专长，以利于团体互动和分享为原则。工作者还应该考虑成员的年龄、性别、民族、居住地域等因素。

2. 对团体结构的控制

工作者对团体的互动结构和物质结构的控制应该适度。一方面工作者对团体活动的设计和沟通模式的形成应该主动掌握，对团体的规模、聚会的频率等外部结构要素要能够充分把握。另一方面，工作者也要善于引导成员参与对团体结构的控制，对于上述问题应该商讨解决。团体结构会随着团体的性质和目标的改变而改变。

3. 对成员开放的程度

工作者应该考虑团体对新成员的开放程度。根据团体的性质和目标，工作者必须选择团体是“开放的”还是“封闭的”。开放性团体是在团体过程中的任何时间都允许成员加入和离开，一般社会目标模式的团体都具有很高的开放度。封闭性团体从团体聚会开始到结束都是相同的成员组合，不会随时间的变化而增加或减少成员人数。一般说来，深层次的互动关系和一些特殊的治疗关系都是在封闭的团体中进行的。

4. 自愿或非自愿加入团体

如果团体成员自愿加入团体，他们参加团体活动的动机较强，对团体目标的认同感就强。但许多时候成员是被迫加入团体的（比如针对吸毒者的团体），他们的动机很弱，而且很抗拒。工作者应该鼓励成员参加团体活动；帮助他们认识参加团体活动的重要性；允许他们讲出内心的感受；明确告诉他们什么能做、什么不能做；尽最大可能帮助他们。

5. 团体规模、空间和时间因素

工作者应该在团体聚会前考虑团体人数、时间冲突、交通不便、场地限制等因素。要能够根据相应的团体规模提供合适的场地；要在聚会前考虑成员的时间、交通等状况，为成员的聚会找寻合适的时间和地点，以期让成员达到加入团体的目的。

（二）组前面谈和聚会前的准备

工作者通常通过报纸、杂志、广播电视、招收简章、个别通知等形式来宣传团体开组的消息。传播的对象应该是潜在的服务对象和预期的成员，而且不应该限制人数，以免淘汰率太高、成员不足。

1. 开组前的面谈

一般在团体第一次聚会之前，工作者都要进行组前会谈。会谈可以是一对一的，也可以是座谈会或报告会的形式。在进行面谈前，工作员应该准备一个面谈提纲，通过面谈应该达到以下目的：

（1）全面了解潜在成员的个人情况，了解其参加团体的动机和目的，为制订团体工作计划奠定基础；

（2）向潜在成员宣传团体，使他们了解团体目标，畅谈对团体的期待；

（3）达到角色引导（就是向潜在成员澄清角色期待）、澄清目标、认同协议的目的；

（4）声明团体第一次聚会的时间、地点和内容等；

（5）建立良好的信任关系，进一步评估成员的需要和意愿等，确定成员是否有参加团体的资格，筛选出适合参加这个团体的成员；

（6）对那些不适合参加团体的人，工作者应该及早发现，以确定是否转案或采取其他帮助他们的方法。

2. 聚会前的准备工作

经过面谈基本确定成员后，工作者还应该做好下列准备工作：

（1）工作者应该仔细考虑聚会的时间、地点。尽可能有一个固定的聚会场所和时间。会场的布置应该以能够使成员认同为标准。例如，可以放置一些标志物和艺术品以激发成员的投射作用。房间应该能充分提供活动之用。如果房间太大，工作者就应该事先进行隔离；如果房间太小，会使成员感到焦虑和压抑。座位的安排，习惯上是围成一个圆圈。有时为了加强互动，可以面对面地安排座位。有时也可以将座位安排成会议室状，这样有利于工作者更好地传达意图。座位的距离应该有弹性，成员可以根据自己的爱好和心理感受自由调整。房间内的设备应该提前准备好，如粉笔、道具、游戏器材、运动器材等都应该在活动开展前准备妥当。在治疗性团体中应该准备好椅子和地毯，在治疗情境中可以自由发挥。团体活动时间应该是固定的，一方面次数不应该过多，一般每周一次为宜；另一方面，每次持续的时间不宜过长，视不同团体而定，一般每次45分钟至两小时为宜。

（2）工作者应该做好人事分工。比如，由谁来负责接待（接待者要懂得基本的礼仪、礼节），由谁来负责发放基本资料（关于团体具体情况的宣传资料等），由谁来负责解答询问等，都应该安排专人负责。

（3）做好告知成员参加聚会的通知工作。一般在聚会之前应该用书面或电话通知下列事项：第一次聚会在何时何地；第一次聚会的主题是什么。预定成员应该在通知中知道自己有很大的余地可以选择。

（4）工作者应该在团体聚会前有一整套实施方案，并有备选方案。

在此阶段中，工作者决定是否要成立团体，团体要做什么，谁参加团体，团体在什么时间、地点开展工作等。

三、组成团体应考虑的主要因素

组成团体是团体筹备阶段的重要工作。要组成一个良好的团体，必须了解影响团体组成的主要因素。

组成团体时应考虑的因素很多，归纳起来主要有以下几个：

（1）年龄组成。随着人们年龄的增加，其社会关系、互动模式、社会敏感度以及社会经验都会相应地增加，所以，不同的年龄层意味着不同的团体工作模式。从成员选择来看，工作者要注意成员的年龄，总体来说，成员的年龄差异不宜过大。年龄差异太大，就难以产生共鸣。

（2）性别。团体通常分为两大类：单一性别团体，即由男性或女性单独组成的团体；混合性别团体，即由不同性别的成员组成的团体。混合性别团体又可以分为三种，第一种为性别悬殊团体，指某一种性别比例偏低，如15:85；第二种为性别倾斜团体，指团体的性别比例不是很均衡，但也不是非常悬殊，如25:75；第三种为性别等量团体，男女比例相近，但并非绝对相等，如4:6。在某些特定的团体中，成员性别相同会更有利于团体的发展。但是也有一些情况下，男女混合组成更有利于团体的成长。阿瑞斯研究发现，一个团体性别的组合与团体的功能和结果有很大的关联。团体性别的组合不同，他们在团体中分享的内容也有所不同。在全部是男性的团体中，倾向于讨论竞争和地位等话题。在全部是女性的团体中，成员倾向于表达彼此之间的关心，讨论她们自己、她们的家庭和她们在团体外的关系。在一个混合性别的团体中，阿瑞斯发现不同性别之间的互动多于同一性别之间的互动，且较单一性别的团体显得兴奋。女性在混合性别的团体中较在只有女性的团体显得被动。

（3）文化程度。文化程度往往与年龄因素有密切的关系，尤其是对儿童和青少年，个人就读的班级往往是工作者要密切注意的。这是因为在成年人当中，三十多岁的成员往往可以与团体中二十几岁的成员相处得很好，但是若一所中学里初中一年级和高中三年级的学生组成一个团体，就会在工作上产生困难。

（4）成员以前是否参加过团体。若有人曾经参加过其他团体，就会有意无意地帮助团体发展。因为他们在以前的团体过程中，或多或少学会了团体互动地原则，这样团体过程可以进行得较流畅。但是也有这样一些情况，以前参加团体的成员会对后来参加团体的成员产生负面影响。例如，当成员对团体的态度不正确，甚至是反感时，就会成为团体发展的障碍。

（5）民族。在组织团体时，成员的民族状况一般不会影响团体工作过程，但是一些涉及生活状态的团体要注意到各个民族的风土人情与饮食习惯。例如，主要由汉族成员构成的团体中有个别的回族成员，其饮食上要注意回族的习惯。

（6）健康状态。在组成团体时应注意成员在精神、健康方面的状况。普通成员不适合与精神有问题或处于健康恢复阶段的人同在一个团体，因为后者往往不易承受常态上的重重压力。

（7）成员之间的关系。成员间的关系在组成团体时往往容易被忽视。事实上工作者在组成团体时应特别关注各个成员之间是否有特殊的关系。很显然，如果团体的成员的关系是同一单位的上下级关系，这可能会令大家不能畅所欲言。

第二节　团体方案设计

方案的设计、活动的选择必须考虑到团体成员的需求、团体的目标及其期待的结果，如果能选择适当的活动，将会对团体的过程与发展产生很大的帮助。

团体社会工作是一项专业活动，是有计划、有目的的专业实施行为。工作者在团体开始前，需要通过方案设计理清思路，制订好行动计划。在现代社会工作中，工作者需要依赖自己的方案设计去说服机构投入人力、物力组建这样的团体，并证明自己可以胜任这项工作。所以，对一位团体社会工作者来说，团体方案的设计是一项重要的基本功，也是决定团体成败的关键性工作。

一、团体方案的内容

方案是为解决问题而设计的一系列有计划的行动，也是参与者的介入或服务。团体方案设计是工作者运用团体社会工作的专业知识和技能，系统地将一连串的活动和服务加以设计、组织、规划，以带领成员在团体内活动，达成团体社会工作的功能和目标。

一个完整的方案设计至少应包括以下项目：方案的名称；选题理由；理论依据；团体性质与类型；团体目标；参加对象；参加人数；活动次数、时间、频率；活动地点；活动资源（人力资源、物力资源、财力资源）；活动内容（时间分配、材料准备、完成目标）；方案评估；备注。

方案的名称要清晰明确，使人很快明白方案的内容，少用形容词和比喻，如果希望通过形容词和比喻吸引人，要加副标题。如“托起你生命的天空”、“让爱更精彩”、“让你拥有好人缘儿”、“阳光总在风雨后”和“单亲，但我们并不寂寞”这些名称比较模糊，让人读起来有些摸不着头脑，不能立即明确且清晰地表达出团体到底要做什么。而“高中生自我认知团体”、“大学生人际关系训练团体”、“单亲妈妈支持团体”、“青少年社交焦虑症治疗团体”，以及“外来民工子女社会适应服务团体”等听起来就较为具体明确。

选题理由主要是阐述成立该团体的原因、价值和意义。如要建立一个单亲妈妈的支持性团体，应论述清楚单亲妈妈在目前的中国已经是一个具有普遍意义的群体，这个群体在实际的生活中碰到一些问题，这些问题有通过团体社会工作解决的必要性和可行性，这个团体的成立有重要的现实意义。

团体设计的理论依据切忌大而宽，应是与团体活动紧密相关的。如成立人际沟通技巧训练团体，它的理论依据可以是社会学习理论、沟通分析论和交互理论等；要成立一个情绪管理团体，理论基础可以是认知治疗理论和情绪治疗理论等。

团体的类型主要指团体是成长性、支持性、社会行动性的，还是治疗性或其他性质的。性质是指团体是强制性的还是自愿性的、是封闭的还是开放的。不必把所有团体性质都列出，但一定要清楚表明这个团体最值得注意并可能对整个团体活动产生重要影响的主要性质。

团体目标是指团体的总目标，应该明确而切合实际，并对以后的分阶段目标和成员目标的形成产生指导意义。当机构决定设立一个团体以满足服务对象的需求时，机构开始将服务对象的需求转换成一个团体的目标。当一个团体的形成是建立在服务对象实际的需要上时，必须确定每个人加入团体的理由相似，并且与机构和工作者的目标一致。

其他如团体的参加对象一项应标明参加对象的条件、进入团体的方式。方案还应注明活动时间、活动次数、活动时间间隔、每次时间长短，以及活动地点。活动资源项中人力资源应写明是否有协同领导者、督导者、观察员或其他人员的介入，各介入者的专业背景。物力资源应列清已有的和所需的所有物质条件。财力资源应包括团体费用的来源、数额以及拟消费的清单。活动内容应包括活动的先后次序、时间的分配、所需的材料和家庭作业等，团体活动应生活化和实用化并与团体成员的需求及能力相适应。方案评估项需详细地列出评估对象、评估办法等。团体方案的设计是一项非常复杂的工作，就像一个好的设计图纸对工程的重要性一样，团体方案的设计对团体工作的开展有着毋庸置疑的意义，尤其是对一位初学者方案设计的意义就更重大。

当然，团体工作是一项与人有关的工作，在团体的过程中有很多的变数，这是事先无法预测的，如果一味地遵循既定的方案，会抹杀了工作者的创造性和临场的随机应变性，对团体动力的自然发展造成破坏性的影响。所以方案只是参考和计划，并不是不可更改的。团体的过程真正依循的是团体的真实情况，方案可以依团体发展的真实情况而改变。

二、团体方案设计的原则

团体方案的设计必须将工作者、团体成员、机构与环境各要素结合起来综合考虑，并且要考虑到实际操作过程可能碰到的问题，在方案设计时预先进行适当的处理。

（1）工作者要了解自己的特质、能力、优势经验和领导风格，设计方案时考虑所带的团体与自己背景及风格之间的适合性。如果带领治疗性团体就需要对人类心理行为的知识有所了解；如果是一位初学者，缺乏团体的经验，在做团体时可以寻找一位协同者；如果是一位对某方面技能不擅长的领导者，团体中有较多此类的设计就不太合适；如果本身的性格较为沉静，一些动态性太强的活动设计可能需要再斟酌。尤其是深层次治疗性的团体，方案设计更应考虑工作者的能力、经验及其可能碰到的危险。

（2）方案的设计还要与团体成员的特质相配合，团体成员的性别、年龄、受教育程度和职业背景等都会对方案的设计有影响。例如，年龄层次低的团体倾向于动态性活动的设计，年龄层次较高的团体倾向于静态性活动的设计；同性团体可设计一些肢体性的活动，异性团体可设计一些分享性的活动；受教育程度低的团体可设计一些倾向技能性和训练性的活动，受教育程度高的团体倾向于设计一些认知性和学习性的活动；性格外向者组成的团体倾向于设计多元化的活动，内向者组成的团体倾向于设计催化性的活动。需要注意的是，所有的活动设计都要考虑到成员对尊重与安全的需要。

(3) 团体的方案设计应注意先后次序，由浅入深、由部分到总体、由人际表层到深层、由行为层次到情感层次再到认知层次，慢慢使成员融入团体。特别需要注意的是，团体的行为前后是一个整体，设计时要有一致性，注意前后连贯，衔接清楚，并且每个单元结束后要适当地总结巩固，让成员明白本单元活动的意义和向下一个单元转化的目的。

(4) 非语言的活动设计必须配合语言的讨论。团体不是为活动而活动，切忌团体从一个活动转向另一个活动，让成员只觉得好玩却没有任何体验，这样，活动就变成了纯粹的玩乐和游戏。团体活动不只是娱乐，还应该让成员有所成长，即使在娱乐性团体中也是如此。所以关键的是活动过程中或活动结束后要把活动的意义告诉成员。切忌在内容不够时用活动来填补。活动只是达成团体目标的一种手段或工具，不是结果。

(5) 如果设计的是新活动，除了反复斟酌，工作者最好在带领团体前至少实际操作一遍。如果团体中有协同领导者，事先应与他沟通、讨论，有意见分歧的，事前一定要协调好。

(6) 方案的设计要让所有的成员都参与，活动切忌设计得太复杂和烦琐。有些工作者设计的活动仅指导语就要念上两分钟，念了两遍有些成员还是弄不清楚活动的内容，这样的活动一定要避免。

(7) 方案的设计要配合现有的资源。如对机构的目标与宗旨，财力、物力、人力的支持，时间的范围，场地的大小，经费的多少，方案设计者需要事先考虑，根据现实情况量体裁衣。

(8) 为应对团体出现的变化因素，可事先设计一些备用方案，视团体发展的状况来弹性调整原先的设计。

(9) 团体方案的设计还要考虑当地社会文化因素。方案设计应与当地的社会价值标准、政治经济标准及当时的资源和技术标准相适应，在自己的方案中依葫芦画瓢，抄袭别的尤其是不同文化背景中的活动，或者干脆将别人的整个方案照搬过来是很不合适的。

三、方案设计的步骤

方案的设计并没有一定的程序，设计者可以根据自己掌握多少资料，是机构指派还是自己申请，以及有多少可用资源等情况自己设定。虽然如此，方案设计仍有一个大概的步骤：

(1) 社会问题分析。从社会事实的资料所构成的问题情境开始分析，了解问题的形态、严重性、涵盖的范围，以及形成的原因。

(2) 查找文献，寻找理论支持和已有经验。

(3) 调查研究受此情境影响的人群的特征及其需求。

(4) 确定对象。确定哪些人是此次团体服务的主要对象。

(5) 确定目标。将机构的目标、工作者的目标及成员的目标整合起来。

(6) 寻求人力、物力和财力的支持。

（7）寻找团体活动所需的场地。若需要其他的协同者，则与其进行沟通与磋商。

（8）方案设计完成后向相关的专家、督导者或经验丰富的同行咨询并与之讨论，及时修正。如有可能，将设计的方案在一个实验性的团体中实际操作一遍，以便发现问题，及时修正。

（9）递交方案，获得相关机构的认同，并在实施过程中不断修正。

四、团体方案设计示例

1. 团体名称

中学生人际交往训练团体。

2. 选题理由

现代中学生大多是独生子女，从小受到父母的精心呵护，缺乏手足的陪伴，缺少玩伴，一部分人养成了孤僻、自我封闭的性格。进入中学后，父母和学校将成绩的好坏作为评估他们的唯一标准，学业的压力使得他们整天只顾埋头学习，从学校到家，两点一线。除了激烈的竞争，人际间的交往非常少，这种现象导致很多孩子缺乏与人交往的最基本的技巧，在人际交往中出现很多问题，严重地影响了中学生的身心健康。

3. 理论依据

理论依据如下：

（1）社会学习理论。班杜拉的社会学习理论强调个人的行为是由个人与环境的交互作用决定的，即行为、环境与个人内在因素三者相互影响，构成一种三角互动关系。人的大部分社会行为是通过观察他人、模仿他人而学会的。在观察学习中起决定性影响的是环境，如果环境发生变化，人的行为也会发生变化，对榜样的观察学习是学习新行为的条件。

（2）人际交互作用理论。伯恩的人际交互作用理论注重人与人之间的互动和沟通，强调在团体中，成员可以观察到他人的变化与示范，从自己与他人之间的互动和沟通中逐渐了解自己的人格结构，并学会如何与他人沟通。团体成员间的互动，可以使成员增加对自我与他人的觉察力，帮助成员把焦点放在生活中需要改变的事情上，并重新作出决定。

（3）交互理论。阿伦森的研究发现，人际关系的基础是人与人之间的相互重视、互相支持。任何人都不会无缘无故地接纳他人，承认他人的价值，对他人起支持作用，除非从他人那里感受到了尊重、接纳和支持。人际交往中厌恶、接近与疏远是相互的。一般情况下，喜欢自己的人，自己才去喜欢他们；愿意接近自己的人，自己才愿意接近他们。

4. 团体性质与类型

成长性团体，人为组成的封闭性团体。

5. 团体目标

团体目标如下：

（1）协助成员走出封闭的世界，认识到与人交往对于人生发展的重要性。

（2）协助成员自我觉察，认识到自己在人际交往中的优点与缺点。

(3) 进行人际交往训练，协助成员提高自己人际交往的能力，能够独自处理人际交往中出现的基本问题。

6. 参加对象在人际交往中存在问题的中学生

7. 领导者赵烨烨

8. 督导者赵芳

9. 成员筛选方式

通过学校海报宣传的方式接受自愿报名。报名后与其进行一对一的交谈，最终筛选出。

10. 时间安排

2004年9月起，共7次会期，每周六下午2：00～4：00，每周一次。

11. 地点安排

学校学生活动中心团体活动室。

12. 团体活动内容

活动分为七个单元进行，各单元具体实施情况如下：

第一单元

- 单元名称：相识是缘
- 单元目标

(1) 组建团体，团体成员相互熟悉。

(2) 营造轻松、温暖的团体氛围。

(3) 澄清成员的需求和团体目标。

(4) 建立团体规范。

第二单元

- 单元名称：我们需要相互走近
- 单元目标

(1) 增进成员彼此熟悉程度。

(2) 协助成员认识到与人交往对于人生发展的重要性并产生与人交往的愿望。

第三单元

- 单元名称：人际交往中的我
- 单元目标

(1) 促进成员进一步的开放。

(2) 协助成员认识到自己在人际交往中的优点和缺点。

第四单元

- 单元名称：人际交往中价值观的澄清
- 单元目标

(1) 促进团体成员进一步的开放和互动。

(2) 协助成员澄清人际交往中的价值观。

第五单元

● 单元名称：对人际关系技能的了解

● 单元目标

协助成员了解人际关系的基本技能。

第六单元

● 单元名称：我们的成长：角色扮演人际交往活动

● 单元目标

（1）通过角色扮演巩固成员人际交往的价值观和技能。

（2）增加成员自信心，协助成员处理人际交往中的问题。

第七单元

● 单元名称：未来人际关系中的我

● 单元目标

（1）巩固成员在团体中的所学。

（2）协助成员树立信心面对未来。

本章小结

本章主要叙述的是团体前的筹备工作。组成团体前的准备工作阶段称为团体筹备。也有人称为计划目标和接案工作或酝酿和计划阶段。此时工作者处于中心位置，扮演着基本角色，处理各种事务。

团体社会工作是一项专业活动，是有计划、有目的的专业实施行为。工作者在团体开始前，需要通过方案设计理清思路，制订好行动计划。在现代社会工作中，工作者需要依赖自己的方案设计去说服机构投入人力、物力组建这样的团体，并证明自己可以胜任这项工作。所以，对一位团体社会工作者来说，团体方案的设计是一项重要的基本功，也是决定团体成败的关键性工作。

思考题

1. 简述需求评估和目标确定的含义及特点。
2. 组成团体应考虑的主要因素有哪些？
3. 简述团体方案的内容和设计原则。
4. 简述团体活动的设计与执行。

推荐阅读书目

[1] 王思斌．社会工作概论．北京：高等教育出版社，1999.
[2] 风笑天．社会学研究方法．北京：中国人民大学出版社，2001.
[3] 范克新，肖萍著．社会团体工作．北京：社会科学文献出版社，2001.
[4] 翟进，张曙著．社会个案工作．北京：社会科学文献出版社，2001.
[5] 周沛著．社区社会工作．北京：社会科学文献出版社，2002.
[6] 何洁云，谢万恒．小组工作．香港：香港理工大学应用社会科学系，2002.

第十章

团体工作的开始阶段

要点提示

团体第一次聚会时的特点；团体第一次聚会时的工作：寻找相似性，彼此交谈，消除顾虑，仔细聆听，同理、真诚和接纳，向成员解释清楚工作者自己的角色以及成员的角色，掌握几种相互认识的活动方法并加以灵活运用；团体规范形成期的特点和工作。

团体的运作和发展是十分复杂的。团体内成员之间关系的状况、成员的相互沟通、团体的领导与决策方式都会对团体的发展产生重要影响。除此以外，在团体发展过程中的不同阶段，成员所具有的不同的心理和行为特征，同样会对团体的发展构成影响。当然个人也会受团体发展的影响而改变其行为活动。因此工作者应全面掌握团体发展各阶段的特点，以更好地协助团体和成员在各阶段获得成长。

第一节　团体活动策划

团体工作的实施、团体任务的达成和团体目标的实现等都需要通过团体活动的精心设计来配合。团体社会工作中所采用的团体活动并非以表现为目的，而是以活动为媒介，为达到团体工作的阶段目标服务。

一、团体活动的功能

不是所有团体都需要开展活动。但是，大多数学者仍然认为，在团体中刻意安排一些活动具有正向的功能，通过这些活动的安排可以列出团体发展所需的主题和思考，使团体产生效能。

台湾地区学者林万亿指出，在团体工作中的团体活动不但具有媒介效果，而且还能产生治疗的功能。所谓的媒介效果是指通过团体活动的进行，所产生的对话、表情、仪态、身体接触、沟通或彼此经验的分享都成为人际互动中满足人们共同需求的媒介。治疗功能是指这些活动虽然与休闲活动无异，但是对于个人具有特殊的治疗意义，如成员通过特殊的活动经验，接触平常难以启口的敏感性与禁忌性的问题，在不知不觉中对这些问题进行分享和讨论，或者工作者通过以活动为媒介的沟通，提供一个实验场，容许成员在团体中表现想表现又不敢表现或原本属于偏差的行为，促成成员对自己行为的反思。

二、影响团体活动的要素

影响团体活动的要素有：物理环境条件；参与者的表现；反应行为。物理环境条件包括活动的物质准备、引导参与者表现的指导方针、活动规则范围、团体的结构，以及控制参与者行为的形式与媒介、激发个体参与活动的所有条件。参与者的表现是指个体被激发后在活动过程中的表现，如体力上的活动、肢体的活动、语言上的表达和情绪上的反应等，尤其需要注意的是它是成员之间、成员与工作者互动后的表现。反应行为是指参与活动之后成员的反应，如活动中的报偿与奖励所导致的成员的认知以及情绪或行为的改变等，是团体活动所导致的行为结果。

选择活动时，以这三个要素来考虑，要为活动的开展准备好充分的条件，激发成员的参与意识，使活动顺利进行下去。在参与的过程中促使成员间、成员与工作者间按照活动要求互动起来，在情感、认知、行为上有充分的体验和表现，并在活动结束后获得设计活动时所期望产生的结果。

三、团体不同阶段活动设计的重点

团体是一个动态的发展过程，发展阶段不同，成员的角色和地位、工作者的角色和地位以及团体的氛围和动力都不同，团体的活动显然也就不同。团体活动的选择需与团体发展阶段的动力特征和阶段目标相适应。

（一）团体初期活动的重点

团体的初期，团体成员刚刚进入团体还处在相互戒备中，缺乏必要的安全感，团体的温暖、信任的氛围还没有形成，团体还是一个虚体。这段时期，团体活动的重点是促成团体成员初步的互动，帮助团体形成一个实体。团体初期活动的重点是：塑造团体开始时轻松温暖的氛围；设计活动让成员相识；澄清成员的需求与目标以及团体的目标；拟定团体契约，建立团体规范；围绕团体目标进行浅层次的团体互动活动，激发团体成员间的互动。要注意的是，此阶段不适合进行深层次的分享活动，因为团体的尊重、信任的氛围还没有形成，没办法给予有效的回应，成员会因此受到伤害，也会为自己过分的暴露而很快地感到后悔。

（二）团体转换期活动的重点

团体的转换期是团体过渡期，经过初期的焦虑与不安后，团体中出现了抗拒，问题成员出现，开始需要解决冲突，这个时期最重要的任务是协调成员之间、成员和工作者之间的关系，强化团体的动力。此时，团体活动的重点是：此时此地的分享活动，激发团体动力；设计活动，处理问题成员；检视团体、探讨人际关系的互动；增进团体动力的活动。此时，要注意的是，团体成员间的关系还不稳定，团体动力还没有真正形成，不要急于去设计团体成员互动以达到团体目标的活动。

（三）团体中期活动的重点

团体中期时，成员间已经形成了相互稳定的关系模式，团体的动力已基本形成，团体开始为达成成员和团体的目标而运作。此时团体活动的重点是：设计成员间中层次以上的互动活动，检验团体的动力；针对团体目标，有次序地设计达成目标的成员互动活动；针对成员的需求，设计满足个人成长和行为改变的活动；针对团体系统与环境的关系，设计从环境层面介入的活动；针对团体中可能发生的特殊事件，有针对性地设计活动。

（四）团体结束期活动的重点

经过团体中期的工作后，团体已经基本达成成员个体和团体的目标。团体结束期活动的重点是：设计活动以巩固成员在团体中的所学；设计处理成员分离情绪及情感释放和激励的活动；设计活动对团体进行评估。

团体各阶段活动重点的阐述只是团体设计的大体框架，实际过程中因团体的性质、目标、成员组成及工作者经验与要求的不同，都可以进行适当的调整。如果工作者进入的是一个青少年街头帮派自然组成的团体，团体初期活动的选择就要针对此团体目前的结构和状况。工作者要设计一些使自己顺利“进入”团体的活动，不必再设计最初的成员间的相识活动。如果团体有不良次团体，工作者在进入团体后应设计活动拆散次团体。如果工作者建立的是一个强制性的吸毒者的团体，因为团体成员是被强制进入团体的，团体的前期应设计一些转变成员态度，促使成员接受团体的活动，在中期因为吸毒者吸毒的原因各不相同，需多设计一些从各个层面介入的深层次分享的活动，必要时可以进行个案的转介和处理。所以带领团体的过程是一个富有创意的过程，针对团体的独特性选择具有独特性的活动方案是这种创意的体现之一。

四、团体活动的类型

按照团体的结构类型可将团体活动分为：结构式的团体活动和非结构式的团体活动。结构式团体活动是指在团体过程中，工作者以有计划、系统、有时间限制的介入方式来带领团体的活动；非结构式团体活动，不强调事先设定活动内容，而是在团体发展的过程中，依据团体的发展状况和情境，由成员自发性地设立活动。结构式团体活动的设计必须结合团体的目标，配合团体发展阶段的需要，与团体的大小、时间和过程导向紧紧相扣，有目的地将团体活动纳入工作过程。在团体的初级阶段，结构式团体活动不但能建立支持性的团体规范，促使团体信任感的建立，还能使成员产生清晰的关于团体结构连贯性的经验体会。学者一般认为，在团体的初期及结束期，结构式团体活动较能发挥它的功用，而在团体的中期，则以非结构式团体活动为佳，这样有利于成员提高自主性和彼此分享共同经验。

除了结构式团体活动与非结构式团体活动，按照团体活动本身的类型，可将活动分为以下几种。

（一）书画活动

领导者要求成员采用书写的方式来表达他们的观念和想法，如语句完成活动：“我是……”，“我需要……”，“我想要……”，“我需要知道……”，“父母眼中的我……”，“老师眼中的我……”，“朋友眼中的我……”，“自己眼中的我……”，“理想中的我……”，“我的优点是……”，“我的缺点是……”，“再一次审视我的优点和缺点，我的感受是……”。

借由成员填写的词句来投射出成员对某些主题或论点的信念与想法，语句完成活动往往可以帮助成员将注意力及讨论重点聚焦，也能引发成员的兴趣与活力。其他书画活动还包括我的自画像、我的生命历程描述和日记等。例如，一个压力释放团体中的一个活动，要求成员写出目前生活中面临的三个压力，再根据压力的大小依次填入三个大小不一的圆圈中。书画活动后，成员在团体内或分成2～4人次团体进行讨论。一方面可以使领导者了解成员的感受，另一方面可以借此引起成员的分享和讨论，使成员间相互了解，激发团体的动力。

（二）肢体语言活动

肢体语言活动，即以肢体语言的方式表达某些主题或思考，如“信任跌倒”、“盲人走路”、“突围闯关”和“踏石头转圈圈”等活动。通过肢体活动方式，让成员去体会信任别人或被别人拒绝的感受。此外，还可以通过成员肢体上的接触来强化彼此的感受，如直接用手接触对方的手和脸、相互按摩肩部做放松等。

（三）幻想活动

使成员运用想象力把成员的一些想法、感觉予以形象化，再引导成员作进一步经验幻想的讨论。例如，如果幻想自己是一种动物，会希望是哪一种，为什么？如果幻想自己得到一件最想得到的东西，想得到什么，为什么？在幻想活动中，工作者需要敏感地追问成员幻想背后的感受、动机等，从而帮助成员更清楚地了解自己的感觉、愿望，以及怀疑与害怕等情绪。

（四）一般阅读活动

由工作者提供某一主题的阅读资料，引导成员读后作深入的讨论。在讨论过程中引导成员对自己的价值、信念和认识等进行梳理、澄清和反思。

（五）回馈活动

回馈活动主要协助领导者及成员分享彼此的感受和想法。例如，让成员彼此分享他们对对方的“第一印象”活动，给予对方正向回馈的“优点轰炸”活动，表达相互关切的“小小愿望”活动等都是相当有意义的回馈活动，对团体凝聚力的提升有很大的助益。

（六）经验性活动

由领导者引导，让成员参与一些特殊的活动，如分享过去最痛苦的一件事、分享亲子互动中印象最深刻的一件事等，借着这种深层次的分享，协助成员重新整理自己的经验和体验，挖掘更深层次的感受与体验。

（七）团体决策

引导成员参与合作，共同解决团体面对的问题。这些活动的设计主要以团体合作、团体思考和团体讨论等方面的训练为主。

五、团体活动的设计与执行

团体活动的设计不是可有可无的，也不仅仅是为调动气氛，引发成员的兴趣，而是要以活动为媒介，达到团体的目标，所以工作者对活动的设计是一个谨慎的行为，不是为活动而活动，而是一位社会工作者顺应团体的目标而产生的专业行为。团体活动的设计与执行的过程，需要注意以下几方面。

（一）设计活动前团体情境的考虑

团体的活动是在现有团体情境下实施的，所以团体的活动必须与团体的情境相适应。在团体情境中对团体活动产生影响的因素有以下三个：

（1）团体的目标。团体的活动是一种有目的的活动，团体在每一个阶段都会有它自己的分目标，活动应既与分目标相结合，又不背离总目标。

（2）参与者的特征。设计活动不仅需要考虑参加的人数，参与者的年龄、性别和人格特质等特征，还需要考虑参与者的体能、知识、能力，以及文化背景。在一个较保守的文化背景里，设计过于亲密的肢体性接触活动显然是不合适的；对于一些受教育程度本就不高的团体，设计一些益智性的活动也不合适。

（3）团体的动力和特征。团体的不同阶段有不同的动力和特征，活动的设计要配合团体阶段所呈现的动力和特征，任何不符合团体动力和特征的活动都无法产生实际的效能。

（二）时间分配

通常每个团体的会期不超过 3 小时，而通常团体活动只是团体会期的一部分，所以设置活动时一定要考虑到时间的分配，原则上应使每位成员都有等量的参与机会，不过，在特殊情况下，也可依具体情况为成员分配时间。例如，时间分配给治疗的焦点人物时，权力再分配时，成员自动放弃时间的分享并经团体的同意时，角色扮演有主配角之分时，都可根据需要分配时间。因为团体活动的立意不在活动本身，所以活动结束后一定要留有充足的时间进行分享和总结，切忌活动之后草草收场。

（三）空间的安排

这里的空间安排包括房间、桌椅布置、灯光等要求，设计活动时要考虑现有空间是否适合活动的要求，如需换场地，前后场地能否衔接好等。有的时候，当团体有迫切地需要“我们的地方”的感受时，换场地是个不明智的选择，那么团体就需要根据现有空间的情况设计活动。如果确实需要有场地的变动，那么对经费和交通的问题都要事先考虑周全。

（四）资源供应

团体所需要的资源包括经费、器材以及人力等。有些活动是零经费的，如讨论、角色扮演和辩论；有些活动的成本很低，如书画活动只需一些纸、笔；而有些活动，如户外活动、心理剧和专家演讲等则需要较多的资源，所以设计时应考虑团体所有的人力、物力资源并在此基础上设计活动方案。注意不要因需要的资源太多、太繁杂，准备起来难度太大，而影响到工作者的情绪和活动的实际效果。

（五）活动的限度

每一项活动都有执行的规则和相应的冒险性，如身体触碰程度、话题的深度和户外活动的危险性等都要事前考虑到。无论如何，安全因素是设计团体活动时应重点考虑的。

六、团体活动设计的示例

团体社会工作的发展很大一部分来源于工作者的经验积累，因此除了工作者自己的创新，团体活动的设计有时也需要借鉴他人成功的案例。在团体工作的发展历史上，人们已经总结出许多实用且能产生较好效果的团体活动。本节从台湾学者王慧君等编著的《团体领导者训练实务》中选取了几个活动，做了相应的修改，介绍给大家，目的不是要大家模仿，仅供大家借鉴参考。

示例1

团体初期的活动——认识你

1. 目的

(1) 促使每一成员有机会表现自己。

(2) 成员彼此相识，建立团体互动关系。

(3) 形成团体的自我。

2. 一般说明

(1) 人数：8～12人。

(2) 时间：30～50分钟。

(3) 材料：黑板或记录板。

(4) 场地：安静舒适的空间。

3. 实施程序

(1) 在团体中安排两人两人配对（可由成员自己选择），两人用彼此喜欢的方式自由地了解对方。

(2) 5分钟后成员说出彼此交谈的主题，由工作者将之记录于黑板上。

(3) 由工作者对成员说明：每个人一生中都有几个视为知己的朋友，彼此间是真诚信任的，现在假想你的同伴会成为你的知己，你想要了解他什么呢？要维持知己关系的话，什么是你想要弄清楚，觉得是最重要的事？现在你们两人再利用5分钟来讨论这个问题。

(4) 5分钟之后，回到团体中，与团体分享刚才讨论的主题，仍由工作者记录在前次记录的旁边。

(5) 大家一起来讨论两次的记录，分享彼此的感受。

示例 2

促进团体凝聚力的活动——完成图画

1. 目的

(1) 培养成员合作的态度。

(2) 加强团体成员的凝聚力。

2. 一般说明

(1) 人数：8～12 人。

(2) 时间：60 分钟。

(3) 材料：画笔、图画纸。

(4) 场地：安静的室内。

3. 实施程序（共需约 60 分钟）

(1) 工作者介绍活动性质并说明规则（约 5 分钟）内容如下：

①这是一个图画分组接力、比赛的活动。

②在一个规定的主题下（例如，大年夜的家宴、未来的一次旅行），各组成员在限制时间内，运用各人的想象力（愈新奇愈好）轮流将图画完成，由于该活动强调成员的合作，所以同组成员间可相互提供意见，但不可代画。

(2) 视成员人数分组，每组约 5 人（约 5 分钟）。

(3) 工作者宣布图画题材，并留数分钟让各组准备（约 5 分钟）。

(4) 各组开始进行图画接力，每位限时作画 5 分钟（勿过长）。时间到则换下一位上场，至轮完为止（约 30 分钟）。

(5) 各圆其说：各组成员对该组所完成的图画作解说。

(6) 评分：视各组表现的合作程度、图画新颖程度以及成员自圆其说的表现等为评分依据，各组推举一人为评分代表（不评本组），宣布成绩［以取得大多数成员认可为宜（5 分钟）］。

4. 注意事项

成员轮流作画只能增添图画内容，而不可修改前者所画。

5. 准备工具

准备工具包括黑板、有色粉笔或画纸、色笔。

示例 3

增进团体信任感的活动——三个秘密

1. 目的

(1) 试探个人信赖团体的程度。

(2) 促使个人觉知团体的历程。

2. 一般说明

(1) 人数：8～12 人。

（2）时间：60～90分钟。

（3）材料：纸、笔。

（4）场地：安静的空间。

3．实施程序

（1）活动说明：这是一个试探个人心理的团体活动，旨在了解秘密存在的意义与团体进行历程的关系。

（2）给每一位成员发一张小纸片，让每一位写上三个秘密，这三个秘密应是一般情况下不愿意告诉别人的。

（3）工作者以试探性的口气，试图使成员将他的秘密公开，但不得强迫。

（4）讨论。

示例4

鼓励成员自我探索的活动——生活馅饼

1．目的

帮助各人对自己的生活安排进行具体、客观、系统的分析与检查。

2．一般说明

（1）人数：8～12人。

（2）时间：60分钟。

（3）材料：纸、笔。

（4）场地：安静舒适的室内。

3．实施程序

工作者在黑板上画一个大圆圈后作了以下说明："让我们来看看你怎样利用你的时间。这个圆圈代表一天24小时，现在请各位估算一下下列各项中每项所用的时间，然后把你自己的'馅饼'按各项的比例加以分割，画在这个大圆圈内（画在个人的纸张上）。"

提供的选项包括：

（1）睡眠。

（2）学校。

（3）课外补习。

（4）家庭作业。

（5）朋友（聊天、打球、下棋）。

（6）家庭琐事（洗碗、擦地板等）。

（7）独处（阅读、玩等）。

（8）与家人共处（包括吃饭时间）。

（9）其他。

每个成员都画好自己的生活馅饼后，领导者提出下面几个问题：

（1）你对你目前利用时间的情形满意吗？

(2) 在你的理想中，应该怎样利用时间？现在再画一个圆圈代表你理想的生活馅饼。

(3) 你能不能采取行动，改变你目前的生活馅饼，使它更接近你理想中的生活馅饼？

4. 注意事项

这种方法不但可应用于时间的分配，也可应用在金钱、精力等的分配上。

示例 5

人际间互动沟通的活动——角色的冲突

1. 目的

(1) 体验角色的冲突。

(2) 了解各角色冲突的意义。

2. 一般说明

(1) 人数：8～15 人。

(2) 时间：60～90 分钟。

(3) 场地：安静舒适的空间。

3. 实施程序

(1) 工作者先提出一情境（情境的引用，工作者可视团体自然发生的事件来编排）。例如，要求成员组成家庭，包括父亲、母亲、外祖母和三个小孩，选出扮演的成员。

(2) 说明在家庭中，常发生角色冲突：先生要太太陪他去应酬；孩子要妈妈在他们放学时能在家中；老母亲生病住在医院，需要照看；公司老板又打电话要她完成一个报表。

(3) 描述情境：妻子站在中央，两手左右平伸，左手被丈夫拉着，右手被自己的母亲拉向另一边，孩子拉着妈妈的衣角，而妻子还接着老板的电话。各演员就位。工作者下令“演出”，每人则以自己的角色演出。

丈夫可能说：过来陪我……

外祖母可能说：我很难受，我养你这么大真不容易……

孩子哭泣着拉着妈妈……

公司老板：这个报表对公司很重要，明天之前一定要完成。

(每人都在拉扯着她，她会觉得难以应付，不知所措，她可能只是在原地呻吟或者说：“不要这样，你们弄伤我了，快停手，我受不了了……”)

(4) 演出时工作者鼓励演出者真正地拉、抱，并自由地用非语言的动作来表达自己的感觉。几分钟后，工作者宣布停止角色扮演。

(5) 讨论时工作者可以问全家成员：

- 喜欢自己的角色吗？
- 感觉如何？
- 你和其他家人的关系如何？

工作者可以问观众：

- 你注意到什么？

- 你认为表演的成员感觉如何？
- 什么行为可减轻这种冲突？
- 怎么做才能让每个人都觉得被接受和被尊重？

(6) 在团体中讨论完变通方法之后，可再演一次。

示例 6

涉及个人深层分享的活动——盾形绘图

1. 目的

(1) 促使团体中的每个成员了解自己以及别人。

(2) 确定人生的目标，自我成长。

2. 一般说明

(1) 人数：8～12 人。

(2) 时间：3～6 小时。

(3) 材料：纸、笔、桌子。

(4) 场地：安静舒适的空间。

3. 实施程序

(1) 工作者发给每个人一支笔、一张纸并开始作盾形绘图说明。各项填写内容如下：个人的座右铭，以文字表示；到目前为止，你人生中最大的一个成就；别人能做的一件使你快乐的事；到目前为止你人生中最大的一个失败；个人的目标；目前一个个人的问题；现在你最希望别人对你说的三句话。

(2) 写完盾形绘图各项内容后（大约 30 分钟），每个成员开始说明自己所绘图形的内容，其他成员与之共享。

示例 7

评估团体发展过程的活动——停下来，谈谈现在的感觉

1. 目的

(1) 澄清个人此时此地的情感。

(2) 探究妨碍团体发展的障碍。

2. 一般说明

(1) 适用对象：青少年以上。

(2) 适用时机：活动发生障碍时，可随时应用。

(3) 工作原则：团体在进行活动的过程中，遇到僵局、冷场或火爆的情形，例如成员在讨论问题时固执己见，不肯接纳他人的意见，导致气氛的僵持，此时工作者可以暂停正在进行的活动，转而让成员谈谈此时此地的感觉，澄清彼此的感受，以免留下芥蒂。

3. 实施程序

(1) 说明：工作者说明何以要暂停进行中的活动，转而讨论个人当时的感受。

(2) 成员逐一发表个人此时此地的感受，或让成员主动发言，或采取轮流及指定的方式。

(3) 综合讨论。

4. 注意事项

此类活动适于在团体活动发生障碍时采用，所以时间的安排应视当时情况而定。

示例8

团体结束期的活动——祝福与道别

1. 目的

了解经过团体后彼此的改变，圆满地结束团体。接着进行数个小活动，讨论团体的结果。

2. 一般说明

(1) 人数：8～12人。

(2) 时间：80分钟。

(3) 材料：纸、笔、礼物。

(4) 场地：室内。

3. 实施程序

(1) 由一个成员开始，大家轮流讨论现在对团体的印象与刚参加团体时有何不同，或者参加团体后，自己有了哪些改变，并说明自己现在的感受。

(2) 互道祝福：给每一个成员一张8开白纸，要求成员在白纸顶端写上“对某某某(自己姓名) 的祝福”，然后向右传递给每一位成员，其他成员在白纸上写上一句或数句祝福的话或用作画的方式给予祝福，然后由被祝福成员念出其他成员对其的祝福 (若用作画的方式，需由绘画成员加以解释)。

(3) 结束活动：大家站起，手臂搭在左右成员肩上围成圈，哼着温柔的歌曲，如《朋友》、《偶然》、《相亲相爱》和《友谊天长地久》等，随后轮流紧握双手，道别。

第二节　团体第一次聚会时的特点和工作

示例9

为受虐妇女组织的一个团体的第一次活动。

工作者宣布活动正式开始，并首先进行自我介绍，说明活动的内容、形式及对参加者的基本要求。此时七个成员或低头，或注视着工作者，表情严肃，室内十分安静。为了活跃一下气氛，工作者建议采用邻近成员互相介绍自己，然后将自己的伙伴介绍给团体的方法令成员互相熟悉。很快气氛活跃起来，在工作者宣布结束介绍时，有一对成员还在兴致勃勃地交谈着。团体成员的面部表情丰富了许多。在“介绍伙伴”这个环节中，没结束交流的这对成员中的一位抢先发言。接着大家分别进行了介绍和补充。一个成员提到，原来觉得自己是世界上最倒霉的人，没想到还有比自己的境遇更糟糕的姐妹，说这话时被提及的成员有些激动，大家对她投以同情的目光。于是工作者建议大家谈谈各自遇到的麻烦和处理的方法，希望在团体中获得什么帮助。此时，团体安静了几秒钟，大家的表情又都严肃起来。在工作者的启发下，一个年纪稍长的成员开始介绍自己被丈夫和婆家虐待，自己从无助、躲避到逐渐“适应”，后来到法律援助中心求助的过程。希望工作者对她进行法律援助，帮助她申领低保。她的介绍引起了大家的共鸣，其他人也开始讲述自己的遭遇，有的说到动情处抑制不住自己的眼泪伤心地哭了起来。工作者一方面安慰该成员，另一方面趁机进一步说明团体的目标是希望在精神上给予成员支持，帮助大家澄清对自我的认识，重新树立信心开始新生活，由此可以澄清成员对团体目标的认识，调整期望值。

由上面的例子可以看出，团体初期，成员聚集起来，相互熟悉，探寻团体目标和规范，成员或彼此吸引或相互逃避。有人曾形象地描绘此阶段成员的关系为“趋避困境”、“捕捉情境”或“试探水流”。这个阶段成员彼此尚未熟悉，成员的情绪起伏较大，经常呈现出焦虑、恐惧、封闭、伪装的甚至是不很友好的态度。成员对团体缺乏信任，所以工作者要协助成员澄清期待和理想，认识个人需要。同时也得面对成员的抗拒和过度的依赖，要尽快打开局面，促成团体成员之间的沟通，发现和培养团体领袖，使团体顺利地过渡到成熟阶段。这一阶段团体结构开始形成，成员渐渐熟悉以后找到了自己在团体中的位置，但领袖地位尚未巩固。团体确定了目标后，相应的规范也已开始产生。

一、团体第一次聚会时团体成员的矛盾心情

第一次聚会也是团体的开始，此时团体只能算作一群人的集合，工作者仍然只扮演初级基本角色，处于中心位置，而团体成员只注意自己，与他人很少发生互动，团体有很大的不确定性，也很少有规范可循。此时的成员有明显的矛盾心情，关于成员的矛盾心情，主要表现为：

(1) 无论成员对于预期的聚会做了多么充分的准备，第一次聚会还是会处于内心充满兴奋和焦虑的两难境地。一旦关起门来，聚会开始，团体成员会直接向工作者这边看。在这种状态下，成员很紧张会不自然地笑，小声而有礼貌地说话，充满犹豫，行为显得很笨拙，先前问过的问题会重复询问。这时的成员只关心他们自己，很少注意其他成员，与他人的接触也很有限，虽然他们很想与其他成员互动和分享。

(2) 在此阶段成员一方面拥有独立性，另一方面又渴望与他人互动和交流，这种心情是矛盾的、冲突的。它主要表现在成员的“趋避”（就是趋求和避免）心理和行为。所谓“趋求”是成员对新经验的好奇，希望从团体中获得满足，期待与他人和工作者建立良好的关系，以开放的心胸进入团体，同意他人的看法，尽量去包容他人。因此团体中过多地表现出揭露自己，包容他人的情况。相反地，成员也在极力“避免”一些什么。例如，要小心地对别人，对他人感到陌生和害羞，不敢正面接触和交谈，盼望别人先提及自己，不敢主动发

言，避开别人的注视，担心会被团体控制，恐惧他人的敌意，不相信自己会被喜欢，思考参加团体的代价，怀疑团体达成目标的能力。总之，太多的顾及、犹豫与害怕会涌向心头。

由此可见，这时成员非常需要工作者的引导，帮助他们摆脱困惑，顺利地与他人建立良好的人际关系。如果此时工作者方法得当，积极工作，成员的情感得到满足，团体就会顺利进入下一个阶段。否则，一开始成员就会产生离心倾向，可能导致团体名存实亡或夭折。

二、团体第一次聚会时的工作

基于上述认识，在这一阶段工作者应该注意以下几点。

（一）寻找相似性

在团体刚开始时，成员会以外表特征和经验基础来互动。例如，相同的年龄、民族、性别、受教育状况、宗教信仰、政治立场、爱好特长等因素都可以促进互动。此时工作者可以通过认真阅读成员的背景资料或向成员询问“谈谈你为什么参加这个团体”等方式来了解成员的相似性，以便制定工作目标和介入方法等。相似性是成员互动的基础。

示例 10

在第一次团体聚会时，当工作者首先提到自己第一次辅导团体时，内心非常紧张，生怕不能胜任工作。有一位成员说：“我最大的困扰和恐惧是第一次参加高考。”另一位成员接着说：“我最大的担忧是自己的初婚。”第三位成员是担心如何进入今晚的团体聚会。此时，工作者与其他成员都体会到大家共同关心的问题，这就是万事开头难。

在现实生活中我们明显地感觉到“似曾相识”和“同病相怜”是最容易产生互动的。所以，在团体聚会阶段，寻找相似性至关重要。

有的成员在团体一开始就表现出异常积极，其目的经常是为了奠定自己在团体中的地位。他们可能是为了突出自己，同时也追求与别人打成一片，因为这样可以给别人一种领袖和楷模的印象，也可以展示自己的自信。不过，工作者必须明白，并非最早出现的领袖就是最有能力和影响力的人物。在中国人的团体中，仍然保持着谦虚和“真人不露相”的传统观念。这就要求工作者在确定团体领导时，应该非常谨慎。

（二）彼此交谈

在交谈中应注意两点：

（1）在这一时期成员倾向于与工作者谈话，所以工作者要试图转移话题，引导成员彼此交谈。例如，可以让成员自我介绍；给一个话题，让大家轮流发言等。

（2）成员此时只想听别人谈，而自己羞于启齿，工作者应该帮助成员梳理思路，鼓励他们大胆地开口说话。

（三）消除顾虑

成员在交谈中总有团体不能真实地了解自己意图的顾虑。事实上，这是很容易发生的，因为我们每一个人很难仔细听别人诉说，对他人的意图难免误解，加之有些成员的口头表达能力有限，这样就更容易引起别人的误解。这时工作者应该积极与成员沟通，仔细倾听，引导成员之间最大限度地沟通。对表达能力欠佳的成员应该给予特殊的关注，积极引导他们发言，帮助成员梳理思路，鼓励他们大胆地开口说话。

（四）仔细聆听

在第一次聚会时，有些成员急于表达自己的观点，而有些又沉默不语。有的成员为了准备自己的发言而无法注意别人的表达，甚至有些人漫不经心，造成团体只是各个成员的表达会，而缺乏彼此互动。工作者应该要求成员注意他人的表达内容，学习聆听他人的心声。工作者本身也应该用聆听的技术来协助成员沟通。

训练成员倾听的方法：工作者可以询问是否听懂他人所说的意思；要求成员轮流做段落总结；工作者还可以询问成员，当别人不注意听他谈话时他有何感想等。由此可以加强成员对别人讲话的回馈。对儿童来说，用奖赏来换取成员的注意力是可行的方式。

（五）同理、真诚和接纳

同理就是工作者应该站在成员的角度考虑问题，即国外许多学者所说的“同理心”。善于倾听也是同理心的表现。倾听和有效回应是一对孪生兄弟，在认真倾听的基础上能够给予有效的回应，让对方感到贴心、被理解了，这种状态是人际互动的最高境界。在团体中一个很重要的要素就是成员间彼此的同理心。工作者要使成员的同理心增强，一方面可以通过自己表达同理心达到；另一方面也可以通过训练提高。训练可以用“注意对别人言行的反应”、“角色扮演”、“给予及时回馈”等方式进行。对工作者而言，同理心不应作为一种技术训练，而应作为一种价值观或行为规范，随时进行培养，把它内化为自己生活的一部分，这样才能在适当的场合真实地表达出来。

工作者必须是真诚（坦白）的，并且会对团体成员做出诚实的回馈，使成员愿意说出自己的真实想法和感受。真诚包括诚实与开放的心胸。真诚要靠自我了解来实现。真诚的态度就是将自己的满意与不满统统说出，为了成员拥有开放的态度，愿意将自己“皮袍下的小秘密”揭露出来。真诚也应该包括工作者对成员不掺杂任何偏见，及时指出对成员和团体的意见。

示例 11

一个由青年人组成的社会化团体，在团体聚会初期，成员由于面子问题一直不触及彼此的关系。这时工作者及时向他们指出，一再避免讨论彼此的关系是一种浪费时间的行为。真诚的态度有助于消除成员之间的猜疑与增加成员之间的相互信赖。

工作者必须学会接纳。接纳就是接受，工作者应该抱有谦虚的态度，接受成员的行为、语言和想法等，然后加以仔细分析，制定一套有效的援助、治疗方案，以便有效地工作。

（六）向成员解释清楚工作者自己的角色

虽然在团体筹备会谈中工作者已经向成员说明团体的目的、工作者的角色、成员的角色等问题，但聚会一开始成员还是非常关心这些问题，工作者在这一阶段有必要说明自己的角色。团体成员对工作者的角色应该有清楚的认识，不论工作者的角色是催化者还是治疗师、援助者等，让成员清楚工作者的角色是非常重要的。

示例 12

一个工作者在第一次聚会时对成员说：“在我们做更深入讨论之前，让我向你们解释我作为催化者的角色。我的工作是帮助你们达到团体目标，更好地适应离婚后的生活。我将鼓励你们每个人分享彼此的想法、感觉和关心的事等。我将要求你们用你们的言行在团体内外很好地影响别人。当然，我应该告诉你们，我不会离婚。我已经与许多离过婚的人在一起工作过。我不会给你们许多建议，你们要在互动过程中共同进步。”

示例 13

一个工作者在聚会时对成员说：“作为这个团体的治疗师，我要求你们讨论你第一次吸毒的经验。我知道这不是很容易，但我也知道，你想要解决问题就必须将它说出来。我们将讨论这些与过去、现在和将来有关的问题。我也会用诚实、开放、接纳、同理的态度与你探讨。如果在某些时候你觉得我不诚实，请你一定告诉我。”

以上两个事例充分说明了工作者澄清自己的角色，对于团体有一个良好的开端至关重要，有句话说得好：“良好的开端等于成功的一半。”

（七）向成员解释清楚成员自己的角色

许多没有团体经验的成员，在第一次聚会时往往不知道团体对自己有什么作用，他们对下列问题非常关心和疑惑：

- 我需要自我表露吗？如果表露我该怎么对别人说？
- 我可以对工作者提出反对吗？
- 如果我不喜欢说话，别人非要我说怎么办？
- 聚会将是怎样的情形？
- 我可以在聚会时大胆说出自己的感受吗？

对于这些问题工作者应该提前向成员说明团体的目标、规则、表达方式、自己所拥有的权利等内容，鼓励成员大胆互动、表露、倾听、支持和对质等。

（八）掌握几种相互认识的活动方法并加以灵活运用

1. 自我介绍

工作者要求成员轮流谈谈自己的基本情况，包括“我的姓名”、“我从哪里来”、“我的年龄”、“我就读的学校”、“我的工作”、“我的故乡”、“我的兴趣”、“我的愿望”等内容。

2. 相互介绍

自我介绍有时会显得比较刻板和紧张，工作者应该协助成员用其他方式彼此介绍，相互介绍就是一种很好的方式。相互介绍是指将团体分成两人一组，可以找同性别、同年出生或穿同样衣服的人，要求他们相互介绍，介绍的方式可以多种多样，只要能使成员彼此认识、了解都可以采用，而且灵活热闹的介绍活动也是团体成员“破冰”（打破僵局）的开始。

3. 寻找相似点

给每一个成员发一张卡片，要求每一位成员去寻找至少两位，六个方面与自己大致相同成员，然后将他们的名字写在卡片上。这六个方面是：来自相同的地方或祖籍是相同的地方；家庭出身基本相似（工人、农民、干部、知识分子等）；对老鼠、蛇等动物的反应相似；喜欢的休闲和运动方式基本相同（旅游、看电影、跳舞等）；不喜欢的休闲和运动方式相似(逛街、爬山等)；专长（外语、音乐、舞蹈、计算机等）相似。

当每一个人对照这六个方面找遍团体成员以后，工作者把大家召集在一起讨论刚才寻找的过程、方式、策略等内容。实际上从寻找相似点开始，团体的“僵局”就被打破了，成员的互动也已经开始。

第三节　团体规范形成期的特点和工作

团体经过第一次聚会，成员彼此认识并有了初步了解，在以后的几次活动中团体成员开始扮演团体角色、形成团体规范和结构、确定共同目标等，这一时期我们称为团体规范形成期。下面我们就具体讨论此时的特点和工作者的角色与技巧等问题。

一、团体规范形成期的特点

在这一时期成员之间互动日益频繁，团体动力开始形成，主要特点表现在下列几个方面。

（一）团体规范产生

团体规范是指团体成员之间语言与非语言的沟通规则与影响他人行为的方式，包括保守秘密、彼此负责、参与原则、开放和诚恳的态度、批评与自我批评的态度、对团体和成员不满的表现方式等内容。

规范是团体成员之间的互相认同和默契，它是在成员内部自发形成的，而不是工作者附加的。俗话说：没有规矩难以成方圆。规范有利于团体凝聚力形成，也是治疗的有利工具，规矩使团体保持一种动态平衡和活力，使个人的需求（给予的需求、获得情感的需求、控制与被控制的需求，以及包容与被包容的需求等）得到最大限度的满足。如“当大家给予我积极的鞭策而不是消极指责时，我总是表现得更好”(情感的需求)。规范引导团体的行为、制约团体的互动。当团体发展出规范时，成员已经能彼此分享，彼此之间已经可以通过语言与非语言规范进行接触。

（二）团体结构的形成

这时团体出现了明显的结构特征。

1. 沟通结构

团体第一次聚会时，沟通主要是在工作者与成员之间进行，而成员与成员很少沟通。到了团体规范形成时，成员之间的沟通基本达到理想状态，小组结构与刚开始时相比发生了很大的变化，工作者慢慢转变自己在团体中的位置和角色，成员之间的沟通明显增加，而且形成了大家认可的团体领袖。工作者在此时应该巧妙地运用一些技巧促使成员之间互动。例如，当你看到一个成员对其他成员点头、做鬼脸、向别人使眼神时，你可以适时地对他说："小解，当你做这些动作时，我看到好几个成员在微笑，好像他们有答案，你能不能去和他们谈谈，没准他们会给你很多帮助。"

2. 自然结构

自然结构主要是指由年龄、性别、民族、种族、国家等形成的不可改变的自然状态。此时由于年龄、性别、民族等因素导致团体分化和次团体的出现。

3. 权力结构

权力结构即谁用何种方式来影响他人。有些人在团体中有较多的权力，主要原因可能是依靠他人的力量或握有重要的资源或者身强力壮等。工作者可以鼓励成员运用权力实现目标，但是绝不可伤及他人。工作者应该协助弱者使用权力，可以通过角色安排、自我肯定训练，以及权力赋予来增强弱者的权力。

4. 领导结构

领导结构即谁对团体决策贡献最多，谁完成团体目标最有力，谁在减缓团体的紧张，谁在增强团体的凝聚力，谁在维护团体的规范等。团体在初期产生的领导者通常是善于表现自己，有强烈的自信心，比较外向，给人第一印象较好的人，但工作者必须明白，并非最早出现的领袖就是最有能力和影响力的人物。在中国人的团体中，仍然保持着谦虚和"真人不露相"的传统观念。这就要求工作者在确定团体领导时，应该非常谨慎。工作者应该强调领导体系的任期制和流动制。在团体初期领导者的地位并不稳定，权力争夺还是存在的，工作者应该十分注意。

5. 角色结构

角色结构是人们在正式和非正式的团体中所具有的位置。在聚会时工作者已经帮助成员澄清自己在团体中的角色。一般而言，成员的角色可以由自己创造，也可以由工作者安排，还可以在活动中（角色扮演）临时创造。工作者在安排角色时要根据目标、任务以及成员的性格、特长等恰当安排。角色安排可以帮助成员处理"两极感情"，也可以帮助成员发现问题。

（三）团体角色分化

关于团体角色分化应从两个方面掌握：一是成员的角色分化。人类成长与社会环境是紧密相关的，在团体中由于环境的关系，人的角色是多样的，并且随着环境的改变角色会分化。团体中成员的角色可以分为内在和外在两种，内在角色倾向于处理使自己纳入团体的角色扮演，而外在角色是属于任务的完成。这就是说每一个成员都要扮演内在和外在的多种角色。一般来说，团体越成熟，自我维持的能力越强，对于不同行为表现方式和角色的使用就越熟练。所以，工作者应该鼓励成员扮演好内在和外在的角色，随着环境的变化，工作者应该促进成员角色分化，也可以进行一些干预。例如，在团体第二次聚会时，工作者为了促使成员尝试主人角色，要求每一个人使用轮流总结的方式来进行讨论。二是成员与工作者的角色分化。团体中的沉默逐渐减少，成员开始接受其他成员的影响和支持。工作者的角色开始隐退，甚至在向成员提出建议时也充当配角，从基本角色变为可变角色，也就是协调者。

（四）团体公认的目标

此时由于规范和契约的达成，团体已经有了公认的目标。所有的成员都能遵循一定的规范，朝着共同的目标前进。

二、团体规范形成期的工作

（一）评估和管理团体规范

规范不是由工作者制定的，成员才是规范的判定者，同时也是执行者。如果成员违反规范，工作者应该要求成员按照规范执行，但绝不能强制命令，应该根据当时的情景加以疏导。对于团体行为偏差者，工作者可以直接对不遵守规范的成员说："王瑞，我们刚刚才说过当别人在发表看法的时候，最好能注意听，不要在底下窃窃私语"；"力明，还记得上次我们决定在团体中有些话可以不说，刚才永进不想再谈下去，你不应该强人所难"。

工作者可以用间接的方式点拨成员："当你发表看法时，有人表现得满不在乎，你的感受如何"；"当有人谈话占用大家太多的时间，你的反应如何呢"；"说说当你讲话时被别人打断的感受可以吗"。

工作者还可以利用顺水推舟的方法来增强团体规范的履行。例如，工作者可以说："我觉得他说得很有道理，大家觉得怎么样呢？"

工作者还可以利用其他团体规范的执行经验，以加强自身规范的执行。

最后需要说明的是，团体规范不是一成不变的，随着环境的变化，团体规范也会发生变化，不过，团体规范的修改应该由成员自己决定。

（二）支持和鼓励成员参与互动

工作者的支持和鼓励有两层含义：一是鼓励团体自我管理、自我约束。特别是对不善于表达的成员，应该给予特殊的注意。例如，可以鼓励他们即兴发言，用下列话题刺激成员表达，"如果你想说些什么，我们很乐意听"，"继续说下去，我们很愿意听你说完"，"我认为你说出来会对别人更有帮助，别人也会非常乐意听到你的意见"。二是工作者要对成员的行为负责任，不仅应该帮助他们解决后顾之忧，而且要鼓励成员参与干预、保护、修正和引导，鼓励成员遵循规范，努力扮演好自己的角色。

（三）需要考虑的几个问题

（1）成员的生理、心理、情绪、社会以及智力方面的需求是什么？他们共同和个别的需求是什么？他们能做什么？不能做什么？

（2）节目是什么？活动投入的时间、方式、财力等有多大？

（3）关于角色分化和团体规范问题，如下所示：

- 团体节目由谁领导?
- 领导者是否由成员轮流担任?
- 成员角色如何分配?
- 团体期待的行为是什么?
- 成员对活动有何反应?
- 每个人都愿意参加团体活动吗?
- 团体运行和沟通的模式是什么?
- 团体如何分享?
- 成员有表达自己感受的机会吗? 如何表达?

(四) 恰当地运用几种游戏

1. 各种主要的游戏

(1) 同心协力。同心协力的游戏很多，这里仅介绍广西壮族和海南黎族的“竹竿舞”游戏。一组人蹲下手持竹竿，竹竿高不过膝，开合必须一致，在“开合、开合、开开合”的节奏下，开合竹竿；站着的一组随着“开—脚踩地”，“合—脚抬起”而翩翩起舞；若竹竿夹脚即为失败，应该换人。

这个游戏告诉人们，在团体中每个人都有个别目标，但是若不经过集体合作，每个人很难如愿以偿，这样，非但自己的目标达不成，团体目标也无法实现，而且使大家明白遵守团体规范是非常重要的。

(2) 集体作画，提高成员的合作精神。这个活动的目的在于增加成员的合作经验，同时也可以训练成员的联想力与创造能力。图画的题材可以自选或由团体规定，团体可以共同完成一张图或分成若干次团体分别作画。成员们轮流在图画纸上作画，以丰富作品的内容。在作画过程中，其他成员可以提供意见，但不能越俎代庖。作画完成后，成员分别就整幅画的内容与个人所画的部分说出自己的感受与动机。

图画接力的成果在于展现个人的能量和团体整体的力量，同时也表现出每个成员有其独到的思考力与创造力。如果成员缺乏对整体画面的共识，必然会产生不协调的笔调与色彩，如此将破坏画面的整体性与和谐。

图画完成游戏还可以改为共同完成故事，借着共同思考来完成一个完整的故事，如果现场有录音机，还可以透过录音使情境重现，以加强活动的效果。

(3) 突围与介入，使成员感受到凝聚力与压力。这组活动是让成员感受到团体的凝聚力与压力。团体固然是解决问题的有效方式，同时也是形成压力与构成障碍的来源。如果一个成员的想法与团体中大多数人的想法相悖，他将受到团体规范的制约，而不得自由；相反地，如果团体有高度的凝聚力或团队感觉，则团体外的人要介入该团体也是非常困难的。突围的活动是由一名成员志愿站在团体中间，其余成员拉手围成一圈，站在中间的成员可用任何方法（除了粗暴动作之外）试图突破圆圈，活动时间可规定以3～5分钟一次，如果突围不成，则换另外一人，如此循环操作，每人逐次尝试。最后，讨论个人突围的经验。通过此活动使每位成员感受到被团体限制的痛苦与无奈，也觉察到团体的力量比个人的力量大得多。

介入则是一名成员被指派或志愿先行离开团体，而其余的团体成员试图使凝聚力增强，譬如找寻一个共同有兴趣的话题，聚精会神地谈论，或手拉手、肩并肩进行暖身活动。几分钟之后，请该团体外的成员尝试介入团体，时间也可限制为5分钟或10分钟，之后，要求团体及个人分别表达排斥他人或被排斥的滋味。通常一位团体外的介入者会遭到团体强烈的排斥，表达团体排斥外人的方式，有时是漠视，或是冷眼怒视，更强烈的情形是公然侮辱或推挤之。而团体遭到介入时，如果团体的凝聚力不够，很可能会被分化或遭侵犯，这个活动同时也可以让成员体会到包容力的可贵，一个团体能真正地包容别人，也反映出团体的成熟与发展。

(4) 赠送礼物。举办一次团体聚会，事前让每一个人都准备一件有意义的礼物，并可以写上一两句自己最想说的话。活动开始后，主持人将所有成员的名字写在纸条上折叠好，放在一个箱子里，然后让每一个人抽取一张纸条，抽到谁的名字就把礼物送给他，依次类推。这个游戏的目的是建立团体信任与和谐。

(5) 描述我们的团体。要求每一个成员用最简短的话，真切而动情地描述所在团体，看谁表达得最准确。旨在使成员建立起从“这个团体”到“我们的团体”的意识。总之，团体规范形成期的游戏一定要围绕着增强凝聚力和包容别人进行，可以创造性地玩各种有趣的游戏，但游戏结束后一定要有深入的分享，让成员感受到团队的力量，同时也要成员有足够的开放和包容心态。

2. 团体中运用游戏的说明

游戏在每个人的成长中占有非常重要的地位，我们很多的知识经验和技能的都来自从小开始的各种游戏活动。近来流行的经验学习更是提倡运用各种游戏活动，积累经验，从中达到学习的目的。团体工作中通常会比较多地运用一些游戏活动来达到团体目标。

一般来说，游戏在团体中可以发挥的功能包括：协助成员放松身心、消除防卫心理，更积极地投入团体；刺激成员参与团体活动，激发其动机和兴越；满足成员需要，达到团体目标。根据游戏功能，可将其分为娱乐游戏（热身游戏）、促进关系的游戏和学习游戏等。

游戏有很多优点，但也有缺点，不适当的游戏安排可能会给成员带来身体和心理上的伤害。而且相比讲授学习，游戏费时较长，学习缺乏系统性，不能保证所有内容都能在游戏中带出。

因此，工作者在使用游戏时要特别注意以下几点：

(1) 对成员的背景资料、需要和兴趣要有充分的了解。

(2) 综合考虑成员的特点和需要、团体的目标、游戏的特性，设计恰当的游戏活动。

(3) 事先对游戏安排做好充分推备，包括物品、场地、帮忙的人员等准备。注意安全第一，自己不熟悉的游戏不能冒险去尝试。

(4) 清晰讲解游戏规则，必要时作示范。

(5) 过程重于结果，重要的是成员在其中获得欢乐和体验。

(6) 除热身游戏外，其他种类游戏都要求结束后讨论，引导成员思考，将所学的应用到实际生活中。

(7) 每一个游戏的时间要充足，让成员能充分参与，但不可太长，以免厌倦，在玩意正浓时结束游戏。

(8) 尽量邀请每一个成员参与，但不要强迫，允许个别成员在开始时观望，因为他需要时间判断和试探。

另外，每种游戏都可做一些变化，使其具有多种用途，工作者要善于改变其中某一要点或细节，使游戏更丰富多样。

（五）建立团体常模

常模也就是常规的标准和模式。团体常模是团体形成的一套行为规则、标准和模式，指引着成员应该做什么、不应该做什么。一个良好的团体常模可以让团体拥有信任、真诚、尊重、接纳、开放、互助和支持的氛围，对成员有着很强的凝聚力，它可以维持和促进团体成员为目标而努力。否则，不但不能完成团体目标，还可能给成员带来伤害。团体常模包括团体的沟通和互动模式、团体规范等内容。

1. 建立沟通和互动模式

团体从第一次聚会就在慢慢形成一种沟通和互动模式，每个成员通过观察和试探，去寻找自己在团体中合适的角色和表现方式。这时工作者的作用非常重要，他在团体初期的语言、行为方式和态度会影响一个团体的话模。如果工作者能以真诚、尊重的态度对待每一个成员，随时提供正面的反馈给成员，接纳成员的负面情绪和感受，并且勇于自我暴露，不掩饰和伪装自己的感受，就会给成员以很好的示范效果，成员可以较快地投入团体，并营造出融洽、真诚的气氛。

面对不熟悉的人和环境，成员可能会选择观望，都不愿意先开口，多说话。工作者为了打破僵局，通常会采用轮流发言或点名发言的方式。这种方式虽然可以在最初时让人从尴尬中解脱出来，也可以节省时间，但切记不可让其成为团体沟通和互动的习惯，成为一种模式。它会损害成员自主沟通和透露个人感受的意愿，阻碍成员对其他人的自然地支持和回应。

2. 形成团体规范

引导成员形成和遵守团体规范也是良好常模形成的一个重要方面。工作者可以通过向团体成员重复阐述规范、把规范形象化、亲身示范、运用适当的奖励与惩罚和增强团体吸引力等方式强化团体规范的建立。

如果工作者要成员遵守聚会时间，就要在通知了聚会时间后不随意变更。每次聚会的时间都尽量固定，不等候迟到的成员，否则就相当于惩罚按时到的成员。每次聚会开始时向成员讲解该节的程序安排，结束时预先告之下次聚会的安排，按计划的程序活动，不随意做大的改动。这样，成员就会渐渐习惯遵守时间和安排，使之成为团体规范之一。

（六）做好团体过程记录

团体工作过程是一个不断评估和修改的过程。每次团体活动结束后，工作者都要做好过程记录，以总结、整理和评估本节活动的效果，评估成员和自己的表现，并对下次活动提出建议。及时总结能保证团体中出现的问题和遗漏很快得到修补。

本章小结

团体的第一次聚会也是团体的开始，此时团体只能算作一群人的集合，工作者处于中心位置，而团体成员只注意自己，与他人很少发生互动，团体有很大的不确定性，也很少有规范可循。此时的团体成员有明显的矛盾心情：无论成员对于预期的聚会做了多么充分的准备，第一次聚会还是会处于内心充满兴奋和焦虑的两难境地。在此阶段成员一方面拥有独立性，另一方面又渴望与他人互动和交流，这种心情是矛盾的、冲突的。团体第一次聚会时的工作主要集中于彼此交谈寻找相似性以消除顾虑，以同理、接纳的态度仔细聆听。

经过第一次聚会，团体成员彼此认识并有了初步了解，在以后的几次活动中团体成员开始扮演团体角色、形成团体规范和结构、确定共同目标等，这一时期我们称为团体规范形成期。在这一时期需要工作者支持和鼓励成员参与互动，同时需要恰当地运用几种游戏。注意做好团体过程记录。

思考题

1. 简述团体第一次聚会时的特点。
2. 团体第一次聚会时工作者应该注意哪些？
3. 简述团体常模的含义及类型。
4. 团体规范形成期的特点有哪些？

推荐阅读书目

[1] 林梦平著．小组辅导与心理治疗．香港：商务印书馆（香港）有限公司，1993.
[2] Edejacobs Robert，等著．团体咨询的策略与方法．北京：中国轻工业出版社，2000.
[3] 杰拉尔德·科里，等著．团体技巧．台北：扬智文化事业股份有限公司，1998.
[4] 林万亿．团体工作．台北：三民书局，1995.
[5] 何明良，高民政，等编．走向社工——专业社会工作实录．上海：上海人民出版社，2004.

第十一章

团体工作的中期实施阶段

要点提示

团体中期的特点、目标和任务；团体中期的活动设计；过渡阶段的工作技巧；次团体；团体冲突时期的特点和工作；团体成熟时期的特点和工作；特殊成员的处理。

团体中期为团体重整与归纳阶段。成员开始关注自己在团体中的权力和地位，关心自己被团体和他人接纳的状况，成员“本我”暴露有所增加，可能会导致意见分歧甚至是权力、地位的争夺。在团体中期，随着成员的沟通和互动增强，成员之间会在价值观、权力等方面产生冲突和矛盾，如果团体能够顺利地解决这些冲突和矛盾，就会进入成熟与和谐阶段。

第一节　团体中期的工作技巧

一、团体中期的特点

示例 1

王女士组建的离异妇女自强团体前两次活动都很顺利。工作者、成员们彼此关系很融洽。第三次活动讨论时，一个成员突然对另一个成员说：“你讲得太多，让别人说点不行吗？组长，你不是说每个人都要有平等的发言机会吗？”大家都安静了下来，气氛变得紧张。为什么会出现这种情况？如果你是王女士该怎么办？

团体中期是团体的主体阶段，充满机遇和挑战，目标在这一阶段实现。这一阶段又可以分为两个部分。在前半部分，团体结构、成员的心理和行为尚未稳定，会出现焦虑和抗拒心理，出现权力的争夺，团体过程充满了矛盾与对质的艰难。如果处理和发展得顺利就会进入和谐状态，反之会使团体面临失败，因此被称为过渡阶段。

上述王女士带领的团体正是处于此阶段，成员敢于表达自己的不满，并挑战其他成员和工作者，相对于初期表面化的探讨是一个进步，也是成员的一次试探。这是团体进入成熟与和谐阶段的前奏和契机，抓住时机并妥善处理，会使整个团体得以前进。

处理了团体的冲突和矛盾后，团体会进入成熟阶段，这时成员已完全放下心理防御，不再有权力斗争，团体凝聚力增强，成员关系更为亲密和稳定，可以坦然和自由地发表意见，互相支持向着团体目标努力。

二、团体中期的目标和任务

团体中期的目标是顺利处理过渡阶段的问题，引导团体进入成熟阶段，实施团体计划，完成团体目标。

团体中期的具体任务是处理成员的焦虑、担心和对抗心理；解决成员之间的冲突和权力争夺，强化团体的凝聚力；使成员保持对团体目标和个人目标的关注；制订并实施工作计划，同时评价成员的进步与改变。

三、团体中期的活动设计

这个阶段，应着重协助成员进行深入沟通与互动，建立密切关系，巩固团体凝聚力，以及提供学习与锻炼的机会。

（一）建立关系的活动设计

此活动设计应该能够促进成员互动合作，提供机会让他们担当不同的角色，并加强他们的安全感和归宿感。

对于任务性团体可以让成员共同商量解决问题，加强互相的支持。对于成长性团体、教育团体等，工作者可采用一些合作性游戏，如“解人结”、“小小岛”、“腹背受敌”、“传递呼啦圈”等，让成员在轻松的气氛下解决问题，增加互动与信任，体验亲密感。一些聚餐、户外短途旅行等活动，可以让成员放下防御心理，同其他成员建立感情。工作者也可以利用一些合作性的计划，例如组织一次社区服务，策划一个大型活动等，巩固团体的凝聚力。

（二）学习活动设计

学习活动在这个阶段的另一个主要功能是协助成员学习技巧和自我探索。活动以学习为主，目的是让成员探索自我性格、价值观，掌握知识、学习技巧，发展合作能力等。活动也可以是应用性的，如讨论如何解决个别成员的问题，或由小组集体执行一些改变环境的任务。

可利用“我的自画像”帮助成员深入探索自己的性格。而“沉船求生”、“孤岛求生”、“艾滋病病人就医”、“大拍卖”、“大辩论”、“火场逃生”等活动，可以让成员通过与其他成员的互动和比较，深入探索自我的价值观、人生经历、个性特点。

四、过渡阶段的工作技巧

工作技巧的运用首先需要了解这一阶段成员的特点、小组的冲突与矛盾以及小组中权力的争夺等。

（一）成员的特点

在过渡阶段，成员内心会很焦虑和矛盾，十分关注别人对自己接纳与否，害怕被拒绝。主要表现为以下几个方面。

1．焦虑与防卫

当成员消除了对团体的陌生感，投入团体后，发现团体的互动与探索越来越深入，不再只是表露表面信息，成员便开始对表露真我、表现出焦虑和挣扎。

“其他团体成员真的明白和关心我吗?”“我是否应该很放心地揭露自我呢，他们值得相信吗?”“开放自我真的有用吗?”“其他成员会不会不喜欢我，嘲笑和看不起我?”“在团体中，我到底可以和其他人建立什么程度的亲密关系，我可以信任他们到什么程度?”“我不明白为什么一定要与别人分享我的情感?”这些都是常见的想法。

成员为了防止受到团体压力或诱导而暴露自我，保护自己的个人领域不被侵入，会采取一些抗拒和防卫的行为。例如，故意迟到和缺席；保持沉默，以观察团体是否值得信任；只作理性的讨论；轮到自己时转移话题；拒绝深入探索自我等。

2．冲突与矛盾

冲突与矛盾是过渡阶段的重要特征。如果永远停留在礼貌、客气、表面和谐的阶段，团体就不可能有进步。随着团体的进程，有成员会尝试挑战、攻击工作者、其他成员或团体规范；有的成员会讲述自己的负面经验和感受，借此测试团体的安全度、可信任程度和亲密程度。成员之间、成员和工作者间甚至出现敌意。比如，成员会说，“我们为什么老是重复问一个问题”，“组长你像在听故事，为什么不多谈谈你自己”，“××你太软弱了”等。示例1中，王女士组建的离异妇女自强团体中出现的情况也是如此。

3．争夺权力与控制权

团体结构，包括领导结构、权力结构、角色结构、沟通结构开始形成。成员开始寻找自己的角色和位置，进行权力的斗争。有的成员专注于争取统治权与控制权，甚至会与工作者产生权力上的矛盾。成员还会彼此争宠，希望自己成为工作者的宝贝。在这段时期，有些成员可能会因不能取得权力或太过焦虑而强烈要求退出团体。

由此，工作者应该清楚过渡阶段成员的特点，言行谨慎，运用一些技术，恰当处理冲突与矛盾，促进成员间建立信任的关系，使团体可以安稳、迅速地经历过渡期，走向成熟阶段。

（二）过渡阶段工作者的催化技术

工作者可运用一些有效的话语来解决成员的焦虑、抗拒、冲突和敌对等问题，打破僵局，迅速切入问题的实质与中心，引发成员的深入讨论。林孟平曾详细列出了一些应对过渡阶段冲突与矛盾情景的有效话语。

1．指出成员的感受，协助成员明白表达感受的重要性

“我发觉大家渐渐变得比较主动，实在是可喜的进步。不过，倘若大家能够尝试界定自己内心的感受，并与团体分享，对自己和团体都很有意义。”

“在大家的谈话中，我感觉到大家有许多感受没有说出来，我盼望大家可以坦诚地说出来，不但你自己舒服，还可以帮助大家更好地认识你。”

“感受是很个人化的，并没有对与错，你们有权利充分表达。”

“我很高兴看到有人开始愿意表达自己的感受。其他人也可以不必再转弯抹角，因为在团体中，大家要努力学习直接的沟通，才能使团体达到预期的效果。”

2. 帮助参与者明白自己的防卫行为与心态

“我发觉有人倾向于分析别人和团体的情况以致影响了对个人的探索，你愿意检视一下自己是否有此情况吗?”

“在说话中，概括性和模棱两可的字眼往往是人们逃避某种事实的方法，因此，我希望你们尽量尝试采用具体明确的词语。”

“大家这一阵子的沉默令我很不安，有人愿意告诉我是什么原因吗？我应怎样做呢?”

3. 鼓励成员公开地处理矛盾与冲突，并协助他们认识和肯定其重要性

“我发觉大家似乎不愿意冲撞别人，显得很客气，但实际上内心有很强的负面感受。我希望大家不要有太多顾忌。况且，处理冲突和矛盾也是人际关系中的重要内容。”

“向别人表达负面的感受，只要处理得适当，并不一定会破坏彼此的关系。刚才你可有留意对方的回应？他并没有对你生气，反而谢谢你的关注呢。”

“我发觉团体中似乎出现了对立的情况，大家不发言于事无补，倒不如坦诚说清楚，才会对他人有帮助，否则别人会很不安。正如他刚才所说的，他对自己让大家不和感到很内疚。有人愿意告诉对方你现在的感受吗?”

“要公开地将自己的看法与感受说出来的确不是一件容易的事，但既然大家都曾表示在团体中会努力学习这就是一个好机会。”

4. 鼓励成员承担团体发展的责任

“团体是大家的，每个人都有责任促进其团结的发展。你愿意告诉大家你为什么难以投入吗?”

“我发现许多人提出问题后就望着我，期望我提供答案。我早就说过，我不会这样做。正确的做法是大家都参与讨论，一同进行探索。有谁愿意首先作回应吗?”

“虽然大家在差异中寻求协调并不容易，有些人甚至很冲动，不过，这反映出大家都很认真和投入。”

“我发现你们之间存在不少沟通的障碍，以致格格不入，我希望大家要正视，坦白地说出来，好作处理。”

5. 鼓励成员对他人作真诚的回应

“小张谈了许多自己与父母关系中的问题与冲突，我看见不少人有很强烈的反应，愿意说说吗?”

“我很欣赏××敢坦诚地说出她对团体的感受和看法。她说大家都小心翼翼地发言，表面看来似乎团体很融洽，其实是大家都有戒心，她感到沮丧。我想知道还有人有同样的感受?”

“我明白表达负面感受的困难。不过，既然××说她已有充足的准备来聆听你们对她的看法，我建议大家勇敢一点，坦诚表达。倘若××受不了，我相信她会告诉你的。”

五、次团体

经过初期阶段工作者的示范作用和鼓励，团体已经慢慢形成了一些沟通习惯。在团体过渡时期，成员会通过沟通和互动去寻找和确定自己在团体中的角色和地位，这时团体中可能会出现次团体。

次团体是团体中的团体，或叫附属团体。次团体形成的原因有很多，概括起来有：一些成员被彼此的相似性所吸引；团体规模大，个人的需要得不到满足，次团体替代团体满足成员深入交往的需要；团体的情境导致，如团体不能反映大多数级员需要，聚会次数太少，尚未形成以整个团体为中心的常模；成员的安全需要；团体内意见不一致，出现分裂；有两个或多个工作者带来的分裂。

虽然次团体有它积极的一面，可以增加团体的吸引力和成员的亲密感，但会降低与其他成员的互动，有时还会导致竞争与对立。工作者要特别留意成员之间的沟通与互动模式，并加以适当引导，避免产生不良的次团体，影响团体整体目标达成。

通常，在团体讨论时表现得很主动、活跃、话语多的成员可能在试图争取在团体中的主动地位，包括领导地位。在他之后立即发言的人可能是支持他，也可能是想消除他的影响取而代之。次团体的成员会在每次讨论时互相支持。有的成员不太受欢迎，被孤立。有的成员在旁观，沉默不语。工作者通常在什么时候发言显示了工作者的角色和位置。这些都构成了一个团体的沟通和互动模式。

了解了团体的互动模式后，工作者要善于引导，通过调整团体成员的地位和权力来改变不良的互动模式。如通过分派重要又能胜任的任务给一些地位低、被边缘化的成员，可以提高他们的地位，使其增加与其他成员的沟通与互动。工作者处在核心位置不利于成员发挥主动性，因而他可以渐渐减弱对团体的控制，减少发言，将决策权交给团体成员。还可以采用一些方法分开次团体成员，如用座位的安排，像“大风吹”的游戏就可以很自然地打乱成员座位的顺序；报数分组进行活动也可以将次团体成员分开，增加其与其他成员的互动。

第二节　团体冲突时期的特点和工作

大部分学者都认为团体形成后即刻会发生“重整”，这就是团体冲突。一般来说，冲突是无法避免的，而且冲突对于团体而言，既有建设性，也可能有破坏性的作用。冲突并不可怕，关键是要循循善诱，及时解决。如果处理得好，团体就会健康发展，否则就会分裂。这一时期的总体特点是团体结构受到成员的挑战，权力分化和争权夺利，有些成员因为恐惧而想从团体中撤出，成员之间以及与工作者之间产生分歧、争吵、价值对立等。

一、团体冲突时期的特点

（一）成员的自我意识和权力控制意识增强

此时成员都开始想办法用自己的权威来影响他人，有人对团体在前一阶段产生的领导者表示不满，总认为自己比他人高明，总想用自己的权力控制他人。他们会提出“如果是我，绝对比他干得好”。如此会产生两种结果：一是有些成员权力欲得不到满足，自己内心就会产生心理冲突和失落感，甚至是嫉妒感；二是有些成员把目标对准其他成员，寻找“替罪羔羊”，促使成员之间产生冲突。

例如，有的成员总是爱说，“你难道没有发觉小钟总是出错吗？这件事如果由我决定和领导，肯定比他做得好。他就是会走上层路线，其实并没有多少真才实学。”有的成员还会迁怒于团体中的弱者，他们总爱埋怨道，“这种局面就是由于你的软弱造成的”，“天啊！你怎么这么肥呀？看到就烦”。作为工作者此时一定要非常注意，对团体中控制欲强的人要给予特别的注意和分析，有时必要的对质是非常重要的。对于团体中如下一些特殊成员要给予关注。

1. 有攻击性的成员

攻击性行为包括：贬低他人、否定其他成员的意见、质疑团体目标、讥笑对方、争夺权力等。攻击的方式有时是直接的，如与其他成员直接的对质；有时是间接的，如讽刺、嘲笑；有时是一些非语言行为，如皱眉、不耐烦的神情、不友善的态度等。这些攻击行为会对团体气氛产生负面影响。无论是否其本身的性格因素使然，都会使成员之间关系紧张，引起冲突或危机。

2. 沉默的成员

团体中还会出现不发言、不表态的沉默者。这类成员的存在往往不利于活跃团体气氛，给工作者的工作带来困难，也会对其他成员造成压力。沉默的原因很多，有的是性格被动、内向；有的成员表现沉默往往也与团体的过程和气氛有关，如他们正在思考或整理自己的思绪；有的可能用沉默表示不满等。不过，沉默不完全是一种破坏性的行为，它有时也具有建设性的作用。尤其是中国人的性格特点比较含蓄和“慢热”，在团体活动中由于对自己的意见有保留，也会表现出沉默，这一现象比较普遍。因此，工作者应有足够的敏感度小心地对待团体中较沉默、退缩的成员，尊重成员选择沉默的权力，应避免组内其他成员对他们的“逼迫”，直到他们已有心理准备才适宜进行深度“挖掘”。

3. 垄断、说大话者

在团体中，与沉默者相对的，还有特别活跃的人，他们相当主动积极，有时甚至会形成喧宾夺主的局面。这种成员往往会占去团体的大部分分享的时间，“霸占”了大家倾诉、表达的机会，使自己成为团体的中心。这种局面的持续，会造成其他成员的不满，也会增加工作者开展团体工作的难度，阻碍团体的正常进程。对此工作者一方面要保持这些“积极分子”的参与热情；另一方面要从实现团体目标的大局考虑，有策略地暗示或阻止他们在团体内有过分的表现，可利用团体规则来约束其行为，或将他们的注意力和积极性转移到有利于团体发展的轨道上。

4. 替罪羊——牺牲者、发泄对象

替罪羊是指那些自己选择或他人选择为团体内不良情绪的发泄对象的成员。团体中有的成员把自己的愤恨、不如意推卸到别人身上，从而减轻自己的负担和压力，把注意力从自己身上转移到他人身上。尤其是当团体遇到紧张情况、团体与外在社区发生冲突、成员与工作者产生冲突、团体凝聚力不高或团体目标不能达成时，找到替罪羊便成为团体减少压力、化解冲突的办法。而在团体中，有些人由于个人的不自信，也喜欢扮演团体中受虐者的角色，以此来获得众人的接纳使其留在团体中。研究表明，"替罪羊"的形成往往和当事人的人格特点、行为特性、潜意识情绪，以及社会觉醒等许多复杂因素有关。所以，对于团体成员迁怒于人、宣泄及逃避责任的现象，工作者要小心处理。

（二）有些成员向工作者提出质疑

经过团体前期的工作，此时成员对自己在团体中的角色感到自满，他们开始表现自我。他们会提出"这是谁的团体"等话题，向工作者提出质疑。里德（Reid）指出，经过六次团体聚会，成员会提出"你现在认为团体的未来会如何，你的期待又如何"来质疑工作者。这个问题不仅代表成员开始关心团体的过程，同时也代表成员对团体的参与。成员对工作者的态度也由"领导我们的权威象征"，转变成"团体需要你，但是当我们需要你的引导时，我们会向你提出请求"。

由此可见，冲突期就像人生命历程的青少年期，是一个充满感情而缺乏理智的时期，如果处理得好就会向成熟阶段发展；如果处理不当，团体有可能提前结束。所以，工作者必须积极努力，促使团体健康发展。

（三）团体冲突的形式和团体中的次团体问题

1. 团体冲突的形式

一般而言，团体冲突可以有三种形式：

（1）个人内在心理冲突。即有的成员面对团体冲突，内心非常矛盾和痛苦。

（2）成员之间的冲突。即成员之间由于权力争夺和对问题的看法不一致，而导致的矛盾和冲突。

（3）成员与工作者之间的冲突。即成员对工作者的角色不满，认为此时工作者成为"多余的人"而产生矛盾；工作者对有的成员提出质疑可能导致的冲突。

香港吴梦珍所著《团体工作》中，按冲突性质将团体冲突分成了三种不同的类型：

（1）"理性及秩序式"冲突。它的重心是环绕团体目标的达成，而表达方面以理性为基础。例如，两位成员争论最有效的团体活动方案。这种争论对团体影响有限，但当其演变得越来越情绪化或权力化时，其结果就难以估计了。若解决得好，理性冲突能演化为团体进步的动力。

（2）"心理及情感式"冲突。它主要指因成员性格差别或行为不协调而产生的摩擦、不快，成员间因感情不和、意见相左而演变成的意气之争，由于不能很好地控制自己的情绪而产生的冲突等。此时，情绪因素控制了冲突的双方，团体的气氛也会显得紧张。

(3)“权力及控制式”冲突。它主要指团体成员间为了争夺团体的权力或影响力而产生的冲突。它的表现可以是正式的，如竞争团体领袖；也可以是非正式的，如想通过自身影响团体的决策。这种冲突成因复杂，影响深远。团体冲突是团体工作中的正常现象，也是重要现象，对之不能漠视不理。而且，团体冲突的性质和表达往往因团体性质、成员的特性和团体的成熟程度不同而不同，这就需要运用不同的团体动力去化解。这时还会发生团体对抗工作者的情况。随着团体活动的深入，工作者在引导团体实现目标的过程中，常常被视为引起矛盾和挫折的重要人物，有时会使成员感到压力和威胁，甚至引起成员对工作者的敌意和挑战，进而怀疑工作者的资格和能力。

这种现象在团体中出现时有时是很明显的，有时不明显。一般来说，在工作者比较权威的团体中，这种敌意和挑战的负面影响不太明显。这样的团体可能拥有表面的和谐，并压抑和隐藏着一些不良的情绪直到团体结束。但对团体本身发展来说，没有经历过“挣扎后的成长”，却未必是一件好事。

2. 团体中的次团体问题

大部分团体都会产生次团体，这是团体发展过程中的自然现象。次团体产生的主要原因是由于在一个团体中成员的社会关系、个人性格、心理倾向、特殊嗜好等都不相同。次团体一般由两三个人组成，它可以诊断一个团体的现状，也可以使一个人在次团体中获得情感的归属。当次团体意识到自己是团体中的一员时，团体的凝聚力就增强了。当次团体遭受反对时，可能会导致团体解散。所以工作者应该正确对待次团体，加以正确的引导。一个健康的团体都会有若干次团体产生，但健康的团体发展是每一个次团体都认同团体共同目标，而且整个团体虽然有次团体“领袖”，但大家也有一个共同的团体领袖。次团体向坏的方面发展时就可能出现派系。所谓派系就是次团体只认同自己的目标和“领袖”，整个团体四分五裂成若干个次团体，既没有共同的目标，也没有共同的领袖，这对团体工作是一个危险的信号。作为工作者应防止派系出现，因此对次团体进行正确引导和控制是非常必要的。

二、解决团体冲突的工作技巧

在这一阶段工作者的角色和团体规范形成阶段基本相同，在这一阶段工作者的地位是轴承的位置，角色是可变的角色。关于工作者解决冲突的方法和技巧，现提出以下几种。

(一) 包　容

所谓包容就是包含和容忍。工作者要能够容忍小组中的冲突，要能够以平常心看待冲突，应该认为冲突是很正常的现象，是团体的自然整合过程，不一定是坏事，绝大部分团体都会经过这一阶段，处理得当，坏事会变成好事的。千万不要一有冲突就如临大敌，好像“眼睛里揉不得沙子”，非要把矛盾公开化，迅速解决不可，这其实是不明智的做法，原因有两点：其一，没有冲突的团体是不存在的，冲突是团体的正常现象；其二，许多矛盾是可以自生自灭的，有时矛盾不公开化，反而有利于矛盾的解决，若不加思考就将冲突公开化甚至上纲上线，可能不利于矛盾的解决。当然，有些冲突是要解决在萌芽状态的。所以，工作者的包容心态非常重要。

（二）冷 静

所谓冷静就是不做冲动的反应。应该让冲突在自然的过程中逐步化解，许多冲突随着时间的推移是会自生自灭的。应该善于利用冲突，冷静分析，循循善诱。遇到冲突时，工作者应该冷静和敏锐地觉察出问题症结所在，不宜有威胁、指责、挑衅或惩罚的行为。工作者对于冲突的处理，有人认为应加以干预，以使团体结构不受损坏，但是有些人则持相反的看法，他们认为冲突有益于自我再认知，成员可以通过与别人的回馈了解冲突的本质，工作者可以引导成员从冲突过程中获得同理的能力，何况说，冲突本应由团体成员来处理。通常在团体发展过程中，冲突是有意义的，工作者不一定即时干预，但是一定要去面对它。面对冲突的方式可以是直接干预，也可以采取旁观的态度。

冲突既然有其积极的意义，工作者必须协助成员使用冲突，其方法是澄清冲突的本质，支持和协助成员去解决冲突所带来的紧张情绪。关于工作者是否协助成员去了解团体的经验，有些学者主张不必去解释或协助成员认知他们所面临的社会过程，也就是说工作者站在“不必去运作过程”的立场，让团体过程自然发展。有些学者主张，工作者的伦理守则中有一项是关于成员的自决，成员有权要求在非控制下达到目标。所以，工作者不可自行预控所有团体的发展过程，而是应当告之团体可能的发展过程。

工作者协助成员澄清团体的过程时，他可以将论题提升到意识的层面或使之语言化。如“有没有人想谈一谈现在团体发生了什么?”或是“谈一谈现在的感受，如何”。这些话题都有助于使冲突趋向理性的对质，避免冲突被压抑而流入潜伏性的危机层次。

工作者干预冲突时不可太早封闭冲突，也就是工作者不能为了及早跨过冲突的障碍而粉饰太平，刻意地使团体表现牵强的和谐。工作员应该牢记团体是属于所有成员共同拥有的，如果有任何冲突，应由成员共同来面对。而且，许多时候冲突是有益于团体的发展的。譬如，为了避免团体成员表现出一厢情愿的服从，或是制定不成熟的决策，以及避免团体失去活力，谨慎地挑起冲突并无大碍，反而有益。工作者应切记要去除“不忍心看到团体冲突的窘态”的想法。

总之，工作者应协助成员澄清与确认引起冲突的话题，而且去直面它。如果冲突被及早地稀释掉，则只是代表冲突转入地下，或是换个时间爆发而已，重要的是工作者应协助成员掌握解决冲突的技巧。

（三）理 性

所谓理性就是无偏见，就是用客观公正的态度对待冲突。这种冲突无论是成员之间的，还是成员对工作者的，都应该持有“公正心”。

（四）分 享

工作者应该对冲突负责任，敢于面对冲突，决不回避矛盾。分享的含义很广，包括工作者能够体验他人的感受和情绪，分享他人的痛苦、快乐等。工作者只有懂得分享，才会认真关注每一个成员的实际困难和他们的思想、情绪，也才会对他们提供实质性的援助。

（五）稳　定

面对冲突，工作者为了整个团体的稳定，应该尽可能协调各种矛盾。在冲突阶段工作者应该以大局为重，表现出高超的协调能力，因为此时成员把工作者放在了“矛盾的焦点”位置，他们会把各种不满、指责、攻击等情感莫名其妙地发泄到工作者身上，这时工作者应该表现出高度的同理、诚恳和接纳的态度，只有这样才能使团体渡过危机期，顺利进入成熟期。

（六）焦点回归

焦点回归就是把问题抛回给团体成员，让他们自我解决。工作者把论题抛回给团体是表现其轴承位置与可变角色的实质功能。所谓把论题抛回团体是指工作者不担任最终的决策者，而是一位提醒者和鼓励思考的媒介，他用启发性与示范性的表达以鼓励成员发表不同的看法，让任何引起争议的话题能透过共同的参与达成共识，也就是创造一个以团体为焦点的问题解决情境。工作者将论题抛回团体的方式可以表达为，“大家觉得这样是否恰当”，“别人有没有进一步的想法”，“有没有不同的意见呢”，“要看这个建议对大家的影响如何，不妨让我们仔细地思考它”，“大家觉得怎样”等。但是，把论题抛回团体的用意并非要工作者完全放弃主张或权力，他仍然可以有介入的行动，只是比以前的各个阶段更少涉入问题的解决过程，更少引导活动罢了。因为，工作者相信成员自己能把握团体事务，不再需要全力去引导团体过程。工作者可以通过自己的知识和经验来检验团体自主性的能量有多高，从而决定自身角色涉入的深浅程度。

（七）游戏介绍

这一阶段要充分运用建立价值、信念和角色扮演的游戏，帮助成员澄清价值两难困境，解决冲突，使团体顺利进入成熟与和谐阶段。

1. 认清价值观、修正信念的游戏

示例2：价值拍卖

工作者将一份列有拍卖品（即价值）的海报或是印制好的小纸片公开，要求成员用自己所拥有的总金额，购买上列的价值。每个人所拥有的金额原则上统一规定，如一千元或一百元。领导者开始叫卖每一项价值，由开价较高的成员得标，叫价所支出的金额应从个人可支配的金额中剔除。拍卖完成后，团体进行讨论，以分享成员间价值选择的偏好或对价值选择的不同和相同的原因与感受。价值拍卖的内容通常是包括友情、健康、工作保证、理想婚姻、出国旅游、服饰、洋房汽车、爱情、高学位、子女、人类和平、升官、发财、领导能力等。这个游戏旨在帮助成员澄清自己的价值偏好和价值反差，从而认同彼此的价值选择。

示例3：鳄鱼河

这个故事是说有一位女士想渡过鳄鱼河去与情人相会，而她自己没有能力安全渡河，为了免于鳄鱼的攻击，很快与情人相见，于是她请求船夫协助，船夫的代价是要求以一次性交作为渡船资费，她在两难之下，选择了与船夫性交而渡河。当她过了河会见情人，她的情人知道她与船夫发生性关系，就此遗弃了她。这位女士将此事告知另一位朋友，这位朋友就数落这位情人的不是。

工作者可以询问成员对故事中四位角色（女士、船夫、情人和女士的朋友）人格的评价，再逐一讨论个人偏好的原因。这个故事结合了“性”与“忠诚”的价值抉择。除了以上所举鳄鱼河的故事之外，也可以将故事改变成荒山中的飞机失事事件，将故事中的因素增加为理性、罗曼蒂克、自私、实用主义、道德等，使故事的情节因素更为复杂，让成员作出判断。

由于工作者对成员的情绪影响很大，所以，对其价值判断的影响也会很大，工作者应避免自己进行价值判断，不要让成员觉得是在诱导他。工作者“非评判”可以促使成员自我暴露，工作者要告诉成员他们所说的一切必须是真诚的，如此，价值澄清的活动才有意义。

示例 4：冰海沉船

就是模仿“泰坦尼克沉船”过程，鼓励人们学会互相帮助，勇于献身，同时也可以显示爱心和团体的力量。

2. 角色扮演游戏

利用角色扮演来增进自我了解与设身处地的态度是直接而有效的。如果团体中冲突现象难以化解，不妨使用几种角色扮演的活动来复制冲突的情境。

（1）角色互换。对于引起冲突或沟通不良的成员利用扮演对方的角色方式，使原来的冲突情境或沟通情境再现。之后，团体一起来讨论角色互换的结果。最重要的是，角色扮演者应坦诚地表达自己扮演他人角色的感受，以及通过对他人扮演自己的角色的印象来增进自我了解。角色扮演有助于增加同理心，使人们能够站在他人的角度考虑问题，从而增强设身处地的态度。

（2）角色冲突。由领导者先编好一个剧本，以配合团体情境发展为原则，其中必须要有试图引起若干冲突的情境。演员可由成员志愿担当或由工作者视团体目标的需要而挑选。

示例 5

主角是一位职业妇女，在晚饭后先生期待她陪伴；孩子中有人喊着要妈妈放水洗澡，有人要吃水果，有人要妈妈听他谈今天学校所发生的事；另外公司的同事打电话来要她去参加公务应酬宴会……

演完之后，领导者可以要求演员与观众共同讨论现场的观感，包括对角色的偏爱程度，角色扮演的感觉，对相对立角色的看法，以及如何才能解除这种冲突情境。

除了以上所介绍的活动外，凡是有助于人际沟通的活动都可用于此阶段，如沟通训练、人生历程的回顾、谣言传播、深度自我描绘等。

第三节　团体成熟时期的特点和工作

团体顺利渡过冲突期后，就进入大家期待的成熟过程，这是每一个成员的理想，也是大家共同努力的结果。

一、团体成熟时期的特点

（一）成员达到最理想的沟通状态

此时由于成员彼此交流密切，产生互惠。团体成员知道其他成员会说些什么，以及对某些问题的态度和反应；当有些成员说了或做了一些错误的话和事时，其他成员会抱以宽容和理解的态度；此时成员讨论的内容也变得比较宽泛，大部分成员在每一次聚会时都能分享别人的感受和想法，受到启发。互动、治疗和援助的效果此时最明显。

（二）团体形成最有效的管理模式和解决冲突的方法，成员之间有充分的默契

在这一阶段，团体的规范已经制度化。此时，几乎所有的一切都有一个固定的管理模式，管理工作健康而有序地开展。最可贵的是成员之间很默契，因为彼此有了充分的理解和尊重。

（三）团体有足够的能量达成目标

这时会出现两种情况：一种情况是团体的目的和目标变得十分清晰，比如在互惠模式团体中别人的经验对自己显然立竿见影，在治疗性团体中成员开始处理更深入的个人和人际关系问题，这些问题包括成员的自主性、害怕被伤害的感觉、沮丧、敌意、亲密感等问题，在团体成熟时期，成员会放弃他们的面具，而使团体的自我表露达到高峰；另一种情况是成员对团体的感觉很好，但希望有更新、更好的目标，以利于大家发展，所以此时可能会重新修订目标。

（四）团体的概念更加深入

随着成员在一起的时间增加，团体的界限被打破，凝聚力增强。这时成员会把“这个团体”变成“我们的团体”，成员有“家庭一分子的感觉”。

（五）权力结构趋于稳定

此时团体的领导、次团体的“领袖”已被成员所认同，不会再有权力之争。

（六）成员会比以前拥有更大的自主性，但彼此之间的依赖性更强

成员在团体中分担更多的责任，彼此之间的了解更多。由于成员彼此的兴趣和关心，团体会出现“配对”和产生“次团体”，成员会表现出更多的同理心、真诚和理解，成员不仅期待工作者协助，更需要其他成员协助。

二、团体成熟时期的工作

在这个凝聚力强、大家非常和谐的时期，工作者的角色和位置已经发生变化，此时工作

者扮演催化促进的角色，处于边缘位置。此时工作者对成员之间的关系和活动节目的开展起到促进作用，就像一个协调师。而且由于成员自立、自理、自我管理能力的增强以及自我意识的觉醒，工作者的地位从中心位置转变为边缘位置。整个团体再也不是围绕工作者而开展工作，团体此时完全被成员认同，成为他们自己的团体。根据以上分析，工作者应该做好下面几项工作。

（一）引　导

引导的技巧主要表现在两方面：一是忠告；二是咨询。所谓忠告就是在活动开展前，工作者向成员提出原则性的建议和要求，以及工作者根据以往的经验向成员告诫可能出现的问题及其注意事项等。所谓咨询就是工作者随时解答来自成员的询问，帮助他们揭开困惑和疑问，最大限度地提供信息。

总之，此时工作者处于边缘位置，绝不能像前面的阶段，凡事都事必躬亲，亲自过问和管理，而应该相对比较“超脱”，像一座灯塔起到导航的作用。

（二）支　持

工作者对团体的支持有两层含义：一是鼓励团体自我管理、自我约束。特别是对不善于表达的成员应该给予特殊的注意，如可以鼓励他们即兴发言。二是工作者要对成员的行为负责任，不仅鼓励他们去做，而且应该帮助他们解决后顾之忧。

（三）游戏介绍

1. 信赖游戏

这种游戏主要是通过成员身体的接触，训练成员之间彼此信赖，以培养团队的安全感。

示例6：扶倒练习

由成员轮流到团体中央，其他成员谨慎地围成一个圈，随时准备迎接倒下来的成员，站在中央的成员闭上眼睛，放松自己，缓缓地倒向任何一个方向，在外圈的成员见到成员倒向自己的方向，应该迅速接住他，再将他推回到原位。在最初的接扶动作上，可以让成员的倒地动作不要过大，渐渐尝试几次后，才适合做较大的倒地动作。这种游戏可以多人做，也可以两人一组进行。进行中务必循序渐进，才能培养信任感。警告成员绝不能有疏忽和开玩笑的举动，以免发生危险。

2. 探索自我游戏

这类活动主要是教会成员面对自我、肯定自我。它主要是通过别人对自己的评价，树立自信。

示例7：谁是我

这是考验团体成员经过了数次聚会之后，是否相互了解并借此反映自己在别人心目中的印象。首先由每一位成员用小卡片写上四句或五句有关自我形象的描述，包括嗜好、个性、过去、未来、优点、缺点等。然后，由主持人将卡片收回重新抄写一份所有成员的自我描述，复印发给各位（或由主持人当场念出每一位成员的自我描述），由成员们来猜各个纸片上描述和刻画的是谁，不论猜对与否，答案先不公布，到所有描述都被猜过后，再公布答案。最后，讨论被了解与不被了解的感受。

示例 8：重点轰炸

就是让每一位成员轮流到团体中央接受别人的评价，回馈的焦点可以放在成员的优点和缺点上，回馈的范围是团体几次聚会时发生在个人身上的行为，被回馈者只能聆听，不能回话。如此轮流轰炸完毕后，由工作者带领成员讨论，内容是在被回馈前和回馈中自己的真实感觉、被轰炸时的感觉以及现在的感受等。

3. 自我表达游戏

这类活动主要是让成员有机会表达对团体、成员和工作者的看法，了解成员的真实感受，同时，具有自我肯定的训练效果。

示例 9：我在想什么

为了让成员真实地反映自己目前的心理感受，团体可以使用这个游戏。先让每一位成员用纸笔写出或画出自己目前的真实感受和心理状态，可以实写也可抽象地写。然后，将画或文字交回给主持人，每个人在作画或写的时候，可以离开现场，互不窥视。主持人将所有的画或文字置于团体中央，请大家发表对每一幅作品的看法。最后，由原作者发表自己的真实意图。如此轮流，直到所有的作品都被欣赏完为止。

示例 10：我的感受是什么

为了使成员真实表达出自己喜怒哀乐的情绪，工作者可以尝试运用这个游戏。先将成员分成单数和双数，然后让成员按照单双交叉的顺序围成一个圈，由单数号成员轮流向左邻的成员说出一句心里话，如“我很欣赏你的才华”或“你很美”，接着由对方给予回馈。工作者可以要求第一次回馈可以用客套话，如“谢谢你”或“我很高兴听到这句话”；第二轮仍然由单数号成员表达，但对象是右邻的成员，表达的内容是一样的，但回答则尽可能是自己的真实感受，如“我不觉得有多好”、“你太高估我了”等。接着换由双数号成员向单数号成员表达，做法相同。这个训练可以使成员区别社交表达和真实表达的差异，使他们分清表达的场合和对象，同时也使成员能够学会理性地表达自己的感受与坦然地接受对自己的真实反馈。

最后让我们以一个实例进一步说明这一阶段的工作。

示例 11

在一个单亲母亲团体中，阿红从进入团体起一直沉默寡言，不愿意说话。据介绍她进入团队的街道干部说，她不会在人前说话，每年街道送慰问品给她，她连一声“谢谢”也不会说，在前几次团体活动中，每次轮到阿红发言时，她都低着头，红着脸不肯说话。自我介绍时，阿红用只有她自己听得到的声音说出了自己的名字。成员们纷纷劝她发言，都没奏效。在第四次团体活动的家庭作业分享时，轮到阿红发言时，她令人意外地站了起来，怯怯地问道："我可以说几句吗？"然后，她掏出了一张纸，大胆地念出自己写的一封信。阿红的行动得到工作者和成员的热烈欢迎和鼓励。

从以上例子可以看出，这个团体是一个分享的成长团体，成员是离婚的单亲妈妈，经过三次团体活动，成员之间有了进一步的了解，团体处于成熟与和谐阶段。经历了团体的冲突过程，团体在磨合中逐步整合，进入成熟时期。此时团体的凝聚力与和谐达到高潮，团体工作在这一时期有序而高效地进行着。

三、特殊成员的处理

团体中每个成员都有自己的个性特点，有或多或少、或轻或重的个人问题。当他们将这些带进团体时，工作者就会发现团体中出现一些难以捉摸、往往令工作者疲于奔命的成员。他们的言行会对其他成员带来干扰，倘若工作者处理不当，可能会阻碍团体的发展，令团体的效果大打折扣。

难以处理的成员类型很多，下面只探讨其中几种常见的类型。

（一）导师与顾问

这类成员在团体中通常很忙碌，看来很投入。不过，他们只是忙于找机会向别人提供意见和建议。一般成员不喜欢他们，甚至会产生厌烦。但喜欢依赖他人，不想对自己行为负责，或对自己缺乏耐心的成员对这类人却非常欢迎。对于工作者来说，这类人为他带来不少问题，不但破坏了个别成员学习处理问题的方法和成长的机会，对整个团体的发展，也造成了很多阻碍。

他们在团体中给予他人意见和建议时，满足了自己一些潜意识中的重要需要。学者认为他们乐于给意见可能是因为：第一，将注意力从个人的问题引开；第二，表示自己的能力比工作者更强；第三，对正在寻求帮助的成员有轻视和敌意，却借此作隐瞒；第四，对别人尝试面对痛苦经历和主动适应感到很不安，当他无法面对时就会提出意见作为逃避；第五，有些人其实本身是很依赖人的，但为了掩盖自己的问题，就不断扮演"导师"和"顾问"的角色；第六，有些人是出于助人的诚意，认为自己是在帮助他人。

因此，"导师"和"顾问"往往是两类人：一是对自己很有信心；二是很自卑，很没有安全感。

一些人在日常生活中就一直扮演父亲、母亲或兄长、姐姐的角色，经常忙忙碌碌地给别人提供建议和帮助。碍于情面，很少有人会明确地表达自己的不满。日子一久，他们也以为自己的意见很有价值，别人都需要他，重视他，在自己制造的假象中生活。在团体中，当团体发展得较好时，可能会有人忍不住坦诚地说出个人感受，工作者要珍惜这机会，协助"导师"勇敢地面对他的问题。

（二）悲痛者

有的成员一旦在团体中得到关爱和温暖，往往在触及痛处时就会将长久压抑的感情趁着机会倾诉和宣泄，痛哭不止。当一个人在团体中痛哭，反映他在众人的鼓励和支持下勇敢地正视自己，不再逃避。如果只是偶尔哭泣，我们可以看作正常，在治疗性团体中，它还具有治疗的意义。但工作者要留意团体中经常会情绪激动且哭泣的成员。

经常痛哭的成员通常情绪很不稳定，因为他们内心有很多负担，有许多未曾妥善处理的伤痛，以致在团体活动时，容易触发个人的悲痛。这类成员对工作者来说是很大的挑战，一些工作者往往不知所措，尤其是当工作者或者成员为男性时，更不知如何处理。

工作者要先了解哭泣的原因。对于期望引起注意的，不要过于关心，待平静后处理。如果是因为伤心、难过，则应给予关怀和安慰。对于因压抑太久突然发泄出来引发的哭泣，工作者要指出其建设性意义，待其平静后，协助成员从中学习。

（三）沉默者

团体中可能有成员很少说话或者基本不说话，保持沉默。沉默的原因很多，抗拒、逃避、害羞、沉思、不知说什么、受到伤害、性格内向等都可能导致沉默。沉默者也会给其他人带来压力和威胁，因此工作者先要尝试了解沉默的原因。有的沉默者是因为抗拒和退缩，有的虽然沉默却对团体很投入。工作者可以自然地抓住一些时机，请沉默者表达自己的感受，如“在过去几次聚会中，你很少讲话，今天你愿意说点什么吗?”“我发觉你在聚会中显得非常安静，我很想知道你的感受如何?”

一些沉默者不愿意讲自己的感受，工作者不要强迫，可以采用配对或分组讨论的方式降低焦虑，引导其表达。将感受书写出来，如“我的秘密”等活动也可以减低沉默者对当众表达的顾忌。

示例12：“我的秘密”

准备笔和纸张，让每位成员以不记名的方式在各自的纸上写下他们的感受或想说的话。完成后，将所有纸张混在一起，由成员各抽出一张读出来，不用查证是谁写的，成员就读出来的各种问题进行讨论。这种方法可以让成员在安全的气氛下说出他们的困扰、表达感受。

（四）满怀敌意者

团体中有的成员不断对其他成员进行言语上的攻击、挖苦、讽刺，冷言冷语、满怀敌意，让其他成员很难接受。这样的成员通常在人生经历中受过伤害，对人不信任，习惯孤立自己，对他人诸多要求，百般挑剔。有的用直接方式表达，有的用间接方式表现，如语气不耐烦、不友善的口气、皱眉等。

相对来说，这类成员给团体带来的影响很大，容易造成对立，影响团体和谐气氛。工作者首先要冷静，明白攻击并不是针对自己或其他成员，而是成员自我保护的一种方式。然后以坦诚的态度表明自己对被攻击的感受，邀请成员讨论此时的感受，协助有敌意者放弃敌意，从他人的角度考虑、学习有效的沟通行为。

总的来说，当出现了特殊成员时，工作者可以先看看团体有什么反应，因为处理问题成员不单是工作者的工作。通常问题成员的出现与整个团体的互动有关，如“导师”的出现往往是成员退缩、沉默、不愿意向其挑战的结果，“替罪羊”的出现是因为一些成员逃避责任，不顾及他人感受。工作者帮助成员找到原因，鼓励成员一起面对和解决。对一些因个人以前经历等原因导致的严重问题或在团体中无法解决的，工作者也可以视情况聚会后单独面谈处理。

本章小结

在过渡阶段，成员内心会很焦虑和矛盾，十分关注别人对自己接纳与否，害怕被拒绝，表现出焦虑与防卫、冲突与矛盾、争夺权力等心理特点。在这一时期工作者可运用一些有效的话语来解决成员的焦虑、抗拒、冲突和敌对等问题，打破僵局，迅速切入问题的实质与中心，引发成员的深入讨论。也就是通常所说的催化技术。

团体形成后即刻会发生“重整”，这就是团体冲突。一般来说，冲突是无法避免的，而且冲突对于团体而言，既有建设性，也可能有破坏性的作用。冲突并不可怕，关键是要循循善诱，及时解决。这种情况下，如果处理得好，团体就会健康发展，否则就会分裂。这一时期的总体特点是团体结构受到成员的挑战，权力分化和争权夺利，有些成员因为恐惧而想从团体中撤出，成员之间以及与工作者之间产生分歧、争吵、价值对立。

我们要把握好团体冲突时的特点，做好团体冲突的工作。也要有针对性地把握好团体成熟时期的特点，同时运用支持、引导技巧来作好处理工作。要注意对特殊成员的处理。

思考题

1. 简述团体中期的特点、目标和任务。
2. 过渡阶段的工作技巧是什么？
3. 工作者解决冲突的方法和技巧有哪些？
4. 简述团体成熟时期的特点。
5. 特殊成员的处理过程中应注意哪些问题？

推荐阅读书目

[1] 陈丽云，樊富珉，等编著．身心灵互动健康模式：小组辅导理论与应用．北京：民族出版社，2003.

[2] 王慧君，等编．团体领导者训练实务．修订本．台北：张老师文化事业股份有限公司，1997.

[3] 李滢铨，等著．社会公平发展游戏集．北京：社会科学文献出版社，2005.

[4] 何洁云．社会工作——小组工作．香港：香港理工大学应用社会科学系出版社，2002.

第十二章

团体的结束

要点提示

团体后期的特点、目标和任务；离别的准备和情绪处理；团体的结束、团体结束后的跟进。

团体的后期作为即将收尾的阶段，有其特殊性和重要的功能，同样是团体工作不可忽视的环节。此时工作者应帮助成员进行工作的总结、评估，使大家了解自己的收获、发现新的目标和需求、寻找新的团体、防止不良心态和消极行为的发生。

第一节　团体后期的特点、目标和任务

一、团队后期的特点

（一）团体后期的界定

前边已经提到，团体的过程是连贯的，阶段与阶段之间的界限也没那么分明，在此书中，我们将团体分成不同阶段来讨论和总结，从而分析不同阶段的特征，也是为了便于大家在头脑中建立一个相对清晰的框架，以便深入认识团体过程和工作技巧。

一般而言，团体后期不单是指团体的最后一次聚会，它是团体和成员达到预期的目标、准备结束团体的一个动态过程，同时还应该包括团体结束后一些相关的跟进工作的安排。

（二）团体后期的主要特点

1. 正面的、积极的情绪

由于团体大部分成员的需要在某种程度上得到满足，目标也已经实现，成员彼此间建立了互相接纳和愉快的合作关系，甚至成为朋友和伙伴。团体成员在团体中具有正面、积极的情绪体验。他们通过参加团体活动，进一步增强了对自身的认识和了解，不断自我完善，成员的自我形象和社会功能也有所提高，有能力去面对和支配自己的生活，也会热切期待在未

来的生活中可以实践在团体中学到的东西，对自己的将来有一份美好的憧憬。而且，部分成员已经能在团体外获得满意的经验，并能与他人建立良好的人际关系，这一切使成员的自我能力明显增强。

2. 负面的、消极的情绪

此时成员也有明显的负面、消极情绪。

（1）担忧、失落。经过一段时间的相处，成员之间已建立起密切的、支持性的团体内人际关系，面对即将分离，成员难免有些悲伤和失落，部分成员也会对将来能否建立一个互相信任与接纳的社会关系产生担忧，进而会产生一种被团体遗弃的感觉，初期加入团体的落寞感再度升起，拒绝分离。

（2）否认、逃避、行为倒退。团体即将终结，一方面会对成员产生一种压迫感，另一方面也会增强他们对团体经历的眷恋，为了使团体能延续下去，他们会采取逃避的态度，否认团体即将结束的事实。例如，通过引入一些新话题、新任务，或是用缺席等方式来避免结束团体。

此外，成员亦会用一些倒退性的行为来对抗团体的分离。例如，成员间关系松散，或是已解决的问题再度出现等，这些都是成员对分离的恐惧、抗拒等心理的反映。

3. 成员之间的联结呈现松散状态

团体后期，团体的影响力和团体规范的约束力都逐渐减弱，成员间的联系也比较松散，互动频率和强度相对降低。同时，有的成员开始将部分精力转向与外界的联系，为适应实际生活做准备，也有人由于害怕团体结束带给自己伤感，采取“自卫”行为，及早离组或对团体投入的感情减少，从而降低由于团体分离对自身的伤害。

二、团体后期的目标和任务

总体而言，团体后期的目标和任务就是巩固成员正面的、积极的情绪体验，尽力消除成员负面的、消极的情绪体验，巩固团体工作的成果。

（一）团体后期的目标

简单来说，团体后期的目标就是巩固团体工作的成果，帮助团体成员独立地、有成就感地离开团体，并且巩固其在团体中的学习经验，使其能运用于日常生活中，从而进一步发展和成长。同时，还要尽可能增进成员对团体经验的良好印象，从而吸引团体成员日后参加类似的团体活动。应该指出，团体成员是否真正实现了团体目标，真正领会和吸收了团体所提供的有益经验，熟练地应用于实践，在很大程度上取决于工作者对团体的运作尤其是团体后期的介入方法和技巧。我们必须善始善终。

（二）团体后期的任务

1. 评估团体目标的实现情况

评估团体工作的效果和效率，评估目标达成情况，团体动力情况，有何特殊事件，处理情况如何等，不仅是对本次团体工作的总结，也是为下次团体工作提供参考。

通常结束时大家关注的焦点，与当初参加团体时所选择的议题有关，成员会结合在团体过程中获得的信息加以讨论，重点在这些信息对个别成员的意义，以及成员对参加团体的经验是成功或是失败的原因的探讨，这是很难通过问卷和工具加以了解的，必须通过讨论获得。

另外一个重点就是让成员自由地讨论自己的改变，特别是分享自己对团体活动过程中喜欢和不喜欢部分的讨论，这对工作者来说更为宝贵。这些信息可以作为工作者今后改进团体活动的重要依据。

一个有责任的工作者首先不应害怕接受成员对自己的评价（批评），而且这种评价不应等到团体结束时才进行，可以随时给成员一些机会反馈对工作者带领团体的感受。工作者首先要建立起与成员之间的信任关系，才能让团体成员自由而真诚地提出自己的意见和建议。工作者可以询问以下问题来了解成员对自己的看法和建议：

（1）在团体的过程中，你觉得对你最有帮助和最没帮助的行为有哪些？

（2）你希望我能表现出来却没有表现出来的行为有哪些？

（3）有关我个人的特性方面，如说话的方式、介入的时间、幽默感、自我表达的方法等，对工作有帮助或没有帮助的有哪些？

（4）你觉得我了解成员的能力如何？我表达了解和不了解的方式如何？

（5）你觉得我在你面前有多真实？

（6）你能感受到我所表达的支持和关怀吗？

（7）你觉得我面对与自己不同性别和文化水平的成员的方式如何？

2．了解和处理成员有关团体结束的情绪和感受

正如我们前面指出的那样，成员在团体结束前会有许多情绪，而且通常会觉得这些情绪难于处理，但是成员又必须学会如何处理。因为一方面，每一次面对结束的经验本身都会增强下一次面对结束的能力；另一方面，对团体工作来说，没有处理好的情绪经验会阻碍成员记住和应用本次团体中学到的经验和技能。

在团体后期，即将到来的离别时刻常常将团体笼罩在由工作者和成员造成的一种“非理性伤感”的气氛之中，作为工作者首先要处理好自己的情绪，同时要帮助团体成员接受离别的事实，做好结束团体的心理准备。一方面要调动团体成员的情绪，鼓励他们将内心的感受充分表达出来；另一方面要让成员认识到团体结束的正面的、积极的意义，从而引导其对团体结束后的生活做出妥善的安排，将视线投向对未来生活的美好憧憬。

3．保持成员的变化，巩固其已经习得的技巧

如何在团体过程结束之后，协助成员维持过程中所获得的改变，是工作者最关心的事。研究表明，造成成员无法有效维持改变的主要原因，并不在于协助成员达成改变的技术，或是成员本身掌握的改变能力，而在于成员所处环境中的负面因素对成员学习的新行为或方法造成了反向影响。所以工作者在面临团体结束时，必须和成员一起讨论维持新行为的技巧，使团体成员能够保持其已改变的行为，并能应用到日常生活中，从而使团体成员能将已经习

得的新行为运用到现实生活中。具体的方法有：

（1）模拟练习。将团体作为实验室，设定模拟情境，使成员在团体结束前，有机会尝试新行为，或留家庭作业让成员演练所学习的社交技巧，使新的行为得到巩固。

（2）肯定正面感受，加强成员的自信。由于团体更多地将注意力集中在成员不足的方面，容易导致成员对自身能力的否定，工作者要通过随时随地地鼓励和肯定成员的进步，排除或减少其负面感受，使之对离组后自身的能力更有信心。

（3）寻求外部资源支持，做好跟进工作。为了帮助成员更好地融入现实生活，工作者可寻求成员家人、朋友、社区等支持网络的协助，以维持和巩固成员已有的进步和变化。如果成员有兴趣继续学习提高，工作者可提供有关资源，如可以转介到其他团体，或提供个别心理咨询和家庭治疗等。

（4）鼓励成员独立。团体后期，工作者要鼓励成员运用其自身的能力、资源去处理现实生活中的问题，逐渐降低团体对他们的吸引力，保证团体圆满到结束。工作者要引导成员对离组后的生活做出妥善的安排，将视线投向未来的美好生活中。

4. 协助成员制订将来的计划，适应外部的情境

工作者可带领大家讨论将来可能会遇到的各种事件，释放成员对未来的担忧情绪，通过制订切实可行的行动计划，成员间相互鼓励与支持，增加彼此的信心，完成由组内到组外的有效过渡，让他们勇敢地面对未来。

5. 处理未完成的工作

对组内规定完成而未完成的事项，做出及时的总结和处理。此类事务要视情况而灵活处理。

6. 转介

了解特殊成员的需要，对那些要给予进一步关注的成员，可安排转介服务，鼓励其转向其他机构寻求帮助。

第二节 团体后期的工作技巧

一、离别的准备和情绪处理

（一）后期工作开始的离组准备

1. 告知团体成员离组的日期，协助成员回顾在组中的收获，检验成员目标达成的状况

在团体后期，工作者要在团体活动结束前一两次告知成员团体结束的大致时间，让成员有心理准备，接受即将分离的事实。工作者应表明自己对离别时成员的情绪变化的理解和接受，鼓励成员将自己的团体经历和离别时的感受表达出来。

工作者可以现身说法，与成员分享自己在某项工作完结时的体验，来引导成员表达自己

的感受。这种表达和分享主要是令工作者更明确自己在结束期的任务，及时帮助成员妥善处理一些问题，并给予适当的支持和鼓励，与成员共同总结在团体中学到了什么、经历了什么，进而增加成员对自身能力的了解、肯定自我、树立信心，并在必要时为一些成员提供组外协助，以减低成员将要离组时产生的焦躁不安与彷徨。对团体目标达成状况的认识上，可以由工作者对各个成员做出初步的评价，帮助成员回顾个人在团体中的成长历程，工作者也要对成员的团体表现给予评价。通过与开组前状况的对比，肯定成员的进步，同时指出未完成的目标，鼓励成员在团体后期积极参与活动，努力完成既定的目标。与此同时，也可由团体成员自行评估，总结自身目标的达成情况，以及成长经验。成员也可以给自己“打分”，以便充分利用团体结束前的时间弥补和改进。达成目标是团体工作的核心。因此，在后期离组准备上，应将部分精力放在对目标达成情况的评估上。

2. 鼓励成员提高独立解决问题的能力，减少他们对团体的依赖

在团体工作结束之前，工作者应该关注并培养团体成员的独立意识，创造条件使其学会面对不具支持性的环境，使成员学会运用在团体内培养起来的自信和学到的技巧与方法，面对困境，解决问题；还要有意识地培养成员理智地分析、判断所遇到的难题及其相关因素的能力，使成员摆脱对团体的依赖，真正实现团体目标。

此时应逐渐淡化团体对成员的吸引力和影响力，如果团体此时仍对其成员具有很强的吸引力，团体的结束对团体成员来说就不是一件容易的事。团体成员间经历团体发展过程后会有强烈的正面感情，当他们面对分离时会有强烈的负面感受，工作者必须注意此时团体成员的情感变化，巧妙地降低团体的吸引力，以便使成员能适应分离，避免产生负面的情感体验。

当然，如果在团体后期，成员已经将注意力转移到组外，团体对其不再有意义，也不再具有强烈的吸引力，那么，工作者只需关注余下未完成的工作即可。通常情况下，工作者可采取以下方法来降低团体吸引力：

(1) 引导团体成员总结他们在组内的收获，指出他们已经得到其期望在团体中获得的成长。

(2) 与成员讨论为什么不再需要团体。

(3) 鼓励团体成员运用学到的方法与技巧解决实际问题，以使他们不再依赖工作者和其他成员的支持。

(4) 减少团体聚会的频率。

(5) 鼓励团体成员参与团体以外的活动，以获得外部资源来满足自身需求。

3. 了解组外的社会资源

团体工作结束后，团体成员将投入到组外的社会生活中，离组前对组外社会资源的了解和认识，对于团体工作的后续跟进及团体工作成果的巩固，有着举足轻重的意义。

一般而言，首先要了解成员们已有的社会支持网络的状况，积极寻求可能的社会资源支持团体成员，或是让团体成员清晰认识到自己周围存在的可利用的资源，在有需要时主动寻

求外力援助。

所以，在团体结束前，工作者应对成员的家人、朋友、社区、单位等进行联络和沟通，同时，还应关注与团体成员需要相关的各种机构的信息。最后，将所掌握的信息反馈给团体成员，建立良好的社会支持网络，尽可能拓宽团体成员的发展途径。

（二）后期的离别情绪的处理

团体结束期，成员有可能同时有正面和负面两种感觉。正面感觉往往来自于团体成员自身成长的经历、进步、变化的喜悦；负面感受通常是团体结束带来的分离的悲伤和失落的情绪。工作者可以通过强调成员的正面成功的感受，来增强团体成员的信心和成长的力量；但对负面情绪的处理，则要小心谨慎。要帮助团体成员做好结束团体的心理准备，逐步接受分离的现实，从而淡化、弱化分离引起的团体成员内心的焦虑不安，增强团体成员处理离别情绪的能力，促进团体后期任务的完成。在处理成员离别情绪方面，目的并非是消除成员所有的负面情绪，而是协助成员认识及面对客观现实，建立对事实和即将面对的新环境的正面的和积极的态度，运用自己的能力和资源去适应新环境。

针对团体成员几种不同的情绪反应，我们可以采取不同的介入方法。

1. 逃避、否定的离组情绪

面对即将分离解散的团体，一些成员会对团体的终结采取回避态度，用缺席、不愿讨论有关团体终结的问题来掩盖负面感受，以开展一些新计划、新话题等行为表现来对抗团体的分离。此时工作人员可适当地肯定和揭露成员的情绪。例如，“到了快分别的时候了，大家似乎都有些恋恋不舍，团体过程中有过许多难忘的经历，此时大家可能会有一种失落感，也许谈一谈比闷在心里好过一些。”另外工作者可以通过自我表露对分离的体验，来抒发面对团体完结时的感受。通过示范，主动表露他（她）观察到的成员的感受，同时分享他（她）此刻的情绪，从而协助成员进一步表达。在成员的表达过程中，工作者可给成员支持，协助其合理地疏导自身情绪。

2. 沮丧失落的离组情绪

在一些关系比较亲密的团体中，面对团体即将终结，一些感性的成员会表现出忧伤、流泪，或对团体活动的反应呆滞、提不起兴趣或保持沉默。遇到这种情况，工作者的介入方法可以是与成员一起表达彼此对团体完结的感受。工作者可以率先分享自己的感受，从而引发成员对分离感受的表达。在分享过程中首先肯定成员在团体中的成长、团体中良好亲密的关系、愉快的团体经验等，鼓励成员离组后与他人建立密切及愉快的关系，将目光投向未来，为离组后独立面对生活做准备。

3. 不满愤怒的离组情绪

一些比较情绪化的团体成员，在团体即将分离时，会产生一种被遗弃与排斥的感觉，因而会对机构、工作者产生不满，甚至会将不满的情绪投射到其他团体成员身上。愤怒的情绪有时是对目标的达成、团体进展状况表示不满，例如，当面挑战工作者、故意与工作者意见相左、对工作者采取不合作、不友善的态度，或是抨击其他成员的观点等。遇到成员的此类情绪，工作者应当表现出谅解、宽容的态度，并让成员明白工作者了解与理解他们的感受。工作员对有不满情绪的成员采取接纳的态度，而非直接的回击，可避免矛盾激化。用以退为进的方法让成员有缓解自身情绪的余地，让成员能静下心来，对自己的表现做出恰当的自我评估。与此同时，工作者还应明确团体本身的限制，避免成员对自己及团体产生过分苛刻和不切实际的要求。此外工作者应尽力为成员提供组外资源的支持，协助其对未来做出计划和准备，缓解其离组后独自面对生活的惶恐和压力。

4．行为倒退

行为倒退是成员抗拒团体终结的一种情绪表达方式。成员想以此来提醒工作者团体目标仍未达到、任务仍未完成、解散团体是不明智的和不适宜的。此时工作者可适当指出此类行为背后的含义，协助其客观地认识、评价不可避免要出现的团体分别的事实。同时，尽可能地带领成员讨论对外部世界的认识、准备及可能获得的支持，通过激励、支持来增强成员提高适应能力的信心，从而减轻失落与不安全的感觉。

二、团体的结束

(一) 处理最后的离别

1．讨论分享愉快的经验感受

工作者说明这是最后一次聚会，大家一起分享团体走过的心路历程。重新体会和感受大家由陌生到相知，再到依依不舍的情感变化过程，回顾团体过程中所经历的愉快经验和感受。

2．协助成员回顾他们在团体中取得的成果

协助成员回忆他们在团体中学了些什么及在学习中经历的过程，邀请成员总结自己的学习收获和发生的改变，尤其是比较参加团体前后在观念、情绪及行为上的具体差异。通过成员互相回馈的方式，来确定成员已经克服的心理障碍和实际困难，从交流宝贵的成长经验中获得信心和勇气。回馈可通过不同的形式进行：开放式问题、团体分享、讨论和游戏等。当然，工作者也可鼓励成员就其不足之处做建设性的批评，而不是简单笼统的正面性回馈。

3．以欢送会等形式终结

团体结束形式要视团体的情形而定。对一个短期的任务团体来说，最后的离别相对来说简单一些。但对于一个关系亲密的长期团体来说，最后的离别内容则会丰富一些。为了缓解团体成员离组的负面情绪，最后一次离别时工作者可发动团体成员来组织团体送别活动，活动程序、内容由成员自己参与设计。在轻松融洽的气氛中，对比那种正式的、笼罩着离愁别绪的团体，会给成员一种持久的温馨与惬意，对团体成员日后参加团体活动来说也会形成正面的影响。

4．祝福与道别

面对即将到来的分别，成员之间可以互送礼物，也可以互道祝福，留下几句临别赠言和寄语，还可以借助一些回馈活动或游戏，提供更充分的交流机会，使成员之间有时间彼此祝福、告别。

5. 提醒保密

保密是团体活动自始至终都要遵守的规范，团体过程中工作者随时在提醒大家贯彻执行，到了团体快结束时，工作者仍需再次提醒成员尊重他人，维护他人和自身的权益。

6. 收集意见

活动最后，请成员填写团体意见反馈表，为团体评估做准备。

（二）为走进现实生活做准备

1. 共同计划离组后的安排

要让成员的团体生活与现实的日常生活间有一个理想的衔接，就需要工作者与成员一起计划离开团体后的安排。一方面是协助成员巩固在团体获得的经验并能将之运用到日常生活之中，从而更有效地应付团体以外的生活挑战；另一方面，也会为一些希望进一步发展的成员计划和安排另一种成长途径。工作者与成员一起，探讨他们的兴趣与意愿，从而制订适合此团体成员今后发展的成长计划，让成员有一个现实的、合理的期望值，并付诸行动。

2. 寻找适当的资源

工作者可以寻求团体成员的家人或周围其他人的支持，帮助维持在团体成员身上已发生的变化。同时，工作者还可针对成员的需要，寻找适当的资源，甚至替成员做一些直接的转介工作，尽可能掌握其社区资源的情况，提供给成员寻求帮助的资源线索。让成员尽可能地掌握其身边的支持网络，从而拓宽其可运用的资源，协助其离组后的成长与发展。

3. 提供继续学习或进一步接受服务的资源

有些成员有兴趣或有必要继续学习，或想接受进一步的咨询、培训等服务，工作者可将自身所掌握的资源提供给成员，从而促使其进一步学习、巩固和提高。

4. 协助成员面对不支持的环境

组外的环境未必能像组内的环境，工作者可以针对成员的表现给予特别的关注和支持。很多时候成员面对的将是一个封闭的、排斥的或不支持的环境，导致成员在团体外应用其所学时感到受挫。当然，在对支持性环境的争取上，工作者可尝试做一些工作，如去争取成员家庭、社区环境的支持等，但最直接、有效的解决方法，仍是锻炼成员自身面对不支持环境的适应能力，或者鼓励成员逐步改变不支持的环境。此时，工作者应与成员一起设想一些外在环境可能存在的障碍，从而设计调整和应变的行为和技巧，使其在心理上、适应策略上有初步的准备和积淀，逐渐适应外部环境的挑战。工作者可通过角色扮演、模拟练习、行为预想等简单的模式化的方法来协助成员学习应变行为。

5. 协助成员锻炼独立解决问题的能力

适应外界的社会生活，要求成员具有独立应对问题的能力，这是最根本的也是最稳固的解决途径。

在团体历程中，无论曾针对多少情景做过行为的模拟实践，成员都不可能预想到现实生活中所有可能遇到的问题，所以最理想的当然是让成员具有独立解决问题的能力。要让成员掌握一些解决问题的方法及更有信心地使用这些方法，让成员懂得分析自身所遭遇的情境，并了解人们在特定情况下会出现的态度和行为反应，使成员对人的需要、特征以及人类行为的法则有所认识。不过，这些方面的培训效果会受到成员的素质、对团体的期望及问题的复杂程度的限制。

总之，不间断的、有针对性的训练是重要的，工作者不仅在团体过程中要对成员进行相应的训练，而且在团体的后期，要使成员进一步消化所学到的东西并加以内化，才能使他们今后有能力将在组内所获得的学习成果及经验进行更广泛的运用。

（三）团体评估

对团体的过程和效能进行评估在团体工作中是非常重要的。团体评估不仅可以让工作者知道团体目标达成的情况、成员改变的状况，还可以帮助工作者了解自己工作的状况，为今后团体工作提供借鉴。对成员的评估，在团体活动中一直都在进行，只是在团体结束时需要对团体工作做一个整体的评估。有关团体评估的内容，我们将在下一章进行详细介绍，这里只介绍在团体活动过程中成员的改变和在团体活动进行的过程进行评估的方法和知识。

1. 评估方式

在团体过程中，评估主要包括：工作者自评、成员自评、观察人员或督导的评估三个方面。

（1）工作者自评。这种方式重在两方面的评估：一是工作内容，即目标是否达成；二是工作表现，即团体工作员在领导团体中的技巧运用和与成员之间的互动过程是怎样的。在针对工作内容的评估上，可有以下相关问题：

- 团体的活动方案或计划是否有效？
- 能否准确评估团体形成等与成员相关的行为？
- 对成员的了解程度如何？
- 是否有效地协助成员获得改变？
- 成员新行为的习得、巩固情况如何？
- 团体发展过程中，相关专业知识和技巧的运用情况如何？
- 能否有效运用社会资源？

在针对工作过程的评估上，可有以下相关问题：

- 团体成员间的关系如何？
- 团体的气氛如何？
- 处理团体事件的效果如何？
- 能否促使团体形成团体凝聚力？
- 能否建立与成员的良好的互动关系？
- 能否在团体过程中贯穿团体规范、运用团体动力？
- 能否自我反省、自我察觉？

（2）成员自评。这种评估主要包括三个方面内容：一是参与团体的目标是否达成；二是参加团体过程的感受如何；三是团体效能如何。

在目标是否达成上，会涉及：参加团体之初的期望是什么；参加团体后最大的收获是什么；团体过程带来了哪些个人改善；收获是否符合我们的期望，能否达到我们的期望值；个人的目标是否达成，团体的目标是否达成，二者之间是否有差异。

在参与过程的感受上，会涉及：在团体活动的参与情况如何；团体对自我探索的程度如何；自己在团体中的定位状况如何；团体中自身的努力程度如何；活动中与他人的互动状况如何；自身对团体的融入程度如何。

在对团体效能的评估方面，主要涉及：团体是否协助自己达成了目标；团体活动是否有效；团体过程是否有意义，有价值；团体气氛如何；团体凝聚力如何；工作者的工作是否有效，是否符合自己的期望；团体成员的情感维系情况如何；团体成员的目标、进步状况如何；对团体满意的（或失望的）地方有哪些。

（3）观察人员或督导的评估。这种评估分为两方面：一是对成员的观察和评估，二是对团体效能的评估。

在对成员的观察评估上，主要会涉及：倾听的状况；自我表露的状况；成员间的同理、尊重的状况；成员间沟通的状况；有哪些破坏性的行为；有哪些抗拒、掩饰行为；有哪些防卫行为。

对团体效能的评估上，会涉及：团体计划的可行性和有效性如何；工作者的工作行为如何；团体的结果如何。

总之，在对团体做评估时，一般会采取多角度、多主体的评估。

2. 评估方法

评估方法很多，在团体评估中常用的方法有面谈、记录等。

（1）面谈。面谈方式是一种非正式的评估方法，是由工作者或专门的观察人员以团体或个人的方式与成员进行面谈，从而对团体工作进行了解，做出评估。

（2）记录。此方法包括文字记录和视听记录。

文字记录指在团体进行的过程中，由专门记录人员将团体过程做摘要记录或逐字记录。视听记录就是用录音或摄像的方式将团体过程记录下来，然后再由工作者或评估人员根据这些记录对团体做出评估。

三、团体结束后的跟进

跟进服务是帮助团体成员使其技能和行为进一步巩固和持久化的必要方法，包括转介、建立自助网络、安排探访等。

（一）转 介

转介是跟进工作中的一种，工作者首先要清楚地知道某些服务是否适合成员的需求才可做出转介。

为此，工作者需要了解有关转介的程序和准则，了解其他机构的相关资源，并且同其他机构建立服务联系网络。在转介前，要使团体成员对此转介机构有所了解和准备，从而最大限度地适应该机构的服务。在工作者与团体成员对转介的需要达成一致的认识之后，才可进行转介服务。转介完成后，工作者与团体成员之间最好保持相应的联系，以进一步把握转介后的状况和成效。如果转介失败，或成员不能从新的服务机构中得到所需，他们应告知工作者以尽快采取措施。

（二）建立自助网络

与求助其他服务机构不同的是，工作者还可寻求成员社会支持网络的协助，或者教会成员运用自身资源，去应对生活中的问题与事件。

首先是帮助成员了解其自身的社会资源状况。例如，在一个即将终结的戒毒人员团体中，成员甲要离组而投入到社会生活中去，在谈话的过程中，我们了解到他出去后的资源——他的爱人和家人、不错的经济背景、一大群热心的教会中的朋友，他说他会先去教堂中帮忙，让大家看到自己的好的行为，巩固家人的信心之后，再去找其他适合自己的工作。他将家庭、教堂、朋友作为自身投入社会后的自助网络，从而来密切同社会的联系，慢慢适应外界生活。

其次，自助网络的建立要视团体的性质、个人的情况而定。自助资源的发现、了解也是在团体的过程中一步一步清晰、明朗起来的。只是在最后的分离阶段，对成员自身社会资源的再认识和重申，可以为成员带来启发和鼓励。成员学会通过自己的能力运用身边的资源获得个人的成长和发展，则是团体工作比较圆满的结果。

（三）安排探访

在团体结束后一段时间，如三个月后，对团体成员进行探访，是团体工作后续的重要内容，也是巩固团体成果的关键。工作者可以安排一对一的个别追踪面谈或电话交谈，了解其离组后的工作、学习、生活状况、遇到的问题及其解决情况、人际交往状况等，使成员感到工作者对自己的关心和重视，并且可以通过了解成员的近况，做出评估及指导，使其得到更切合的资源支持。

组后的探访还可以延伸到对成员家人的探访，从家人处了解成员的情况，并对从成员处了解的情况进行核实、印证，从而做到对成员离组后生活的客观把握。如成员确需继续帮助，工作者可在个人和机构双方能力允许的情况下，给予其适当的协助。

同时，对离组成员的探访，也会给正在举行的团体活动以启示和借鉴，将一些实际的问题及状况带回到组内来分享，可以促进团体工作的开展，形成团体工作的良性循环。

本章小结

团体的后期作为即将收尾的阶段，有其特殊性和重要的功能，同样是团体工作不可忽视的环节。此时工作者应帮助成员进行工作的总结、评估，使大家了解自己的收获、发现新的目标和需求、寻找新的团体、防止不良心态和消极行为的发生。

关于团体后期的界定，一般而言，团体后期不单是指团体的最后一次聚会，它是团体和成员达到预期的目标、准备结束团体的一个动态过程，同时还应该包括团体结束后一些相关的跟进工作的安排。总体而言，团体后期的目标和任务就是巩固成员正面的、积极的情绪体验，尽力消除成员负面的、消极的情绪体验，巩固团体工作的成果。

关于团体后期的工作技巧，需要作好离别的准备和情绪处理，处理最后的离别，为走进现实生活做准备。

对团体的过程和效能进行评估在团体工作中是非常重要的。团体评估不仅可以让工作者知道团体目标达成的情况、成员改变的状况，还可以帮助工作者了解自己工作的状况，为今后团体工作提供借鉴。对成员的评估，在团体活动中一直都在进行，只是在团体结束时需要对团体工作做一个整体的评估。评估时采取的方法很多，在团体评估中常用的方法有面谈、记录等。

跟进服务是帮助团体成员使其技能和行为进一步巩固和持久化的必要方法，包括转介、建立自助网络、安排探访。跟进服务具有重要的意义，它可以促进团体工作的开展，形成团体工作的良性循环。

思考题

1. 简述团体后期的特点、目标和任务。
2. 后期的离别情绪的处理的方法有哪些?
3. 简述团体结束的内容。
4. 团体结束后的跟进有哪些必要的方法?

推荐阅读书目

[1] 杰拉尔德·科里，等著．团体技巧．台北：扬智文化事业股份有限公司，1998.

[2] 林万亿．团体工作．台北：三民书局，1995.

[3] 何明良，高民政，等编．走向社工——专业社会工作实录．上海：上海人民出版社，2004.

[4] 陈丽云，樊富珉，等编著．身心灵互动健康模式：小组辅导理论与应用．北京：民族出版社，2003.

[5] 王慧君，等编．团体领导者训练实务．修订本．台北：张老师文化事业股份有限公司，1997.

第十三章

团体的评估

要点提示

团体评估的概念、类型；评估的相关概念、团体评估方案的制定；团体评估的基本模式、作用；测量工具的选择；资料的收集和分析；团体评估报告的撰写。

工作者经常要回答的一个问题就是，团体工作有效吗？为了证明工作的有效性和效率，进一步改进自己的工作方法，工作者有必要对团体工作进行评估。在本章中，我们将详细介绍团体评估的概念、类型、方法，以及如何撰写评估报告。

第一节　团体评估概述

一、团体评估的概念

团体评估是一种工作方法和研究方法。在社会工作研究中，团体评估指的是对团体的一次干预过程，或在整个团体过程中进行资料收集，从而监测干预过程是否有效地完成了其既定目标，能够满足当事人的需要，是否对当事人产生任何有害的影响；干预过程中，哪些因素导致了预期的变化，哪些因素导致了意想不到的变化；干预过程中的投入与产出之间的比例是否合理。团体评估的最终目的是了解工作过程的有效性，成员改变的状况，以及机构管理的有效性。因此，团体评估既是一种研究方法，又是一种工作方法。它是每个工作者必须掌握的一个技巧，贯穿于整个团体工作过程中。

二、团体评估的类型

根据不同的分类方法可以将团体评估分成多种类型，下面我们按照其性质，将其划分为作为研究方法的团体评估和作为工作方法的团体评估两大类。

（一）作为研究方法的团体评估

作为研究方法的团体评估有很多种类型，为了便于初学者学习，我们只介绍两种基本的类型：过程评估和结果评估。

1. 过程评估

过程评估，又叫形成性评估，是指对团体的整个过程进行全程评估。过程评估的内容包括：成员的表现评估，工作者的表现和技巧评估等。通过这类评估，可以发现团体中成员的变化情况，工作者的工作技巧是否有提高，以及哪些因素导致了成员的积极变化，哪些因素导致了成员的负面变化等。过程评估还有助于工作者总结经验，提高工作水平和质量，形成个人的工作风格，创造新的工作模式。

2. 结果评估

结果评估，是指对团体的结果进行评估，通常在团体结束时进行。通过收集成员对团体内容、工作方法、工作者表现等方面的评价，以监测团体是否完成了其预定目标。

（二）作为工作方法的团体评估

作为工作方法的团体评估主要有：组前计划评估、团体的需求评估、团体过程的监测评估、团体效果评估等类型。

1. 组前计划评估

组前计划评估通常是评估团体的设计和计划过程，它主要包括收集相关资料。在收集资料阶段，工作者需要检索与自己所组团体相关的文献、资料和记录，查阅有关论文和书籍，从而全面掌握与自己即将开办团体有关的一切资料，做到全面了解，心中有数。

在进行组前计划评估时，工作者需要掌握下列信息：成员是否自愿参与团体；他们参与团体的动机；成员各自的能力；是否能够帮助团体实现目标等。通常在明确了可能参加团体的人群后，工作者要通过各种方式，如面谈、电话访谈等，直接与他们建立联系，以便全面了解成员的情况、他们的问题和需求等。

2. 团体的需求评估

团体的需求评估是团体工作中最重要的技巧之一，工作者必须在团体筹备阶段对团体的需要做出正确评估，从而设计出有效的干预计划。在团体需求评估中，必须考虑的因素有团体的整体需求、成员的需求和团体的环境需求。准确评估团体需求，既能够满足团体发展的需要又能满足成员的个体需要，是团体发展的关键环节，因此，团体需求评估开始于团体设计阶段，并贯穿于整个团体过程当中。

团体的需求评估实际上是一个研究过程，基本上由三个步骤组成。第一，资料收集。通过访谈、问卷、量表、文献回顾、机构资料查阅等方法，收集各种有关团体和成员的资料。第二，资料分析。将收集到的资料进行分析，找出关键问题。第三，做出判断，制订干预计划。在资料分析的基础上，对资料进行判断、归类，然后决定采用什么方法进行干预，并解决问题行为。

在需求评估中，一般需要重视以下几方面：

(1) 利用多种渠道收集资料，以保证资料的客观性和准确性。

(2) 避免在需求评估中，给成员贴上诊断性标签，在使用一些标准化的量表时，尤其要注意这一点。

(3) 明确评估重点。在某些团体中，应该将评估重点放在现在，而在另一些团体中，评估应该既关注现在，又关注过去，这完全根据团体的性质来决定。

3. 团体过程的监测评估

团体过程的监测评估指的是在团体发展过程中，收集相关资料，来显示成员变化和团体的发展过程状况，根据监测结果，对团体计划进行适当调整和改变，以便更加符合成员和团体发展的需要。在对团体过程进行监测评估时需要明确两点。第一，收集什么资料，也就是说，监测哪些内容。一般来讲，监测的内容需要根据团体的目标和进程来决定。例如，在一个行为治疗团体中，我们通常监测的内容都与目标行为有关，如监测目标行为的频率、严重性和持续性，引起该行为的前因后果等。而在一个发展性团体中，监测的重点可能是成员参与的程度和完成家庭作业的情况。第二，选择用什么方法来收集资料。常用的方法有标准化测量工具（问卷和量表）、自我报告、行为计量表、口头意见回馈、日记和日志、工作者的观察记录、团体过程记录、总结记录、书面评估表、成员的作业和作品等。

4. 团体效果评估

团体效果评估指的是团体按计划完成自己的任务之后，工作员需要对自己的工作进行总结，一方面了解团体是否完成了自己预定的目标和任务，另一方面为以后主持类似的团体积累工作经验。因此，在团体的最后阶段，工作员会设计一些问卷或量表，让成员根据自己的改变状况来评估团体的效果。常用的评估方法有团体结束后的跟进访谈、成员的自我评估报告、团体目标达成表、团体满意度量表、团体感受卡、团体领导技巧登录表等。

三、团体评估的相关概念

（一）前　测

前测指的是在成员进入团体前，对成员的目标行为或某一个特定状态进行测量，并将其记录下来，作为团体干预前后的对照资料。在前测中，测量的可能是一种心理状态，也可能是一些需要改变的行为。测量的方法，既可以是一次性测量，也可以是在某一段时间内（如一周或数周）的跟踪测量。所用的测量工具基本上是根据各个团体的工作目标和性质，以及评估的类型来决定。通常采用的方法是问卷、访谈、量表、自我报告等。

（二）后　测

后测指的是团体结束时，利用测量工具对成员进行再次测量，比较前测和后测的数据，显示出成员进入团体前后的变化情况。

（三）跟进测量

跟进测量通常在团体结束后3～6个月或一年内进行。其目的是了解成员在团体环境中学习的行为和理念在现实生活中运用的情况。跟进测量中获得的资料基本上能够反映成员真正改变的情况，因为经过一段时间的实践，如果成员还可以将团体中的改变带进现实生活中，我们就有信心说，团体工作是有效的。

（四）目标行为

团体工作的目标之一就是改变行为，因此，在团体设计中，确定团体干预的需要改变的行为，就是目标行为。目标行为是根据组前的需求评估和团体的性质来决定的。目标行为是可以测量的，通过观察目标行为的改变，才能推断出团体的有效性。

在选择目标行为时，首先，必须保证这个行为是在那些肯定会出现的行为中具有代表性的行为，并能够表明干预目标是成功的；其次，这个行为能够被观察和测量。例如，对逃学行为，我们可以将其量化为次数、持续的时间、频率等进行测量，那些隐蔽的、难以测量的行为，不适合作为目标行为。目标行为必须进行多次测量，才可以找到稳定的趋势，否则很难认为目标行为的改变与干预有关。因为在很多时候，目标行为本身的发展也有一个起伏变化的过程，如成熟期、历史周期等。

四、团体评估方案的制定

（一）评估方案的项目

有效的评估依赖于一份完整、具体的评估方案的制定。评估方案需要回答如下的问题：评估的目的何在？评估的对象是谁？评估者是谁？评估者的假设是什么？评估的方法是什么？具体的评估指标是什么？

（二）评估的方法

评估方法一般有三类：一是工作者的自评；二是成员的自评；三是观察员的测评。

（三）评估的对象

评估者就是评估过程的执行者。评估的对象不仅包括团体的成员、工作者，还包括与团体间接相关的机构和人（如参与者的父母、老师和同学等）。

（四）评估的内容

评估的内容包括以下方面：

（1）团体的结束。如目标是否达成，对成员的了解如何，是否有效协助成员改变。

（2）团体过程。如与成员之间的关系如何，促进成员参与活动的效果如何，处理团体事件的效果如何，维持团体气氛的能力如何。

（3）团体成员自身。如参加团体的目标是否达成，行为是否获得改善。

（4）团体成员参加活动过程。如参与的程度如何，探索的程度如何，有无防御行为的出现。

（5）团体成员的行为。如对在团体中，成员的倾听、自我表露、同理等协助性行为与防卫、独占等破坏性行为的观察、记录与分析。

（6）工作者的工作行为。如引导、尊重与接纳、积极的关注等行为表现。

（7）团体的效能。团体能否协助成员成长，内容是否恰当，团体效果如何。

（8）团体的方案。团体方案的可行性、有效性以及执行过程中出现的问题等。

五、团体评估的基本模式

团体社会工作评估的基本模式，按照评估方法和程序的不同可以分为两类：一类是CIPP模式；另一类是PPBS模式。

（一）CIPP模式

CIPP模式（Context-Input-Process-Product Model）是斯塔弗尔比姆1976年与其同事共同创立的一种评估模式。它包括四个阶段：背景因素的评估、输入变项的评估、过程变项的评估和实施结果的评估。其中，前一阶段是后一个阶段的基础，有因果影响关系，最后一个阶段（实施结果评估）完成后再循环回到第一个阶段，作为修改原工作计划的参考依据。

1. 背景因素的评估

背景因素的评估内容主要是评估团体工作前后相关的一些重要决定因素，其中包括两个方面：

（1）团体工作的整体目标和个别目标的设定。

（2）团体工作计划的制订。

2. 输入变项的评估

输入变项的评估主要是评估团体工作的输入变项，其中包括两个方面：

（1）团体工作方案的设计。

（2）有可能影响团体工作的各项因素：团体结构、人员组成、权责分工、工作者的专业素养、聚会地点的选择、团体使用设备，以及筹措的经费等。

3. 过程变项的评估

过程变项的评估主要是评估团体过程中会影响团体工作实施的各种因素，其中包括四个方面：

（1）团体方案的执行。

（2）团体方案实施过程中的优缺点。

（3）团体工作过程中碰到的问题和困难。

（4）团体过程中所遇的阻碍因素。

4. 实施结果的评估

实施结果的评估主要是评估团体计划实施后的结果，其中包括两个方面：

（1）评估目标达成的状况。

（2）评估团体工作计划的效力、效率。

（二）PPBS模式

PPBS模式（Planning Programming Budgeting Systems Analysis Model）是由普尔维诺和桑伯恩于1972年创立的，包括四个阶段：计划阶段、活动执行阶段、预算阶段和系统分析阶段。这一模式主要是从目标管理的关系出发，强调如何充分利用资源，并用系统分析的方法形成各阶段的目标；同时也注重回馈的重要性，认为只要是建设性的回馈，不论是正面的或负面的，均能影响原先期望的走向。

1．计划阶段

计划阶段的评估工作主要是在计划部分，其中包括：评估需求，了解需求的现实性和满足需求的可行性；确定需求后，依其重要性，评估先后次序；评估系统中的目标是否明确、具体、可测量。

2．活动执行阶段

为使目标达成，评估在活动执行阶段设计的各种不同类型、不同主题的活动及提供的各种不同的介入工作。

3．预算阶段

预算阶段主要评估各项有关的资源的计划、安排及使用情况。

4．系统分析阶段

实施成果整理出来后，工作者用系统分析的方法评估整个工作流程，再看如何修正旧目标及制定新目标，完成并公布整个工作计划的评估报告。

六、团体评估的作用

团体评估在团体工作过程中发挥着重要作用，它不仅可以促进工作者的个人成长，还对社会服务机构产生一定的影响。总体来看，团体评估的作用可以归纳为以下几点：

（1）评估可以指导干预方向，使得干预行动一直围绕团体目标和个人目标顺利进行。评估不仅是在组前和组后进行，更需要在团体过程中同步进行。这样，工作者能够从成员那里不断得到信息反馈，保证干预计划能够有效进行。

（2）评估可以帮助工作者和成员明白在团体过程中团体目标和个人目标实现的程度。通过评估，可以发现团体干预计划是否与成员的改变具有相关性和一致性。

（3）评估为成员提供了一个很好的机会来表达自己对团体的满意度和不满意度。

（4）评估可以帮助工作者提高自己的工作能力和水平，为以后的干预提供依据和改进方向。

（5）对机构而言，团体评估积累了大量的资料，为提高整个机构的服务质量提供了经验和资料，为机构的培训提供了重要的依据。

第二节　测量工具的选择和资料的收集与分析

一、测量工具的选择

（一）常用的测量工具

在团体评估中，对团体过程诸要素的测量可以采用定量的方法，也可以采用定性的方法，常用的测量工具包括：

（1）团体进度笔记。记录了团体的过程进度，是分析团体过程发展的重要手段。

（2）个人自我报告，工作者、成员和团体观察员的访谈记录。组前的访谈是工作者收集成员基线资料的重要途径。

（3）问卷。问卷是最常用的方法之一，可以帮助工作者收集到基线资料，还可以看到团体给成员带来的变化和影响。问卷方法可以运用到组前和组后，以及跟进测量中，可以比较全面地掌握成员的情况。

（4）分析报告。分析与团体有关的各类报告，提供与团体进程有关的资料。

（5）团体过程录音和录像。在得到成员同意的情况下，可以对团体过程进行录音或录像，这些音像资料将成为分析团体过程、成员表现和工作者表现的重要资料。

（6）观察笔记。在团体过程中，工作者和团体观察员的观察记录。

（7）目标达成量表。用于测量在团体中个人和团体目标实现的程度和水平。

（8）任务完成量表。用于测量工作者与成员共同努力完成工作任务的水平。

（9）心理测量量表等。

（二）测量结果的可靠性和准确性

为了保证测量结果的可靠性，我们建议在选择测量工具时采用一些已得到人们认可的监测量表，同时，再设计一些问卷，进行监测。另外，还需要采用不同的测量方式进行测量。

为了保证测量的数据准确。在团体评估中，由谁来进行测量会影响准确性问题，这意味着有一些指标可以由别人通过观察确定。另外，也可通过三角测量的方式来保证测量结果的效度。

二、资料的收集与分析

（一）资料收集过程中应考虑的因素

在确定了测量工具后，就要进行资料收集，在收集过程中，要考虑以下几个因素：

（1）资料来源。资料来源是多样的，或来自工作者本人的观察和感受，或来自成员本人的报告，或来自成员周围的人的观察和感受等。

（2）如何收集资料。如何收集资料，首先取决于谁去收集资料，然后是用什么工具去收集资料。收集资料的人可以是工作者、成员，也可以是其他相关人员，如观察员等。收集工作的工具，可以是问卷、量表，也可以是文字记录、报告书，还可以使用录音和录像。

（二）收集资料的方法

1. 利用工作记录收集资料

工作者收集资料最简单的一种方法就是记录每次聚会的活动过程。记录的方式可以是过程式记录、摘要式记录、问题导向记录、录音和录像记录。

过程式记录是叙事性的，一步步将团体的发展情况记录下来。过程式记录可以帮助工作者分析团体运作的整个过程，但是过程式记录非常费时费力，有经验的工作者较少使用。一般用于培训和督导初学的工作者，因为这种记录能提供丰富的细节，可以让接受培训的工作者有机会了解团体聚会中发生的具体事例。

摘要式记录将焦点放在团体中的重要事件，可以由工作者填写，可以由成员记录，也可以在每次活动后发放开放式问题的问卷让成员填答，用以监控和了解团体的进展情况。摘要式记录花费的时间较少，方式上更有选择性，所以采用得比较多。

问题导向记录是一种焦点非常清楚的记录，针对某个问题，将探讨的问题、要达到的目标界定清楚，资料的记录和收集都与这个特定的问题有关，关于这个问题的介入方式也详细记录。它的特点是通过评估让工作者明白自己的介入与目标达成之间的关系。不论是过程式记录、摘要式记录还是问题导向记录，每次聚会结束后就立即记录是非常重要的，因为这样才会在没有干扰的情况下，准确地记录下团体中发生的事件。在做摘要式记录和问题导向记录时，记录的问题一定要事先界定清楚，明确具体，并且让记录者明白收集的资料与评估之间的关系，使资料的收集更有针对性。

此外，还有一种方法，是借助录音和录像来收集资料。这是工作者收集资料的一种很有力的方式，它的特点是有助于获得准确、翔实而未经修改的原始资料，特别是在一些重要细节，如工作者和成员的一些重要的语言和非语言表达的记录方面，它的作用更加明显。录音和录像记录是最为完整、准确的，如果要评估团体的动力发展、工作者的介入技术，这无疑是最好的一种方法。

2. 利用标准化的量表收集资料

标准化测试工具主要是一些已有的并由经验验证、证明行之有效的量表。特别是一些自我评量量表，一般会在团体开始之前给成员测试一次，在团体结束时再给成员测试一次。对一些特别的问题，有一些通用的量表，如肯定检验表、交流刺激反应检验量表、综合测验量表、人际能力测量量表、婚姻沟通测量量表等。国内目前也研究出许多的量表，这些量表大都来源于精神医学、心理学或行为科学，经过反复检验，信度和效度获得确认，被团体社会工作者用作评估的测量工具。

此外，还有一些专门发展起来评估团体工作的专业量表。如团体气氛量表，用来测量治疗性团体的心理与社会环境，包括 11 个变项：攻击、服从、自主、秩序、联盟、投入、洞察、实用、自发性、支持、多样化。每一个项目都设计成一个是非题。亚伦用于测量团体治疗性因素的量表也颇受欢迎，它包括的项目有：利他性、情绪净化、凝聚力、存在主义、重订家庭规则、辅导、希望、认同、投入人际互动、产出人际互动、自我了解、普遍性。

亚伦还曾和他的同事针对团体的凝聚力，研究了一份成员的自评量表，具体问题如下：

- 你认为团体成员应多久聚会一次？
- 你有多喜欢这个团体？
- 如果你所参加的这个团体中，大部分的成员决定离开并解散这个团体，你是否希望有机会劝阻他们？
- 你是否觉得参加这个团体可以使你达到你的目的？

- 如果可以以你喜欢的人替换某些团体成员的话，除了工作者，你会替换掉多少成员？
- 你自认为你对团体活动的参与度如何？
- 你认为你对团体的贡献如何？
- 你对团体聚会的时间长短感觉如何？
- 你对工作者的感觉如何？
- 你是否觉得参加团体治疗很丢脸？
- 和其他的团体比较，你觉得所参加的这个团体如何？

这些量表是在团体工作的研究和实践中总结出来的，经过反复的检验，被证明具有一定的信度和效度，国内的团体工作的研究者与实务工作者可以在“拿来”和本土化的基础上去检验、证实和发展它们，用于国内的研究和实践。

3. 利用问卷收集资料

工作者可以自己设计或邀请专家设计一系列问题让成员或其他相关人士填写，收集相关资料。问卷的设计可用开放式或封闭式问题，由工作者自己设计的问卷，问题的针对性较强，题目的多少、内容的详略、问题的形成都可控制，有的时候是一种很灵活、很有弹性的资料收集方法。

4. 利用行为计量的方法收集资料

行为计量是一种最为简单的测量形式，工作者希望团体获得的许多改变，都可由成员行为的改变开始。行为计量是要求被评估成员本人或与之相关的家长、老师和朋友或工作者和其他的观察员观察被评估成员某些行为出现的次数并记录。记录可在某段指定的时间内进行，工作者可以事先设计一个记录行为的表格，列出观察的行为和时间。这种资料收集的方法简单具体，如果由成员自己做，会引发成员更多的行为或抑制某些行为，增加了团体的有效性。

5. 利用日志、日记收集资料

成员自己每日留意在团体以外发生的某些指定的行为，以日志和日记的形式将之记录下来。行为计量着重于统计行为出现的次数，而日志、日记不但强调记录行为出现的次数，还着重记录了行为出现的情境、过程与结果，较具描述性。为了方便成员记录，也为了便于资料收集后的分析，工作者可以事先制定一个评估标准，但它对成员的文字表达能力有一定要求。

6. 利用自评报告收集资料

这里的报告指的是团体成员以书面或口头方式呈现的自我评量报告，或者是成员周围的人，如父母、老师，被要求针对某一些问题所作的一系列回答。所问的问题包括：在这个团体中，你学到了什么？你觉得经过这个团体自己有哪些改变？对于这个团体，你感觉到最满意和最不满意的地方在哪里？对于工作者的表现，你有什么需要说明的吗？要求成员根据这些问题，写下自我评估的报告书，以便评估时进行相应的内容分析，发现有价值的信息。这些自我陈述式的报告，让工作者从成员个人的角度了解整个过程和结果。这种现象学的研究形态可能是深入了解这些未知领域最有利的方法。

7. 利用观察式测量方法收集资料

观察式测量指既不是工作者也不是成员自己收集资料，而是由独立的、客观的观察者来现场收集团体发生事件的资料。观察式测量中最重要的是尽量减少观察者对团体成员行为的影响，让团体的发展处于一种自然状态中。一般情况下，最好采用单面镜后的观察，也就是非参与式的观察。观察式测量最大的优点在于观察者来自团体外，受团体过程的影响较小，较为客观。但因为由一位或多位受过训练的观察者来收集资料是一件费时费力的事，所以并不常用。

（三）资料收集中应注意的问题

1. 成员与工作者之间的关系

在很多情况下，社会工作者自己充当研究者的角色，在资料收集过程中，很容易对当事人产生一种误导，因为成员们通过团体活动，能够逐步与工作员建立一种良好的关系，同时，对工作员的工作都希望能够有一种回报，在填写问卷或量表的时候，他们会揣摩工作员的想法，容易给出最高分。这种感激的心态，往往会导致过高估计团体的效果。因此，在条件允许的情况下，我们主张主持团体的工作者不要参与资料收集工作。

2. 非干扰性观察与干扰性观察

在以观察的方式来收集资料时，常常会面临两种选择：非干扰性观察和干扰性观察。非干扰性观察指的是观察者融入观察群体之中，他的观察行为和记录完全不被被观察者知道。干扰性观察指被观察者知道自己被观察，这种观察会对观察结果的信度产生一定的影响。选择何种方式进行观察，取决于团体的目标和性质、团体的工作员与成员的关系、团体的外在环境等因素。

（四）资料的分析

1. 资料分析中应注意的问题

在资料分析中，我们需要注意三方面问题：

（1）资料是否具有重要性？

（2）目标行为的改变是发生在干预过程中还是干预撤除之后？

（3）目标行为如果因为监测干预而改变，从实际和诊断的角度来看，这种改变是实质性的吗？

2. 分析的方法

在团体评估研究中，资料的分析方法，取决于资料收集的方法和性质。一般说来，如果采用定量研究方法，资料的分析通常会借助计算机进行处理，将数据进行量化，并利用数据来反映变化和改进程度；如果采用定性研究方法，资料分析通常会采用归纳的方法进行处理，用文字来描述变化和改进程度。

第三节　团体评估报告的撰写

团体评估报告的撰写在团体评估工作中占据了重要地位。在本节中，我们将详细介绍团体评估报告的撰写准备及团体评估报告的结构要求。

一、团体评估报告的撰写准备

团体评估报告的主要目的是与别人交流自己的研究成果和知识，因此，有时报告的阅读者可能是同事，可能是资金赞助商，也可能是研究人员。无论读者是谁，在撰写过程中，作者有必要在报告中清楚地介绍研究的理念、与本研究相关的知识、自己的研究设计、研究方法、研究发现，以及结论等。

作为一种研究结果，团体评估的报告也将成为社会科学知识创造过程的一部分，因此，在报告撰写中，作者有必要向读者汇报，自己的研究成果在这个知识体系中占据的位置。这就是文献回顾的作用。在报告撰写准备阶段，作者需要对相关领域的研究作一个回顾总结，指出过去研究中的主要发现和争议点，让读者对相关领域以及报告研究的重要性有一个基本了解。

二、团体评估报告的结构要求

团体评估报告主要包括以下几部分。

（一）前　言

前言介绍研究的目的、问题、研究意义，即回答下列问题：我的研究要解决什么问题？为什么要选择这些问题？对理论和实务有什么重要意义？

（二）文献回顾

文献回顾指出本研究与过去研究的不同之处、相同之处；找出过去研究的不足和逻辑的错误；进一步说明本研究的重要性；将本研究与现在学术界知识创造的过程结合起来，成为科学知识创造的一部分。

（三）研究方法

系统介绍研究方法的选用，解释为什么选择这个方法。研究的问题是什么？概念名称是什么？如何选择测量工具？抽样方法是什么？本方法的不足之处是什么？本研究存在何种局限性？

（四）评估对象和评估过程的介绍

系统介绍评估对象的情况，要用简单明了的语言来完成。

（五）分析和解释

分析和解释是将研究结果呈现出来，并提供合理的、符合逻辑的解释，分析步骤要一项一项说明。用图表的方式展现研究结果：说明图表的目的；真实展现研究结果；解释结果。

（六）结　论

结论要总结本研究的发现和建议未来研究方向，更要提出具体意见，以供社会福利政策、项目发展、工作者实务、工作者教育等工作做参考。

（七）参考文献

列出选用的参考文献，其主要目的在于：第一，保护著作权、版权，防止抄袭和剽窃；第二，充分体现作者的知识水平、对该研究领域的熟悉程度以及该研究在整个领域中的地位；第三，能够使读者清楚地了解报告中哪些观点是已有的，哪些是作者的研究结果；第四，能够帮助读者查询作者文中所提到的观点和文章，对作者的研究领域有进一步的了解。

本章小结

团体评估是一种工作方法和研究方法。在社会工作研究中，团体评估指的是对团体的一次干预过程，或在整个团体过程中进行资料收集，从而监测干预过程是否有效地完成了其既定目标，能够满足当事人的需要，是否对当事人产生任何有害的影响；干预过程中，哪些因素导致了预期的变化，哪些因素导致了意想不到的变化；干预过程中的投入与产出之间的比例是否合理。团体评估的最终目的是了解工作过程的有效性，成员改变的状况，以及机构管理的有效性。因此，团体评估既是一种研究方法，又是一种工作方法。它是每个工作者必须掌握的一个工作技巧，贯穿于整个团体工作全过程之中。

为了保证测量结果的可靠性，我们在选择测量工具时，采用一些现成的得到人们认可的监测量表，再设计一些问卷，对其可靠性和准确性进行监测。同时，采用不同的测量方式进行测量。

研究报告的撰写在团体评估中占据了重要地位。团体评估报告的结构包括：前言、文献回顾、研究方法、评估对象和评估过程的介绍、分析和解释、结论、参考文献等内容。

思考题

1. 团体评估的含义是什么？
2. 评估的作用和意义是有哪些？
3. 测量工具的选择和资料的收集与分析需要注意哪些问题？
4. 简述评估报告的撰写。

推荐阅读书目

[1] 何明良，高民政，等编．走向社工——专业社会工作实录．上海：上海人民出版社，2004.

[2] 陈丽云，樊富珉，等编著．身心灵互动健康模式：小组辅导理论与应用．北京：民族出版社，2003.

[3] 王慧君，等编．团体领导者训练实务．修订本．台北：张老师文化事业股份有限公司，1997.

第十四章

团体工作在中国的实践与反思

要点提示

团体工作在家庭中的运用、在老人群体中的运用以及在其他人群中的运用；团体工作在中国的价值与伦理反思以及工作技巧反思；对团体工作本土化的思考。

团体工作作为一种专业方法，在中国的发展只有十几年时间。经过这些年的发展和实践，专业人员开始总结、反思自己的工作，同时也开始反思这种工作方法在中国实践过程中出现的问题和面临的挑战。本章将回顾团体工作在中国的实践过程，反思团体工作的价值观和工作方法在中国的适应性以及本土化的问题。

第一节　团体工作在不同人群中的运用

从20世纪90年代后期开始，中国一些专业人员逐渐将团体工作运用到对不同人群的服务之中。本节根据团体工作的实践，系统地介绍团体工作在运用过程中的具体步骤、团体的设计和过程。

一、团体工作在家庭中的运用

（一）单亲母亲自强团体

自1999年以来，中华女子学院社会工作系与北京市妇女联合会合作，先后开办了六个单亲母亲团体。

1．成员的招募

社会工作系的教师与当地的妇联合作组成团体工作人员队伍，由妇联向相关居委会发出通知。工作者根据报名者的情况进行了筛选，最后确定每个组由12～16名成员组成，并确定了成员的名单。

2. 成员的特点

在组前访谈中，工作者发现成员面临的共同问题主要有：

(1) 情绪问题：悲伤、孤独、愤怒、悲观、失望、憎恨男性等。

(2) 经济困难：本人下岗，收入减少；孩子的抚养费不能按时拿到；住房紧张等。

(3) 亲子关系：对孩子过分控制；教孩子憎恨父亲；不让前夫家人见孩子；对孩子有负疚感；教育孩子有困难等。

(4) 社交圈子：不与过去的同学、朋友交往，整天待在家中，担心自己受到歧视等。

(5) 自我认知：自责，认为自己窝囊、无能。

但是，与此同时他们还发现，这些单亲母亲身上具备了很多优良的美德，比如吃苦耐劳、坚忍不拔、富有牺牲精神、任劳任怨、勤俭、会持家、富有爱心等。因此，工作者在团体设计中，把重点放在了发掘这些单亲母亲自身的潜能上。

3. 团体设计的理念

在团体设计中，工作者认为调动成员自身的潜能来解决其面临的问题和困难是非常重要的。在整个团体的设计中，工作者的基本理念包括两方面。一是提升权利意识。其具体做法是，帮助这些单亲母亲发掘其潜能，增强自信心，降低自卑感；通过培养集体归属感，建立一种社会支持网络；通过对社会政策的分析和理解，协助成员将个人问题与社会上的权利、资源分配不均联系起来，采取共同的行动以改变现状。二是开启一种新视角。工作人员通过对东西方文化观念的分析，在成员中提倡宽恕、爱自己、积极思维、得失转换、拿得起放得下等积极的做法。鼓励成员从婚姻失败的阴影中走出来，学会放弃和宽恕，重新设计自己未来的新生活。

4. 团体的目标

通过组前访谈和团体讨论，工作者制定团体的共同目标为：第一，重新认识自我，发挥自己的潜能，提升自信心；第二，鼓励成员说出自己的心声，并分享其他姐妹的经验，互相学习，建立互助；第三，维护自己的权益，并敢于提出自己的要求和需要；第四，根据每个成员的具体情况，制定不同的个人目标，最终目的是为成员提供最大的个人成长空间。

5. 团体的活动程序

工作者设计了六次团体活动，主题为“自强自立，单亲也精彩”。内容分别为：告别昨天；宽恕与释放；爱惜自己；自我升华；与孩子一起成长；单亲也精彩——亲子游。活动的设计注重从身、心、灵和社会层面介入去协助单亲母亲重拾自信，自尊、自立、自强和自爱，从而开始新的生活。

6. 团体的功效

工作者根据团体评估结果发现，成员的自信心增强了，对生活的态度也发生很大变化，这些单亲母亲不再纠缠于过去的婚姻关系中，学会了用乐观积极的态度来评价自己的生活和工作，成员之间建立起一个支持网络，有困难大家共同帮忙。另外，在妇联的协调和帮助下，一些成员的具体问题，如申请最低生活保障、住房拆迁补贴和下岗再就业等问题也得到了圆满解决。成员表示，要积极参加未来的团体活动，将自己的经验与其他姐妹分享，与她们共同成长。

（二）亲子关系平行团体

自1997年以来，南开大学社会学系的教师和学生与天津市河西区少工委合作，开展了一系列针对单亲、残疾、贫困家庭及其子女的活动，其中以“坚强孩子俱乐部”成员及其父母为主要对象的“亲子关系平行团体”和“体验亲情夏令营”的活动均收到良好的效果和广泛的社会反响。在此对“亲子关系平行团体”设计理念和实施方法做简单介绍。

1. 团体产生背景

在1999年和2000年暑假期间，南开大学社会学系的教师和学生配合少工委组织了两次以“坚强孩子”为主题的夏令营活动。活动中通过问卷调查、面对面交流和直接观察等方式发现，在青少年成长过程中，家庭的结构、经济状况、父母的教育观念及方法等都是影响青少年健康成长的重要因素，但是，家长对家庭与婚姻的观念认识、心理状态、与子女的沟通状况才是影响子女发展的原因所在。无论是何种类型的家庭都存在亲子沟通不畅，甚至关系紧张的状况。一些来自单亲家庭的孩子在性格、行为、社会交往方面的问题更突出。孩子只是“问题”的呈现者，家长或者说家长和子女的关系状况才最值得关注。因此，工作者设计并组织了亲子关系平行团体，以期对类似的家长及子女有所帮助。

2. 成员的召集

通过少工委与该区各小学的“坚强孩子俱乐部”分部联系，推荐参加人选，统一召开说明会，向孩子及其家长介绍活动的目的、内容和要求，并了解每个家庭的情况，最后确定12个孩子及其家长参加活动。

3. 成员的特点

（1）成员来自单亲家庭，包括与父亲或母亲同住，及个别由于父母亲不在身边与祖父母或亲友同住的孩子及其家长。

（2）个性特征：孩子多表现为沉默寡言、敏感多疑、表达能力欠缺，但自理能力强，爱劳动；女孩大多较顺从，许多男孩具有一定的叛逆心理；家长心理负担较重、情绪低落且不稳定。

（3）家庭经济状况：父母多为下岗职工或工作环境恶劣，自己负担孩子费用，经济压力较大。

（4）社会交往：交往范围狭窄，朋友很少，不愿与他人交往，害怕被歧视和加大开销。

（5）亲子关系：家长对子女管教严格，但缺乏足够的信任；渴望子女成才，但缺乏教育子女的方法；父母忙于应付生活，父母与子女之间很少互相交流，缺乏沟通和相互理解，交流表面化。

另外，一个突出的特点就是家长对子女隐瞒或回避单亲的原因和现实困难，造成子女的感情困惑和情绪波动。因此，工作者将提供亲子互动机会，强化家庭动力，增加家长与子女间的沟通和理解。

4. 团体设计理念

针对单亲家庭父母和子女的特点，工作者强调应增进自我了解和相互认识，促进融洽的家庭气氛形成，以亲子合力来共同面对现实的困难。所以，在设计上工作者的基本理念包括：

(1) 重建自我认知，增强生活信心。帮助单亲父母和子女客观地分析和认识自我，发现自己所具有的闪光点，调整非理性认知，提升自信心；通过组内凝聚力的形成，协助成员建立社会支持网络，提高社交能力。

(2) 亲情互动形成合力。采用平行团体的方式，增进团体动力。通过共同的参与，增进其彼此的分享和交流，处理父母和孩子的行为及情绪问题，改善沟通技巧和亲子关系，加强进一步解决问题和面对冲突的能力。避免给孩子贴标签及将问题个人化，倡导在互动过程中互相体谅，共同成长。

5. 团体目标

(1) 重新认识自我，提高自信心。

(2) 增进亲子沟通及相互理解，坦然面对现实。

(3) 提高社交能力，学会分享和借鉴。

(4) 营造和谐的家庭气氛，促进家庭动力形成。

6. 团体活动安排

亲子关系平行团体简单来说就是家长组和子女组同时进行，有共同的目标，形式上有分有合，由至少两位工作者分别带领，内容是互相配合的，具体运作目标及团体结构按成员的特性设计，以期达到最佳的效果。由于父母与子女共同参与活动，从而更能彼此体谅，互相支持和鼓励，增进彼此的感情和面对生活的勇气。活动的安排如表 14－1 所示。

表 14－1　亲子关系平行团体活动安排

家长组	子女组
·互相认识，订立目标 ·我的难处对你坦白 ·你了解成长中的子女吗 ·了解集体活动中的子女（户外） ·亲子沟通有方法 ·亲子合力，其乐融融	·互相认识，订立目标 ·说说我的苦恼 ·父母心，子女心 ·真我体现（户外） ·我自信，我成长 ·亲子合力，其乐融融
·总结 ·永远是朋友	

团体设计注重两个组互相借力、互相配合、互相促进，比单纯一个组的团体动力更明显，尤其是家庭作业及练习的完成更有保障，且有利于促进双方的转变。

7. 团体效果

通过历时一个半月的团体活动，成员的情绪和行为都有了明显的改善，对家庭的变化及现实状况也能够坦然面对了。家长在观察子女活动并参与活动过程中更多地了解了子女，子女和家长在工作者的“穿针引线”中，增进了理解，消除了误会，学会了简单的沟通技巧，家长和子女的关系更加融洽。团体活动中学会了沟通、信任与合作，成员间建立了亲密的关系，形成了互助支持网络。一位成员在最后一次活动后表示：团体结束了，我们的友谊不能结束，我们应成为永远的朋友。团体结束后大家通过打电话、聚会等方式继续保持联系。

二、团体工作在老人群体中的运用

2001年6月，香港城市大学应用社会科学系和云南大学人文学院社会工作系的师生，在香港城市大学甘炳光教授的带领下，深入昆明市金碧老人公寓开展实习工作。两地师生根据老人的实际需要，组织了老人兴趣团体，虽然团体工作以后并没有继续下去，但作为一次尝试值得在这里介绍。

（一）团体产生的背景

在组建老人兴趣团体之前，两地师生对老人进行了访谈，以评估这些老人的真实需要。在访谈和观察中工作者发现，入住公寓的许多老人感到孤独，觉得自己没有用处，甚至有的老人比较抑郁，有的人可以整天一言不发，坐在那里发呆。公寓除了提供麻将、扑克等娱乐用品外，几乎没有组织过兴趣活动，许多老人都要求开展一些集体活动。工作者根据老人的需要组建老人兴趣团体。

（二）成员的召集

团体成员的召集，工作者并没有采用传统的张贴海报和组前会谈的形式，而是由实习学生与入住老人单独面谈，向每个老人介绍团体活动的目的、内容和要求，了解每个老人的性格特征和期望等情况。许多老人向他们表达了参加活动的强烈愿望。所以，到开组时有40多位老人参加。为了便于团体成员表达和分享，工作者将他们分成三个团体，当开展活动时还有很多老人临时加入或在旁边观看。

（三）成员的特点

团体是一个开放团体，成员可以自由进出。他们根据老人的兴趣爱好设计了三个不同的团体（读报、晨练、文娱），使参加团体的老人可以根据自己的兴趣爱好选择参加。比如，关心时事的可以参加读报团体，爱好运动的参加晨练，喜欢文艺活动的可以参加文娱团体。

（四）团体设计理念

针对老人生理、心理、社会交往的特点，应该为这些老人提供参与活动的机会，鼓励老人积极参加各种兴趣活动。在参与的过程中，让老人自我调适，重新树立起生活的信心，勇敢地面对各种困难，安度晚年。同时老年人因为性格和身体的差异，会有不同的兴趣选择，所以，团体活动尽可能实行多样化，让老人能自主选择。

（五）团体目标

（1）创造参加活动的环境，让这些老人从活动中感受到快乐。

（2）提高老人的社会交往能力，让这些老人学会分享和理解。

（3）在活动中通过鼓励和赞美，使这些老人重新认识自我，提高自信心。

（4）在活动过程中发现并培养社区积极分子，使团体活动具有可持续性。

（5）在活动过程中提倡互助，发展这些老人的互助网络。

（六）团体活动安排

每个团体活动至少由两位工作者带领，工作者可以互相配合。每个团体可以在总目标下产生具体目标，以达到最佳效果。三组兴趣团体活动是这样安排的：

（1）晨练组。在团体工作人员的带领下，在欢乐的音乐声中，大家一起做运动和打太极拳，活动完之后，大家一起谈感受，从而强化这些老人参加锻炼的愿望和积极性。

（2）读报组。团体中让读过报纸的老人与其他成员分享报纸的内容，然后就此信息展开讨论，分享各自的看法和参加团体活动的感受。

（3）文娱组。让老人们单独或联合表演文艺节目，使老人在娱乐过程中享受快乐，同样也要分享各自的内心感受。

（七）团体效果

由于两地师生实习时间较短，以后又没有后续工作，三组团体活动基本没有按计划完成。所以，很难评估团体达到的成效。但在团体活动中，有许多感人的场面，如一些老人乘坐着轮椅，或者在其他人的搀扶下加入到团体活动中；一些老人对时事政治极为关注，表现了强烈的社会责任感。在活动过程中，许多老人脸上有了平时难得的笑容，体会到了无比的快乐。几个老人说他们重新找回了活力。团体活动中也发掘出两位社区积极分子，他们在活动结束后与团体社会工作者有进一步的深谈，他们表示团体社会工作者走后要发挥作用，把活动继续搞下去。实习结束后，许多老人长久拉着团体社会工作者的手，不断向他们表示谢意，表示与他们之间的友谊不能结束，希望与他们成为知心朋友。应该说，这三个团体的活动给这些老人带来了欢乐，为这些老人的生活增添了一些鲜亮的色彩。

三、团体工作在其他人群中的运用

（一）戒毒团体

这个戒毒团体是昆明中美戴托普戒毒康复村组建的，他们称为固定团体。该团体带有明显的治疗倾向（行为治疗），活动地点在云南大学社会工作系的教学实习基地，有很多师生参与团体活动。

（1）成立原因：针对吸毒者孤僻、不善与人交往、说谎、不信任他人的人格缺陷，开展固定团体的活动。

（2）活动形式：由康复村工作人员根据本村中戒毒者的数量，将所有戒毒者分成若干组，每个组由7～8个成员组成。每个组各自围坐成圈，工作人员在组与组之间做观察，不参与任何一组的活动。

（3）活动时间：每周二晚上八点开始，由各组成员自己决定何时结束。

(4) 活动地点：康复村办公楼六楼大厅。

(5) 团体性质：封闭式的治疗团体。

(6) 活动理念：保密、坦诚、尊重、倾听。

(7) 活动内容：没有固定的活动主题，以成员间的相互交谈为主要方式，成员间畅所欲言，自己想说什么就说什么，重在表达与参与。

(8) 团体目标：让戒毒者在团体活动中学会表达自己，加深戒毒者之间的相互了解，通过对个人痛苦的分担，获得成员的帮助以及形成成员间对苦恼、困难、压力的相互倾诉和对艰难戒毒生活的相互鼓励和相互支持。

(二) 智障人士社交技巧团体

2003年6月至9月，香港大学社会工作系学生在北京慧灵家庭服务中心实习期间，与机构合作，开办了智障人士社交技巧培训团体——十万个为什么团体。该团体的主要宗旨就是通过社交技巧的培训，提高智障人士的社交技巧，特别是与异性交往的能力，为他们未来走上社会奠定基础。

1. 团体目的

(1) 帮助成员提高自我表达的能力；

(2) 帮助成员提高与异性沟通的能力；

(3) 帮助成员初步建立正面的恋爱观及婚姻观。

2. 成员的选择标准

为了保证团体成员在团体过程中能够顺利沟通，该团体在成员选择上，规定必须具备以下条件：具备一定的阅读能力；口头表达清楚；有交友方面的困惑，希望了解更多的相关知识；家长不反对成员参与团体活动；成员自愿参与。

3. 团体规模

6～8人，男女各半。

4. 团体的理念

在设计本团体的时候，相信：

(1) 每个人都有享受生活的权利，而与异性交往是生活的重要组成部分。

(2) 智障人士的生理需求和交友需求应该得到正视和满足。

(3) 通过适当的引导，智障人士完全有能力处理好自己的问题。

5. 团体设计的理论基础

采用“社会学习理论”作为团体设计的理论基础。“社会学习理论”相信人可以凭借观察和模仿学习新行为。若工作人员希望成员学习某些行为，要提供简明的指引，然后做出实际的示范，让成员模拟练习。同时，需要老师和家长在日常生活中进行配合，为成员提供实习机会，重复尝试，并及时给予意见以便修正，这样才能巩固学习成果。

6. 具体安排

成员都是属于轻度智障人士，在人际交往方面，特别是与异性交往的经验极其缺乏，为了帮助成员弥补这方面的不足，安排了六次团体活动，主题分别是：走进成年；了解异性；表达的艺术；接受和拒绝；解决异性相处中的矛盾冲突；总结。在团体活动过程中，尽量采用口头语言表达的方式，配合文字、图案和实物，帮助成员理解人际关系和人际交往中的规则。同时，还采用游戏、角色扮演、团体讨论和分享的方式，来学习表达和沟通的技巧。此外，还向成员介绍一些音乐冥想练习、深呼吸练习等，来帮助智障人士缓解压力和负面情绪。在主持团体的同时，要求机构的老师能够配合团体活动内容，在组外鼓励智障人士运用在团体中学习到的行为，从而使团体活动达到了事半功倍的效果。

7. 团体的效果

为了说明团体的效果，设计了一份人际交往和自我认识的问卷。根据前测和后测的结果比较，发现成员对自我成年身份的认识有了明显的提高，在人际交往中，一些能力也发生了明显的改变。这说明，团体完成了团体预设的目标，在促进成员的改变方面发挥了重要作用。

第二节　对中国团体工作的反思

20世纪末，团体工作作为社会工作的专业助人方法被引进到中国内地已经有十余年历史，对团体工作涉及的专业价值伦理、方法技术和本土化问题有一个全面的反思，无论对今后团体工作的教学、实务，还是在中国内地推行团体工作方法，都具有深刻意义。

一、价值与伦理的反思

人生活在群体的世界里，归依群体和得到群体认同并且在其中学习与成长，是人最基本的需求。故以团体的方式助人是最自然、真实而有效的方法。这也是在社会工作专业领域中采用团体的方式开展工作的主要原因。

本书第二章详细讨论了团体工作的价值观和职业伦理问题，下面在此基础上进行反思。

（一）中外团体工作价值体系的差异性思考

源于西方的现代团体工作以尊重人、个别化、组员自决、非判断、保密等作为自己的价值伦理原则。这些原则背后蕴涵着西方现代文化中崇尚个人主义和体现自我意识的哲学观念。当这些价值观和团体工作的方法被引入中国本土时，就一定会涉及对本土情境的适用性问题。因为中国文化伦理价值原则具有独特性。相比而言，中国文化总体是强调家族集体本位，注重个人的道德修养，关注人际关系的和睦，与自然的和谐；突出世俗社会的积善成德；强调至爱亲情、仁爱、无私奉献、集体至上等价值观。个人至上的西方文化与中国人倡导家族集体本位有本质的区别。这就是中外价值体系的差异性。所以，基于西方价值伦理的团体工作，在中国的环境下，必须重视本土化问题。

昆明中美戴托普戒毒康复村开展的团体工作，是东西方文化整合的范例。比如，康复村中非常强调“家”的感觉，成员把中美戴托普康复村比作一个温暖的家，把团体当做自己的

“家”，这种文化氛围，非常符合中国人家庭本位的传统文化。团体中强调“完善自我”与西方社会工作“充分发挥人的潜力”是一致的。团体中的同伴压力、群体治疗、爱和归属等与儒学强调的仁爱和家族群体本位、人际关系和睦是一致的。

2000 年 5 月至 10 月间，中华女子学院社会工作系、香港大学社会工作及社会行政学系，与北京市崇文区龙潭街道办事处和北京方舟家庭中心一起，开办了两期单亲母亲自强团体，这个团体对帮助单亲母亲获得自强自立、走出婚姻失败的阴影、重新开始新的生活发挥了重要作用。两期“自强团体”在设计理念中“将赋权的概念和视角运用到团体中，同时注意将西方的社会工作价值观与中国的文化传统结合起来……”，提出了“宽恕和放得下的概念”，“鼓励妇女们从婚姻失败的阴影中尽快走出来，学会放弃和宽容，重新设计未来的新生活”。与此同时，加入了“爱自己与积极思维”的概念，希望这些单亲母亲学会关注自己的感受和需要，加深对自己的认识和了解，从而进一步发掘自己的潜能，改变自我否定和自责的看法。

以上案例给我们的启示：第一，在中国本土运用团体工作方法时一定要考虑到东西方文化（包括各地区、各民族）的差异性，特别是要关注文化的冲突；第二，在一个本土的环境中可以将各种文化价值观的优势整合起来，最大限度地助人自助；第三，团体工作的价值伦理既要考虑专业通则（尊重、自决、守密）在本土环境下的意义，更要考虑本土环境下的独特价值观（仁爱、宽恕等）在助人中的意义。

（二）几个具体价值伦理的适应性问题

以下是在具体的实务中遇到的几个具体职业伦理适应性问题。

1. 工作者未经应有的训练是否构成伦理问题

常可以听到工作者或者是学校里的老师表示他们不知道带领团体还有那么多要考虑的和要遵守的规范。有一位老师在看过一两本书后对团体工作产生了兴趣，碰巧学校又缺少带领成长团体的老师，于是他就开始了尝试性的工作。还有一位福利院的工作人员，到国外参观回来后，就组建了一个家庭治疗团体。

团体工作作为社会工作的专业方法，要求从业人员必须经过专业训练，包括专业伦理的内化、专业技能的训练以及足够的实务和督导经验等。因此，在学习借鉴西方团体工作的经验成果时，必须先衡量自己的专业知识和能力能否胜任，在开展工作之前至少应有多次参加团体及担任观察员等工作经验，万万不可将成员当成“临床实验品”，否则对成员造成伤害，须担负伦理甚至法律责任。换言之，工作者要随时自我反省，以发现自己能力的局限，只有经历足够的专业训练，建立团体活动的哲学基础，掌握专业理念和方法，再进行团体活动才是合乎伦理的。

2. 团体成员甄选的伦理问题

很多人认为，团体的组成主要是自愿参与，团体工作既然是助人，就应该无条件地接受有需要的人进入团体。但是，团体是由成员组成的，成员的人格特质及行为模式会直接影响团体的过程和效果。在团体中，他们既是当事人又是协同助人者，而成员不是专业人士，不受专业伦理规范的约束，为了防范成员的行为对团体造成不良的影响，组成团体之初，严格甄选成员是非常必要的，工作者也应负有慎重甄选团体成员的伦理责任。甄选成员的过程中涉及两个重要的伦理问题：一是工作者要尊重当事人的自主权，当事人有自动参与与退出的权利，工作者不得阻挠；二是工作者有保护其他成员权益的伦理责任，即工作者要慎重选择成员，以免因疏忽而造成对其他成员不利的影响。比较认可的办法就是开组前约见每一位潜在成员，借以相互了解，由成员自己决定这个团体是否适合自己，工作者也借此机会甄别合适的成员。

甄选成员是工作者及当事人互相认定的双向过程，当事人有权知道工作者的资格及有关团体的细节，而工作者也因专业职责所在，有责任确定当事人是否合适参与该团体，以避免造成对其他成员的伤害，或影响整体效果。

3. 工作者可否表露自己的价值观并要求成员接受

从团体动力学的观点来看，团体是一个动态的、有生命的集合体，因此，团体过程会影响成员与整个团体的交流互动，成员之间、成员与工作者之间、成员与团体之间会自然产生影响作用，包括人际影响、行为影响、情感影响及认知影响。

价值观是人类认知结构中的一部分，在团体过程中，要保持完全的价值中立是不可能的，工作者的价值观会影响成员的价值观是自然的互动结果。所谓“自然”是指工作者不是为自己的私欲，也不是为防卫自我，而是成员确认该价值观对其成长发展有益或符合个人理念而自主性地接受影响的状态。如果违反“自然”原则，工作者过度地介入，既违反了专业伦理，也会破坏团体关系。

在团体经验中，有的工作者或成员所给予的反应能深远地影响一个人的知觉、行为和自我意识。这也是团体工作的目标之一，但这种结果并不都是有利的。例如，造成难为情、失去尊严、彼此仇视、伤害工作关系等问题。所以，在团体工作中要尽量避免这种不良的后果。在团体工作中工作者应重视每一个成员，尊重成员在团体中的反应，鼓励成员彼此交换感觉，提供回馈或反思的机会，成员也有不接受他人观点的自由。但这并不是说任凭团体自由发展，工作者应保持团体的发展与目标和共同的愿望的一致。一些不负责任或能力不足的工作者不能清楚地把握团体目标而任凭团体自由发展，常使整个团体陷入迷茫、失落与空洞之中。

4. 对待团体中特殊成员的伦理问题

一般来说，沉默的成员易受到垄断性成员的压力，理智的成员易受到攻击者的挑战，依赖者习惯于求助救援者，嬉戏者经常将责任归于“替罪羊”。团体成员的互动有时会失去平衡，工作者有责任觉察并处理团体中的特殊成员。

沉默的成员常会受到说话较多的成员的挑战。工作者要注意，若这种挑战使成员们变得失去动力，就应该制止。所以，此种挑战只允许出现在促使成员加入团体且对成员有较佳的效果时。因此，工作者应有足够的敏感度小心地对待团体中较沉默、退缩的成员，不能任凭其他成员对其进行逼迫。某些工作者有一些错误的观念，认为在团体中对成员做深度的“挖掘”才是有价值的，对成员才有帮助，才能帮助其了解自我、面对自我。有一位工作者自得地说：“今天我把他们‘挖’得很深，好多东西都‘挖’出来了，下次还要继续‘挖’。”结果这位被“挖掘”的成员在对自己非常失望和不接纳自己的情况下，再也不愿面对团体，转而求助于个案工作者。这种一厢情愿的“挖掘”做法实在是残忍。团体工作不一定适合于每一个人，如果团体中有成员对团体有破坏行为，工作者应负何种责任？此种破坏包括威胁、恐吓其他成员或造成其他成员的尊严受损。此时，工作者应该考虑这个成员是否合适留在团体中。

5. 对可否具有双重关系的伦理思考

对团体工作而言，我们可将双重关系定义为：除了专业关系外的一种存在于工作者和成员之间的关系。通常认为团体工作者要避免与成员的双重关系，以预防这样的关系危害其客观性与专业的判断，并且削弱成员充分参与团体的能力。但是，双重关系本身并不具危害性，许多双重关系反而可以对团体成员有所助益。双重关系常常是不可避免的，只要工作者能意识到可能衍生的问题，工作者和其成员有社交往来是合乎伦理的，而确认会不会因此危及专业关系，则是工作者的责任。

任何利用性的双重关系都是不合伦理的，应该加以避免，至于其他的双重关系则应小心进入。所谓利用性，就是指工作者以各种方式利用团体成员谋利，比如“爱情”关系或者商业关系，都是应尽量避免的。最常见的违反道德的行为是与成员构成了“亲密关系”。工作者也是平常人，有时候，他们会被成员吸引不足为奇，这种吸引的感觉本身并非不道德，真正不道德的是照着这种感觉去做而不考虑与成员的专业关系。所以双重关系并不可怕，关键要看工作者的把握。

当工作者与成员进行个别咨询时，另一种关系就产生了。有些人觉得工作者不应该与成员建立个别关系，许多人却不这样认为。事实上，如果这样对成员有利而工作员却不提供个别帮助，那才违反伦理。团体工作的目的就是帮助成员有更理想的生活，而如果个别咨询可以协助其做改善，那个别咨询应被视为一种在助人过程中具有特殊价值的工具。

6. 保密及妥善管理和运用团体资料的伦理问题

由于成员在团体过程中容易受到情景压力、团体气氛的影响而自发地或非自主地分享个人深层次的感受或隐私性的经验，工作者尽管无法对每一位成员完全做到保密，但应该时常提醒成员，强调保密的重要性，告知成员保密的本质及隐私权的限制，并与成员讨论在什么情况下，保密的资料是需要提供出来的。工作者本人应该特别注意保密的问题，透漏成员的信息给任何人，都是不合乎伦理的。但也有一些例外的情况，比如成员危害到自身或他人时。而且在一些机构中，工作者被要求做记录，且这些是对同事公开的，处理这种情形的最好的方式，就是告知成员如果袒露你的行为，你就有较佳的机会赢得其他成员的合作，假若隐藏你自己，就会失去他们对你的信任。在法律允许的范围内和征得成员同意的情况下来运用资料是可行的。

二、团体工作技巧的反思

团体技巧非常多，下面根据本书涉及的一些技巧和在实务中遇到的一些问题进行粗浅的反思。

（一）团体沟通技巧反思

良好的沟通是团体工作的动力源。团体工作的最高境界就是在团体中达到“理想的沟通情境”。那么，什么是理想的沟通情境？怎样才能达到理想的沟通情境呢？

良好的沟通状态是一种平等的对话关系。现实中理想沟通状态之所以难以达到，主要因为对话中存在权力关系。许多时候团体的讨论中成员不是将自己放置到对话的情境中，而是不断地说服别人，不是聆听、分享和回应，而是压制对方。一些外在的身份（比如权势等）很容易在团体对话中发挥作用，所以，一些人的声音大，而另一些人很少发言。对话在不平等的状态中进行，这种沟通自然不理想。所以，我们倡导团体沟通应该在一个尽量平等（不可能完全平等，因为我们的身份是隐不去的）的权力关系中对话。工作者在运用团体沟通技巧时应该对权力关系有足够的警觉，包括自己所拥有的权力（工作者由于特殊身份其实权力很大）。在团体中尽力使每一个人的声音都能够呈现出来。

（二）团体冲突处理技巧反思

团体冲突是一把“双刃剑”，一方面冲突和解决冲突可以使团体动力达到高潮；另一方面，如果冲突解决不好，会使团体解体。

通常人们都害怕冲突，试图在团体中避免冲突发生。但有经验的工作者都知道怎样利用团体冲突及解决冲突的过程，实现团体目标。我们对冲突要有正确认识，不是所有的冲突都具有破坏性，相反，许多冲突及其解决的过程是建设性的。在团体经验中（参加团体或带领团体），当成员处于“你好、我好、大家好”的状态时，团体的动力是最低的。此时，团体就像戴了一张面具，毫无吸引力，成员表面上“相安无事”，内心却有很多不满，但又不能发泄出来，自己在团体中就像要窒息了。此时，工作者要善于“挑起”矛盾，给成员一个冲突的舞台。当冲突发生时工作者不是站在外面，而是把自己放进冲突中，有时工作者就像一个冲突发泄的对象，有时又像一个冲突的“受害者”。但这些一定不是假装出来的，而自己真的就在冲突中与成员一起去面对和解决。

（三）工作者角色反思

关于工作者的角色问题我们在团体的构成中已经论述。但这里需要反思的是“同行者”的角色。我们提倡用“同行者”的角色与成员相处，意思就是大家共同经历，在过程中，彼此认识、理解、信任，直到合作实现目标。我们要知道成员的真实需要只有在与他们的同行中实现。我们不是站在外面，从局外人或专家的角色进行评价；我们也不是站在上面，从权势者或资源拥有者的角色进行施舍或恩赐，而是在同行中评估需求。同行中，我们应该尽可能把自己外来者的一些先赋的东西（位置、身份、权力等）放下，通过放松和融入等，与当事人建立深刻的信任关系。社会工作者的“同行”核心不是与服务对象长期住在一起而是社会工作者与服务对象相处的身份意识。工作者与服务对象一路同行，但在同行的过程中又扮演着许多可变的具体角色。在团体刚开始时可能是一个倡导者或引导者的角色。在中间阶段工作者可以扮演使能者、资源提供者或榜样的角色，工作者推动成员彼此分享和表达，推动他们付诸行动并实现目标；工作者以自己的模范行为给成员一个榜样的力量；工作者为成员提供信息和联系社区资源等。在结束阶段工作者可能又是一个倡导者的角色。

（四）团体活动节目设计反思

团体目标是通过具体活动实现的，在团体的技巧中活动节目的设计是很关键的。活动节目通常以游戏等形式表现。目前，我国的港台地区已经编排了很多活动节目，相关的书籍也出版了不少。在一些团体工作中各种活动已经被广泛地采用。许多时候我们注重活动本身而忘记了活动背后的逻辑和价值取向，我们注意活动技术处理而忽视了活动体现的意义。

示例1

有一个游戏，规则很简单，几十人，先报数，让参加者对总人数有个概念（这点很重要）。找一片平坦的地面，请大家随便走。在毫无戒备的情形下，团体社会工作者说，请立即每3人一组牵起手来！场上顷刻混乱起来，人们蜂拥成团，结成若干小圈子。人数正好的，紧紧地拉着手，生怕自己被甩出去。人数的不够，到处争抢。最倒霉的是那些匆忙中人数超标的团体，你看着我，我看着你，不知谁应该引咎退出……

因为总人数不是3的整倍数，最后总有一两个人被排斥在外。团体社会工作者宣布解散，大家重新无目的地走动。这一次，场上的气氛微妙紧张，团体社会工作者耐心等待大家放松警惕之后，宣布每4人结成一组。混乱更甚了，一切重演，最后又有几个人被抛在大队人马之外，孤寂地站着，心神不宁。团体社会工作者再次让大家散开。人们聚拢成堆，固执地不肯分离，甚至需要驱赶一番……然后，又宣布每6人结成一组……这个游戏的关键是，在最后时逐一地访问每次分组中落单的人，在被集体排斥的那一刻，是何感受？你并无过错，但你是否体验到了深深的失望和沮丧……这个游戏最具吸引力的是重复做都可以有不同的感受。团体社会工作者通过这个游戏可以带出下列问题去让我们思考。

当你被排斥时有什么感受？其他人看到你被排斥有什么感受？为什么？会形成社会排斥吗？我们怎样去解决社会排斥呢？最终要使团体形成对社会公正和社会关怀的思考。

当谈到游戏规则改变时，会出现怎样的情形？比如16人的团体，如果3人一组会不会有落单的？刚好4个人一组又会怎样？那样虽然没有排斥，但做游戏时就没有动力，因为没有竞争，不会担心落单。如此丰富的团体分享，使团体动力达到高潮。这对工作者的要求很高，工作者必须清楚地知道团体活动背后的价值，并有足够的技巧带出这些背后的东西。因为如果只有团体经验而没有足够的整理、学习和必要的辅导，这些经验不会对成员今后的生活带来改变的。

（五）成员和社会工作者之间的关系

在成员和工作者的交往中，我们发现，成员比较喜欢用老师来称呼工作者。这从某种程度上反映了成员对工作者的定位。尽管工作者与成员之间没有这种严格意义上的师生关系，成员还是愿意这样称呼他们。一方面，反映出成员对工作者的一种尊重；另一方面，也暗含着一种权威与服从关系。因为在中国文化中，老师与学生之间的关系可能是权威与服从的关系，而这种权威与服从的关系，带来的一个后果就是成员对工作者的指导性的期望。这里又引发了一系列问题的探讨，在中国文化背景下，这种权威关系会给成员和工作者之间的工作关系带来什么样的影响？指导性原则与非指导性原则，哪个更符合成员的需要？非指导性原则是西方社会工作的基本工作原则之一，但是，如果成员对这种工作关系的期望就是获得某种指导的话，社会工作者是否应该提供这种指导？如果是的话，社会工作者有权利和能力这样做吗？如果不是的话，将如何体现成员为本的理念？这些问题的讨论将成为中国社会工作本土化讨论的基础。

三、对团体工作本土化的思考

（一）团体工作在中国的本土化过程

社会工作本土化是所有非西方国家社会工作发展过程中一个热点话题。社会工作之所以成为一个专业学科，为世界各国的从业人员所接受，是因为社会工作方法和职业认同具有普遍性。但是，由于社会工作产生于西方白人文化背景之下，具有浓厚的种族中心主义的色彩，因此，就存在一个本土化的问题。

在中国实现社会工作本土化的过程必须经过这样几个阶段：

第一阶段，教育者的学习培训阶段。在社会工作教育者的队伍中，很少有人接受过系统的社会工作专业训练并具有实践经验，非专业人员从事专业教育，需要完成一个系统的自我学习和完善的过程。这是因为：第一，我们相信，社会工作的基本价值观和原则是具有普遍性的；第二，如果我们对西方意义上的社会工作没有一个全面的了解，是无法进行本土化的。

第二阶段，教育—实践—研究阶段。在这个阶段，教育与实践相结合，因为社会工作是一个专业技巧性很强的专业，学院式的方法在这个学科中并不适用，因为，没有实践经验，脱离实践的教学，培养出来的学生只能是脱离实践的、纸上谈兵式的。因此，强调教育者本人的实践经验，应该是中国社会工作教育和社会工作本土化发展的必要条件。教育、实践和研究相结合的方法可能是多种形式的，一方面是教育者本人将教育与实践结合起来，边教学，边实践，边调整和修订；另一方面，系统地对实践者进行专业培训，提高专业技巧和水平。在这个过程中，相关的实务性和适用性研究要同时进行，在教育和实践之间架起一个桥梁，因为，社会科学研究的目的就是推动社会变革。

第三阶段，发展本土化的理论、模式和方法阶段。在教育、研究和实践的基础上，发展出能够满足本国实践需要的理论和方法，从这个意义上讲，中国的社会工作的专业化和本土化的过程将是同步进行的。同时，中国的理论和方法将会对国际社会工作理论和方法做出重要的补充和丰富。

（二）团体工作在中国本土发展的可能性思考

通过团体实践证明，团体工作在中国有很大的发展空间。

第一，团体为个人成长提供了空间和可能性。个人的成长需要一个健康而合适的群体环境，他人的关怀、接纳和支持将有助于个人建立良好的自我形象和自我肯定的概念。同时，团体是一个社会的缩影，它提供了一个人际交往的机会和帮助处理情绪的经验。因此，通过团体工作，成员发现自己在团体中获得了不同程度的成长，他们表示要协助开办未来的团体，将自己的改变和成长与其他人分享。由当事人组织起来帮助更多的兄弟姐妹从艰难中走出来，这就是团体工作的初衷和力量所在。

第二，团体中工作者与成员之间的伙伴关系。在整个团体中，工作者放下了专家与老师的架子，与成员平等相处，与他们同悲共喜，用他们的语言来表达自己的感受，倾听他们的心声。这种关系提高了成员的自信和参与团体的兴趣，增强了团体的凝聚力。团体结束后，很多成员与工作者建立了深厚的友谊，并且能够自发组织起来，定期活动。

第三，团体的经验是工作者学习的经验。通过团体，我们进一步认识到团体工作的功效。同时，对传统的优秀品德，如善良、坚强、吃苦耐劳、任劳任怨等有了更深刻的理解，对当事人身上蕴藏的潜能有了进一步的认识。

第四，团体过程对工作者是一个挑战。团体工作在国内尚处在试验阶段，无论从技巧上，还是结构上，以及工作手册的编制上，都不太成熟。但是，团体的发展和个人成长是相同的，即都将面临一个经验积累的过程，随着时间的推移，团体技巧和经验将逐步得到改进和完善。

本章小结

在本章中，我们比较系统地介绍团体工作在运用过程中的具体步骤，团体的设计和过程。团体工作在家庭、老人以及其他的群体中已表现出很强的适用性。

20世纪末，团体工作作为社会工作的专业助人方法被引进到中国内地已经有十余年历史。对团体工作涉及的专业价值伦理、方法技术和本土化问题有一个全面的反思，这无论对今后团体工作的教学、实务，还是在中国内地推行团体工作方法，都具有深刻意义。在对价值和伦理的反思、对团体工作技巧的反思以及对团体工作本土化的思考等方面的努力探讨会有助于团体工作的专业化进程。

思考题

1. 简述团体工作在不同人群中的运用过程。
2. 简述团体工作在中国的实践过程。
3. 反思团体工作的价值观。

4. 如何理解工作方法在中国的适应性？

5. 本土化的问题体现在哪些方面？

推荐阅读书目

[1] 翟进，张曙著．社会个案工作．北京：社会科学文献出版社，2001.

[2] 周沛著．社区社会工作．北京：社会科学文献出版社，2002.

[3] 林万亿．团体工作．台北：三民书局，1995.

[4] 何明良，高民政，等编．走向社工——专业社会工作实录．上海：上海人民出版社，2004.

参考文献

[1] 范克新，等著．团体社会工作．北京：社会科学文献出版社，2001.

[2] 丁少华著．小组工作．北京：社会科学文献出版社，2003.

[3] 李建兴著．社会团体工作．台北：五南图书出版公司，1993.

[4] 林万亿著．团体工作．台北：三民书局，1995.

[5] 曾华源著．社会团体工作．台北：红叶文化事业发展公司，2000.

[6] 林万亿著．团体工作：理论与技术．台北：五南图书出版公司，1998.

[7] 徐西森著．小组动力与小组辅导．台北：心理出版社，1997.

[8] 何洁云，谢万恒著．社会工作实践——小组工作．香港：香港理工大学出版社，2000.

[9] 林孟平著．小组辅导与心理治疗．香港：商务印书馆，1994.

[10] 黄惠惠著．小组辅导工作概论．台北：张老师文化事业股份有限公司，1993.

[11] 杰尔拉德科里著．小组咨询理论与实践．张景然，等译．台北：扬智文化出版社，1990.

[12] 里德.K.E著．社会小组工作．刘晓春，等译．台北：扬智文化出版社，1997.

[13] 潘正德著．小组动力学．台北：心理出版社，1997.

[14] 李郁文著．小组动力的理论、实务与研究．台北：桂冠图书公司，2001.

[15] 杨极东著．小组辅导——理论与实务．台北：五南图书出版公司，1994.

[16] 吉洁拉·克那普卡著．社会团体工作．廖清碧，黄伦芬，等译．台北：桂冠图书公司，1994.

[17] 张和清著．弱势群体的声音与社会工作介入．北京：中国财政经济出版社，2002.

[18] 王慧君，等著．团体领导者训练实务．台北：张老师文化事业股份有限公司，2001.

[19] 宋镇照著．团体动力学．台北：五南图书出版公司，1989.

[20] 陈钟林著．团体社会工作．北京：中国时代经济出版社，2002.

[21] 徐震，林万亿著．当代社会工作．台北：五南图书出版公司，1984.

[22] 李宁著．群体心理学．暨南：暨南大学出版社，2000.

[23] 黄丽华著．团体社会工作．上海：华东理工大学出版社，2003.

[24] 吴梦珍著．小组工作．香港：香港社会工作人员协会，1992.

[25] 黄惠惠著．助人历程与技巧．台北：张老师文化事业股份有限公司，1985.

[26] 吴武典主编．团体辅导手册．台北：心理出版社，1991.

[27] 何长珠著．心理团体的理论与实际．台北：五南图书出版公司，1997.

[28] 赵芳著．团体社会工作——理论·实务．北京：知识产权出版社、中国水利水电出版社，2005.

[29] 李滢铨，等著．社会公平发展游戏集．北京：社会科学文献出版社，2005.

[30] 刘勇著．团体咨询治疗与团体训练．广州：广东高等教育出版社，2003.

[illegible] 社会工作入门 [illegible] 1992.
[illegible] 1985.
[20] [illegible] 1991.
[21] [illegible] 1997.
[22] [illegible]
[23] [illegible] 1995.
[24] [illegible] 2003.